DELIUS KLASING

Hannes Gebhart

Odyssee
mit
Landratten

Delius Klasing Verlag

Von Hannes Gebhart ist darüber hinaus folgender Titel
im Delius Klasing Verlag erschienen:
17 Landratten auf der Suche nach dem Seglerglück

Die Deutsche Bibliothek – CIP-Einheitsaufnahme

Gebhart, Hannes:
Odyssee mit Landratten/Hannes Gebhart – 1. Aufl. –
Bielefeld: Delius Klasing, 2000
ISBN 3-7688-1160-3

1. Auflage
ISBN 3-7688-1160-3
© by Delius, Klasing & Co. KG, Bielefeld

Illustrationen (einschl. Titelmotiv): Oliver Schrank
Schutzumschlaggestaltung: Ekkehard Schonart
Gesamtherstellung: Graphischer Großbetrieb Pößneck
Printed in Germany 2000

Delius Klasing Verlag, Siekerwall 21, D - 33602 Bielefeld
Tel.: 0521/559-0, Fax: 0521/559-113
e-mail: info@delius-klasing.de
http://www.delius-klasing.de

Inhalt

Vorwort

Die Landratten sind wieder da. Der Roman spielt Ostern 1992, nach der Rückkehr von den Kanarischen Inseln, und verdient es durchaus, heiter genannt zu werden. Zumindest habe ich ihn so gemeint, wie weit mir das gelungen ist, werden Sie entscheiden.

Andererseits war zu der Zeit der Zerfall Jugoslawiens voll im Gange, und so segelten Iglo und Kumpane nicht in eine heile Welt, sondern in die bedrohliche Situation unmittelbar vor dem Krieg, der seither in der Region tobt. Damals hätte sich auch der größte Pessimist noch nicht ausmalen können, was da wirklich auf Europa zukam. Trotzdem machten wir uns Gedanken über unsere Berechtigung, angesichts der zu erwartenden Tragödien dort (oder überhaupt) Urlaub zu machen. Und erlebten, wie die Bestie Nationalchauvinismus begann, ihr Haupt zu heben. Zwar habe ich diese Aspekte nur gestreift, aber ganz weglassen wollte ich sie auch nicht, weil ich keine Märchen erzähle, sondern von gelebtem Segeln berichte.

Die Personen der Handlung sind wieder teilweise verfremdet, damit niemand böse wird, aber sie sind auch wahr, wenn auch komprimiert und überzeichnet. Kein Einziger ist frei erfunden. Sie alle leben und atmen in meinem Bekanntenkreis. Sie alle teilen meinen Traum von einer besseren Welt jenseits des engen Horizontes unserer Wegwerfgesellschaft und suchen ihn, gemeinsam mit mir, dort, woher das Leben auf diese Erde kam: in den unergründlichen Weiten des Meeres.

Halt, ein Wort noch: Bruder Baum, ich schmeiße jede Woche kiloweise Papier weg, das ich völlig unschuldig einfach dadurch verursache, dass ich da bin und ein paar Schillinge im Sack habe, an die alle, aber auch wirklich alle, dringend heranwollen.

Ich hoffe, du kannst mir die paar Blatt verzeihen, die ich dem gigantischen Haufen noch hinzufüge, um ein paar Menschen Freude zu bereiten.

Ihnen, lieber Leser, wünsche ich, dass Ihnen der »Odysseus« so viel Spaß macht wie mir.
Mast- und Schotbruch wünscht Ihnen

Hannes Gebhart

Von Wien nach Portoroz

*Die Törnbesprechung — Minni Maus, Irma und
die adelige Jollentussi — Das Wichtigste verschlafen —
Nur Schwerkranke dürfen segeln — Birgit: einge-
sprungener Rittberger mit Bauchfleck — Eignerträume
sind Schäume — Die ewig Gestrigen — Das Zollgericht —
Endlich angekommen — Das Boot (1)*

»Jetzt komm schon! Wir sollen um sechs bei Iglo sein und bis
Baden sind es dreißig Kilometer!« Ernstl, mein sonst so geduldiger Freund und Kamerad mehrerer Segeltörns, saß anscheinend
auf Nadeln.

»Was soll ich machen, ich find den Polyglott nicht! Dabei hab
ich ihn extra hergerichtet, damit ich ihn ja nicht vergess.«

»Hast du schon im Koffer nachgeschaut?«

»Jessas ja, da wird er sein!«

»Das kommt davon, dass du immer alles in die Lederjacke
stopfst und nie eine Tasche benutzt!« — Wo er Recht hat, hat er
Recht. Aber ich habe beim Gehen gerne die Hände frei und daher
trage ich sommers wie winters fast immer eine abgeschabte Flie-
gerjacke mit zahlreichen Taschen und Täschchen; wenn es kalt
ist, mit aufgezipptem Pelzkragen und Innenfutter, jetzt im Frühjahr ohne, und wenn es noch wärmer wird, immer noch, aber
offen. Im Sommer bin ich verzweifelt, weil ich nicht weiß, wo ich
meine Sachen hinstecken soll. Dann benutze ich manchmal den
Aktenkoffer. So wie auch heute, weil alle Unterlagen beim bestem
Willen nicht in die Jacke gepasst hätten: Charterangebote, Über-
segler, Taschenrechner, Flugpläne der AUA, der Lauda-Air und
der Olympic Airways, Kalender, Notizblock und Touristenführer,
das bringt man in keine Jacke. Ich weiß, wovon ich rede, ich habe
es nämlich probiert. Fast hätte es geklappt, nur sah ich aus wie
eine Ente mit Legenot, und die Hände hatte ich auch noch voll.

Ja, der Polyglott war in dem Koffer. Ich ließ ihn erleichtert wieder zuschnappen und setzte mich in Bewegung.

»Sag einmal, wo ist denn eigentlich die Irma?«

Irma ist Ernstls Dauerfreundin und wie er immer vergnügt, hilfsbereit und freundlich. Man kann ohne weiteres Pferde stehlen mit ihr.

»Die holt ihre Tochter vom Reiten ab, bringt sie nach Hause und nimmt dann auch gleich noch diese ehemalige Regattaseglerin mit, die angeblich mitfährt.«

»Auf die bin ich schon gespannt. Regattaseglerin. Wahrscheinlich weiß sie alles besser und hat alles schon gemacht, nur viel besser als alle anderen.«

»Jetzt sei nicht so negativ. Seit deinem Pech mit der Birgit bist du ein echter Miesepeter geworden. Hör doch endlich auf damit. Das ist ja nicht auszuhalten.«

Mein Gott, Birgit. Ich in der Rolle des Pausentrottels, Seufzerkönigs, unfreiwillige Persiflage auf die Leiden des jungen Werther. Aber damit musste jetzt endlich Schluss sein, denn wenn sogar der geduldigste Mensch, den ich kenne, schon solche Sachen sagt...

Natürlich waren wir rechtzeitig da. Dort, wo Iglo wohnt, gibt es immer Parkplätze, weil in der ganzen Straße nur Einfamilienhäuser stehen, richtige, nicht diese Schuhschachteln von Reihenhäusern, und alle in Mordsgärten. Auf unser Läuten erschien ein schwitzender Iglo mit aufgekrempelten Ärmeln, die bloßen Arme voller Mehl.

»Kommt rein, ihr kennt ja den Hausbrauch!« Der Türöffner der Gartenpforte summte, und der Hausherr verschwand. Käpt'n Iglo ist natürlich nur sein Spitzname, weil er mit seiner Seemannskrause ein bisschen ausschaut wie der Werbemensch mit den Fischstäbchen im Fernsehen. Außerdem gibt er sich immer sehr seemännisch, auch, wenn nicht viel dahinter steckt. Voriges Jahr hat er mit Ernstl und mir seine praktische B-Schein-Prüfung gemacht, und heuer im Winter waren wir alle gemeinsam auf den Kanaren gewesen, Iglo hauptsächlich deshalb, weil er noch Seemeilen brauchte und unser Skipper im letzten Moment noch Crewmitglieder. Der Käpt'n ist ein begeisterter Wassersportler, er hat sogar selbst ein Motorboot gebaut, nach eigenen Plänen, für die Donau, und man sollte es nicht glauben, das Ding geht ab wie die Hölle. Vom Segeln hat er allerdings nicht viel Ahnung, und ich weiß auch nicht, warum er sich das überhaupt antut, weil ihm dabei immer schlecht wird. Ernstl meint, hauptsächlich deshalb, weil er sich davor fürchtet. Vor dem Segeln *und* vorm Kotzen. Nicht gerade der einleuchtendste Grund, damit weiterzumachen, finde ich. Aber er ist ein lustiger, gescheiter Mensch und außerdem ein begnadeter Koch. Und wenn er auch noch immer glaubt, dass ein Halsstrecker ein mittelalterliches Folterinstrument ist, er hat den Schein, und jetzt würde er sogar unser Skipper werden. Hauptsächlich, um damit die Scharte in seiner Seele wieder auszuwetzen, die er seit seinem ersten Griechenlandtörn wie eine Eiterfistel mit sich herumschleppt. Damals hatte er die achthundert Seemeilen für die Prüfung in Eigenregie fahren wollen und sich dabei zum Gespött seiner ganzen Familie gemacht. Jetzt sollte damit Schluss sein! Er würde seinem angetrauten Weibe schon zeigen, wer hier der Boss war, freilich unter Assistenz bewährter Gefährten. Wir sollten uns nur möglichst im Hintergrund halten. Na schön, kein Problem. Und viel gescheiter als ein Aufguss der ersten Blamage. Außerdem, warum sollte er nicht der Kapt'n sein? Schließlich war dieser Ostertörn allein seine Idee gewesen.

Wir erklommen die fünf Stufen zum Vorzimmer, wo wir uns der Überkleider und auch der Schuhe entledigten, eine reine Höflichkeitsgeste – die Iglos haben nämlich zwei Hunde, und die rennen drinnen ja auch nicht mit Schlapfen herum. Im Wohnzimmer saßen die Hofrätlichen, alte Bekannte vom Prüfungstörn, und sahen sich einträchtig mit dem Sohn des Hauses eine Klamotte im Fernsehen an. Wir wurden herzlich begrüßt und setzten uns dazu. Nach ein paar Minuten schneite Iglo aus der Küche herein, schnappte sich die Fernbedienung und drehte kommentarlos den Fernseher ab. Bis auf den Junior wirkten alle ein bisschen erleichtert, der aber protestierte vehement.

»He, ich will mir das anschauen!«

»Dann geh hinauf und schau dort weiter! Diese ewige Fernseherei! Als ich in deinem Alter war, da hat es das noch gar nicht gegeben, wir haben uns aber auch nicht gelangweilt. Wir haben uns halt anders beschäftigt!«

11

»Wie denn, mit Höhlenmalerei?«, kam es pampig zurück. Ich prustete unter Iglos strafendem Blick los, während sich der Herr Sohn feixend zurückzog. Die anderen hatten sich eisern beherrscht, aber als ich lachte, war es damit vorbei und sie wieherten einträchtig mit. Uije, mit Iglos Autorität daheim schien es nicht zum Besten bestellt! Aber warum gab er sich auch immer als Familiendespot? Das musste doch zu Widerstand führen! Jedenfalls hatte ich diese Masche schon mehrfach erlebt und mich darüber gewundert. Anfangs dachte ich, er hätte das aus der Schule, und bedauerte seine Schüler, denn Iglo unterrichtet Physik an einem Gymnasium, aber dann kam ich dahinter, dass er dort unheimlich beliebt ist, seine Schutzbefohlenen besuchen ihn sogar zu Hause, wenn sie Probleme haben, oder einfach so. Warum also kann er dann mit seinen eigenen Kindern nicht? Irgendwie komisch.

»Tut mir leid, dass ihr auf mich warten musstet, aber ich war noch nicht fertig in der Küche, weil ich heute später nach Hause gekommen bin. Aber das ist halt so, wenn man was vorhat, dann kommt man nicht weg.«

»Was gibt es denn Gutes?« Das war die Hofrätin, bemüht, die Missstimmung zu verscheuchen und ein unverfängliches Thema anzuschneiden. Sofort besserte sich die Laune des Hausherren. Iglo lächelte geheimnisvoll und sprach mit öligem Quacksalberflüstern:»Ein uraltes Geheimrezept, nur weitergegeben von Druidenmund zu Druidenohr«, um dann mit normaler Stimme fortzufahren;»Ein bisserl dauert's noch, erstens wegen der Verspätung in der Schule, und zweitens, weil die Minni noch nicht da ist, sie muss aber bald kommen. Was wollt ihr denn trinken?«

Minni, das ist seine Frau. Sie mag es nicht, wenn wer Hermine zu ihr sagt, richtig wild wird sie aber, wenn sie jemand Minni Maus nennt. Weil das natürlich ihr Spitzname in der Schule war. Minni Maus war also am Samstag allein unterwegs, und dem Iglo blieb die Arbeit. Und das angesichts der Tatsache, dass er am Vormittag in der Schule dunsten musste und sie am Abend Gäste hatten. Seltsame Gebräuche, dachte ich bei mir. Aber da rauschte Frau Iglo auch schon herein, eitel Sonnenschein im aparten Gesicht und mit den fließenden Bewegungen einer Primaballerina. Obwohl sie nicht viel jünger ist als Iglo, könnte sie, rein von der Optik her, fast seine Tochter sein. Sie hat eine eigenartige, fast knarrende Stimme, ziemlich tief, und sie spricht stets leise und langsam. Nur wenn sie wirklich erheitert ist, wird die Tonlage höher und das rauchige Timbre verschwindet fast vollständig.

»Ich hoffe, ich habe Sie nicht zu lange warten lassen, aber ich habe mich ein bisserl vertratscht in der Stadt.« Bei ihrer Stimme klang das wie eine Aufforderung zum Beischlaf, und der Hofrat spitzte die Ohren.

»Aber, meine Liebe, wir waren doch in den besten Händen bei Ihrem Gatten und Ihrem reizenden Sohn.«

Nun wurden Getränke gereicht, in erstaunlicher Vielfalt und von erlesener Qualität, vom uralten Sherry bis zum bunten Regenbogencocktail. Ich entschied mich ganz plebejisch für Bier, weil ich inzwischen gewaltigen Durst hatte. Bei Iglos war noch immer eingeheizt, obwohl es draußen für die Jahreszeit zu warm war – eine erfreuliche Abwechslung nach den sibirischen Monaten, die hinter uns lagen. Besonders arg war es in den ersten Tagen nach unserer Rückkehr vom Kanarentörn. Da war ich überzeugt gewesen, jämmerlich erfrieren zu müssen. Jetzt war das alles nur mehr eine grausliche Erinnerung, die Sonne schien aus einem wolkenlosen Himmel, die Vögel sangen in den blühenden Büschen des Gartens und die Wiesen glichen bunten, duftenden Teppichen, aber hier drinnen quoll noch trockene Hitze in atemberaubenden Schwaden aus den Gittern der Zentralheizung und trieb mir den Schweiß aus allen Poren. Iglo schwitzt immer, der merkte wohl gar nichts, aber auch Ernstl fächelte sich gedankenverloren Luft mit einem AUA-Prospekt zu. Als er hörte, dass ich um Bier bat, hellte sich mit einem Male seine Miene zu einem erfreuten Lächeln auf und er wollte auch eines. Offenbar wurde ihm erst in dem Moment klar, was ihn bedrängte, denn er schälte sich auch gleich mit entschuldigendem Lächeln aus seinem Pullover. Na, Gott sei Dank, jetzt saß ich nicht mehr alleine in Hemdsärmeln da, sah man einmal vom Hausherrn ab, der ja durch seine Küchenarbeit entschuldigt war. Minni Maus war in einem überdimensionalen Lehnsessel versunken, wo sie sich jetzt mit den trägen Bewegungen einer großen Schlange wand und Smalltalk knarrte.

Aus schierem Selbsterhaltungstrieb entschloss sich schließlich auch der Hofrat, unter den tadelnden Blicken seiner Angetrauten sein Sakko abzulegen und die Krawatte zu lockern. Ein klein wenig nur, versteht sich. Dann sank er mit einem erleichterten Lächeln wieder in die schwellenden Pfühle der Couch. Die oberflächliche Plauderei ging weiter, irgendwie erinnerte mich die Szene an seichte englische Komödien. Eine Idee gespreizt hier, ist es nicht? Da entdeckte ich das Jagdhorn an der Wand. Damit war es schlagartig aus mit dem steifen Gesülze, denn nachdem ich mich artig erkundigt hatte, ob ich wohl einmal versuchen durfte, dem Ding einen Ton zu entlocken, versuchten es all die Herren mit der eben noch ach so steifen Oberlippe, was zu puterroten Schädeln bei den Probanden und zu einer Folge unglaublicher Geräusche aus dem

Instrument führte, von einem asthmatisch quäkenden Hauch (Hofrat) bis zum Mammutbrunftschrei (Iglo). Ich war trotz zwetschkenblauer Birne nicht imstande, dem Ding auch nur einen Ton zu entlocken. Ernstl behauptet bis heute, das furzende Geräusch, das meine Bemühungen endlich doch noch belohnte, als ich schon daran dachte, aufzugeben, sei eindeutig nicht aus dem Horn gekommen. Dabei hörte sich das, was er produzierte, auch nicht besser an. Der Hofrätin liefen vor Lachen die Tränen herunter, selbst Minni Maus gab eindeutig erheiterte Laute von sich. Iglo war wieder in der Küche verschwunden, und Ernstl ging ihn dort besuchen, weil er nicht mehr mitansehen konnte, wie sich der Arme ganz allein abstrudelte.

Wenig später waren wir alle dabei, den Tisch zu decken, während Iglo schon den Braten portionierte. Da läutete es wieder, und es erschien Irma, Ernstls Freundin, mit einer weiteren Dame, die mir völlig unbekannt war. Sicher die Regattafrau. Irma ist eine überaus erfrischende Erscheinung, eine pausbäckige, bewegliche Frau mit freundlichen Augen und einem raschen, warmen Lächeln, ein bisserl pummelig, bei jedem Spaß dabei, fit und ausdauernd wie ein guter Turnschuh, eine echte »Ernestine«, die perfekte Weiblichkeit zu Ernstl. Zu allem anderen auch noch eine gute Zuhörerin und bedachte Ratgeberin, die perfekte Lehrerin. Was sie auch ist. Und den Doktor phil. sieht ihr keiner an, hätte ich nicht ihren Pass gesehen, wüsste ich es bis heute nicht. Burschikos, kameradschaftlich, dann wieder damenhaft zurückhaltend, wenn es paßt, immer nett und freundlich, nie hochnäsig oder gar herablassend. Heute trug sie einen langen, schwarzen Faltenrock zu einer weißen Rüschenbluse, darüber eine kurze, rote Jacke mit einem Einschlag zur Salzburger Tracht. Schuhe mit flachen Absätzen. Oha, da wusste wer nicht, was ihn erwartete und hatte sich auf alles vorbereitet. Mit diesem Outfit konnte sie überall hin, ohne überkandidelt oder underdressed zu wirken. Die Fremde trug lange, graue Hosen mit scharfer Bügelfalte, eine blau gestreifte Bluse und ein schwarzes Sportsakko. Dezente schwarze, mittelhohe Stöckelschuhe mit breiten Absätzen. Sehr vornehm. Aus einem langen Aristokratenschädel leuchteten nachdenkliche, eher tiefliegende blaue Augen. Volle Lippen, lange, gerade Nase, leicht aus der Mitte, vielleicht einmal gebrochen? Bei einem wilden Halali? Typ Herrenreiterin, wenn es so etwas denn geben sollte. Lachfältchen in den Augenwinkeln, hohe Stirn. Das Überraschendste: die Haare. Kurzer Herrenschnitt, borstig, und vor allem: silbergrau. Das musste gefärbt sein, sie war einfach nicht alt genug für die Farbe. Auf den zweiten Blick: jedes Haar eine andere Tönung, von grau bis schneeweiß. Doch echt. Seltsam. Fast übertrieben gerade Haltung, fester, schwingender Schritt, kräftige, lange Finger, die beim Händedruck ein wenig zu energisch zupackten. Angenehme, kultivierte Stimme. Stellte sich selbst vor. Irgendwie klang bei ihrem Namen ein »von« mit, freilich, ohne dass sie es auch wirklich gesagt hätte. Minni Maus musterte sie leicht argwöhnisch, die Hofrätliche strahlte sie etwas zu stark an, um ganz überzeugend zu wirken und der Hofrat knickte zum gehauchten Handkuss zusammen. Iglo wirkte ein bisschen abwesend, während er seiner Freude über ihren Besuch Ausdruck verlieh, riss sich aber unter einem spitzen Minniblick sofort wieder am Riemen, Ernstl schaute freundlich und arglos wie immer, und ich beschloss, erst einmal abzuwarten. Zu vielfältig waren meine Eindrücke. Ich hatte kein geeignetes Schubladel in meinem Hirn, um sie unterzubringen. Zwar hasse ich es, Menschen und Dinge in Kategorien zu pressen, aber unterbewusst tue ich es zumindest am Anfang scheinbar doch. Das wurde mir jetzt klar, weil ich eben kein Schema hatte, das ihr gerecht wurde. Ladel auf: arrogant. Sicher, da war was dran, aber da war noch etwas anderes. Nächstes Ladel: preußischer Offizierstyp. »Sei nicht blöd,« maßregelte ich mich stumm. Erst viel später sollte ich draufkommen, wie knapp daneben das war. Nämlich, als ich ihren Herrn Papa kennen lernte. Der alte Herr wirkt nicht nur aristokratisch, er ist es. Und die Familie stammt tatsächlich aus Preußen. Und das Witzigste: wenn die beiden nebeneinander stehen, schaut einen zweimal dasselbe Gesicht an, verschieden nur durch die Jahre. Aber das wusste ich damals natürlich alles noch nicht. Nächste Lade: kesser Vater. Niemals. Ihr Verhalten war eindeutig weiblich, ganz normal. Außerdem sahen offensichtlich sowohl die Hofrätin als auch Minni Maus in ihr eine potentielle Gefahr. Das wäre bei einem kessen Vater nicht der Fall gewesen. Da hätten höchstens

16

der Hofrat und Iglo böse geschaut. Jedenfalls war sie keinesfalls ein unauffällige Typ, und ich kannte mich vorne und hinten nicht aus. Also abwarten und irgendwas trinken, es muss ja nicht Tee sein. Den habe ich lieber in der Früh.

Beim Essen saß ich neben ihr. Nicht einmal absichtlich, aber nachdem ich als Einziger keine weibliche Begleitung hatte, nahezu zwangsläufig. (Mir fällt kein besseres Wort ein, obwohl ich es nicht mag, denn das war eines der müden Conanwitzchen vom Prüfungstörn und auf den Kanaren: »Weißt du, was nymphoman heißt? Nein? Zwangsläufig! Bruhaha!«) Es gab Kalbsnierenbraten. Ich mag das sehr gern, die Regattaseglerin offenbar nicht. Sie säbelte verzweifelt an den Kalbfleischrändern herum, aber das Fett und die Niere schob sie nur hin und her. Die Erdäpfelknödel waren schon verschwunden, auch das Rotkraut, und es war ihr sichtlich peinlich, dass alles andere nicht weniger wurde. Als sich Iglos Kinder, die mit uns gegessen hatten, unter mürrischem Schweigen erhoben und alle anderen kurz abgelenkt waren, da fischte ich die Scheibe des Anstosses heimlich von ihrem Teller. Als sie es bemerkte, wirkte sie überrascht – und dankbar. Aber das Eis war gebrochen:

»Wissen Sie, ich kann das nicht essen. Ich bin sonst nicht heikel, aber das bringe ich nicht hinunter. Und der arme Gastgeber hat sich solche Mühe gegeben«, wisperte sie, so knapp und so leise, dass ich die winzigen Druckunterschiede der Luft kitzelnd an meinem Ohr spürte, »danke.«

»Ich war mir einen Moment nicht sicher, ob Sie sich nicht das Beste zum Schluss aufgehoben haben und böse auf mich sein werden!«

Sie schauderte wie unter Kälte. »Bestimmt nicht!« Und dann, lauter, in normalem Konversationston: »Oh nein, ich war noch nie auf dem Meer mit einem Boot. Ich segle zwar schon seit meiner Kindheit, aber nur mit Jollen, und nur auf Seen.«

Ich sah überrascht auf, und es war nicht zu übersehen, wie uns Minni nachdenklich musterte. Deshalb beeilte ich mich, zu versichern, dass Segeln Segeln ist und die Unterschiede eigentlich nicht so groß.

»Aber diese Dickschiffe, das ist ja wie ein Einfamilienhaus am

Wasser.« – Na ja, eigentlich mehr wie ein billiger Wohnwagen, aber das würde ich nicht ausgerechnet in die großen Lauscher der Maus sagen, die ohnehin nicht sonderlich gern mitkam. Iglo sollte seine Chance haben. Was immer er darunter verstand.

»Aber das Prinzip bleibt gleich. Die Fock: ein Vorflügel, der einerseits selbst als Tragfläche wirkt und andererseits dafür sorgt, dass die Strömung an der eigentlichen Tragfläche, dem Groß, so lange wie möglich laminar anliegt, und als Resultat entstehen zwei Drittel Sog, ein Drittel Druck und die Düse im Spalt zwischen den Segeln. Heißt nicht mehr und nicht weniger, als dass sich ein Segelboot und auch ein Flugzeug hauptsächlich durch die Luft saugen, beim Flugzeug ist das der Auftrieb, beim Boot in Zusammenarbeit mit Schwert oder Kiel eben der Vortrieb.« Ich war sehr zufrieden mit meiner Erklärung, bis ich bemerkte, dass mich Minnischätzchen und Regattafrau mit gleichermaßen ungläubigen Augen ansahen als wäre ich Superman.

»Sind Sie womöglich auch Pilot?« Atemlos. Wieder einmal mein großes Maul.

»Naja, nur so zum Spaß, manchmal...« Ich stotterte fast vor Verlegenheit und spürte, wie meine Ohren sich röteten: Das hatte ich nun wirklich nicht gewollt. Jetzt sollte doch Iglos großer Auftritt starten, komplett mit Kapitän und so, aber statt dessen würde die Rede garantiert aufs Fliegen kommen, und Iglo, der schon in Booten kotzt, was hatte der dagegenzusetzen? Herrgott, was haftet dem Fliegen so Besonderes an, in einer Zeit, wo Berufspiloten bessere Buschauffeure sind und viele auch noch arbeitslos...? Aber ich hatte Iglo gründlich unterschätzt.

»Dass der Hannes ein Luftikus ist, wissen wir ja inzwischen zur Genüge, aber eigentlich sind wir hier, um unsere Reise ins Land des Homer zu planen, zum geheimnisvollen Ithaka, der Heimat des Odysseus. Menin, aeithe Thea, Peleiadiou Achilleos, oulemenen, he myri Achaiois alge entekei, pollas diphtymous, psychas Haidi proiapsen, heroon d'autous, d'eloria teuche kynessin!« Mein Gott, das waren doch die ersten Verse der Ilias, noch dazu ein bisserl böhmisch, was hatte das eigentlich mit der Odyssee zu tun? Den Zorn besinge, o Muse, des Peleiden Achilles, des oulomenen, fix Laudon, was war das gleich, der die Seelen der Helden dem

Hades sandte, oder so ähnlich jedenfalls, und sie selbst den flinken Hunden zur Beute gab. Da sieht man, humanistische Bildung zahlt sich aus. Jedenfalls hört sie sich gut an. Und es wirkte. Als der Donner aus Iglos Stimme wich, hatte er die volle Aufmerksamkeit seines Publikums. Und, Profi, der er nun einmal ist, ließ er sie auch nicht mehr los. »Nachdem ich, nach keineswegs leichter und unverzeihlicher Unterschätzung der Schwierigkeiten des Segelns auf hoher See *(was heißt hier hohe See, du Depperl, das, was du da als hohe See bezeichnest, kann einer von der Küste, und zwar von jeder Küste, pinkeln)* nun endlich den Nachweis in Händen halte, dass ich fähig bin, die Verantwortung für ein Schiff *(Schiff?)* und seine Besatzung zu tragen, will ich euch, meine lieben Freunde, einladen, mit mir die Heimat des wohl bekanntesten Seehelden der Geschichte zu erforschen. *(Einladen? Will er uns wirklich einladen? Schön wär's. Aber er hat ja wirklich einige Ähnlichkeit mit dem Odysseus. Zehn Jahre von Kleinasiein über Sizilien zu einer ionischen Insel, das klingt schon nach ihm, samt seinem Parallellineal, das er bis jetzt nur zum Nockerlabstechen verwendet hat!)* Natürlich werdet ihr euch jetzt fragen, woher nimmt der Mann plötzlich die Gewissheit, dass er jetzt kann, was er noch vor kurzem so schmählich verfehlt hat? *(Ja, woher? Endlich wird's interessant!)* Nun, ich hatte gute Lehrer und teilte das Boot mit genauso wissbegierigen Kameraden, die im Wechselspiel mit kompetenter Anleitung erfahrener Skipper das Lernen noch effizienter gestalteten, als es ohnehin schon gewesen wäre. *(Wen meint er bloß? Conan? Oder Mister dreihundert Prozent Sicherheit von und zu Underberg?)* Jedenfalls steht vor euch der Mann, der aus den Niederungen des Binnenlandes zu den Höhen der Seemannschaft gefunden hat. *(Wieso, geht's zum Meer bergauf? Nur nicht lachen jetzt!)* Und ich werde meine neu erworbenen Fähigkeiten eindrucksvoll unter Beweis stellen durch die effiziente Logistik meiner Planung *(wieso habe ich dann die Charterunterlagen und die Flugmöglichkeiten im Koffer, und wieso hat der Ernstl eine Telefonrechnung wie der Vater einer minderjährigen Tochter, die sich in einen Austauschschüler aus Griechenland verliebt hat?)* und durch die reibungslose Abwicklung unseres Törns in seemännischer Hinsicht. *(Also deswegen löchert er uns seit der letzten Törnnach-*

19

lese, dass wir mitfahren. Gar nicht blöd.) Jetzt, wo ich weiß, was Seesegeln wirklich ist, kann ich endlich zu euch sagen, was ich immer schon sagen wollte: Ich werde euch einweihen in das Mysterium des Meeres, in die Geheimnisse der möglichen Grade menschlicher Freiheit! *(Wieso nimmt der den Mund so voll? Das Einzige, was dabei bisher unweigerlich herauskam, war sein Frühstück!)* Und das sei euer neues Credo: Ihr werdet nicht als die Menschen zurückkehren, die ihr jetzt noch seid! *(Brrr! Das klingt ja direkt gefährlich! Ich werde jedenfalls alles tun, um doch so zu bleiben, wie ich jetzt bin, einer Metamorphose zu Fischfutter werde ich nicht zustimmen.)* Nein, ihr werdet glücklicher sein, zufriedener. Erfüllt von all dem Unglaublichen, das uns diese Reise bescheren wird! *(Jaja, Moussaka, Retsina, Dolmades, Tsatsiki, Mavrodavne, Ouzo. Herrgott, denk' doch auch an mein Gewicht! Bei dir ist es schon egal, aber bei mir... Aber halt! Maria meta gitrina! Anna! Es gibt ja schließlich noch andere Sachen als Fressen und Saufen! Hast schon recht. Erfüllt von dem Unglaublichen. Mal sehen!)* Und dann muss ich wohl ein bisserl weggedriftet sein, denn als mich der tosende Applaus eines guten Dutzends Hände *(da klatscht wer nicht!)* wieder in die Realität zurückrief, da war Ernstl bereits Co-Skipper, der Hofrat Bordkassa und ich Navigator. Die anderen: Crew. Also hatte ich nicht viel versäumt. Dass man sich zum Flug mit der Lauda-Air entschlossen hatte, war nicht so wichtig, außerdem nicht sonderlich überraschend, weil sie das billigste Arrangement bot und außerdem auch noch Bordverpflegung von Do & Co. Und das Catering ist nun einmal sehr wichtig für Iglo. Aber wieso war Ernstl nicht Wachführer, sondern Co-Skipper? Irgendetwas fehlte mir da. Nicht so wichtig. Keinesfalls so wichtig wie all die Marias, Annas...

Aber nachher, als sich die Gespräche vervielfachten, da zupfte mich Ernstl am Arm und meinte, er fände es toll, dass ich dabei mitmachen würde. Wovon, zum Teufel, redete er denn? Was war so toll? Ich muss ihn sagenhaft blöd angeschaut haben, denn er lachte.

»Ich hab' mir gleich gedacht, dass du wieder einmal mit offenen Augen schläfst!«

»Naja, die Hitze, das reichliche Essen, die zwei Biere, aber, Moment mal, was zum Henker hatte ich da verschlafen?«

»Na, Iglo hat doch den sagenhaft billigen Charter aufgerissen!«

»Na und, das war doch nicht schlecht! Besser billig, als irgendwelche Phantasiepreise. Die Griechen sind da ja nicht ohne.«

»Wieso die Griechen? Wir segeln doch von Portoroz weg und überstellen das Boot nach Korfu! Die Überstellung zahlen wir überhaupt nicht, da kriegen wir sogar den Sprit bezahlt und die Kosten für die Verpflegung, auch die Bahnfahrt wird uns vergütet, und ab Korfu dieser Freundschaftspreis! Ich freu mich so. Einmal keine Charterjacht, sondern ein Eignerboot mit allen Schikanen!«

»Und das alles in einer Woche? Du spinnst doch!«

»Ja, hast du wirklich nichts mitgekriegt? Du hast doch ständig genickt.«

Was soll ich machen, ich nicke halt, wenn ich im Sitzen schlafe. Damit hatte ich schon in der Mittelschule und auf der Uni Probleme. Einmal, während einer Vorlesung, da hat mich ein empörter Professor gefragt, was weiß ich, warum, ich schlief ja schließlich, ob ich ihn für blöd halte. Und ich saß da, mit offenen Augen, und nickte und nickte. Die Prüfung habe ich ein paar Mal gemacht. Gott sei Dank ist mir so etwas nicht öfter passiert. »Wir, das heißt, Martina, du und ich, wir fahren schon eine Woche früher weg und bringen das Boot nach Korfu! Die anderen steigen dann dort zu!«

»Erstens: Wer ist Martina? Und zweitens: Wer kümmert sich um meine Ordination?«

»Martina ist die Regattafrau. Wir sind jetzt alle per du. Das mit der Ordi hättest du dir früher überlegen sollen! Jetzt kannst du unmöglich zurückstecken! Denk doch an Iglo! Mit dem Coup hat er endlich wieder die volle Bewunderung seiner Frau!«

»Und was sag ich in der Praxis? Die Patientenbesitzer reden sowieso schon herum, dass ich nur noch auf Urlaub bin! Dass mir Booterlfahren wichtiger ist, als ihre Tiere.«

»Ist das so falsch? Denk doch einmal an Wilhelm Busch: ›Und ist der Ruf erst ruiniert, dann lebt sich's völlig ungeniert!‹«

»Ja, damit kann ich schon leben, aber ich muss doch auch davon leben können! Stell' dir vor, was die sagen, wenn ich jetzt noch einmal für zwei Wochen abhaue, kaum, dass ich wieder da bin!«

»Weiß das schon wer?«

»Nein, bisher habe ich nicht einmal dem Dieter gesagt, dass ich schon wieder weg bin. Aber bis jetzt habe ich mir schon wegen der einen Woche Gedanken gemacht!«

»Na und, was ist dabei? Heute hat jeder Hilfsarbeiter seine garantierten fünf Wochen Urlaub!«

»Ja, aber wenn das ein Tierarzt macht, dann kann er bald als Hilfsarbeiter gehen!«

»Dann sag doch endlich mal, du bist krank! Warst du schon einmal krank?«

»Nein, noch nie, in Österreich haben Selbständige ihre Krankheiten im Stehen. Das solltest du am besten wissen.«

»Also ich, ich werde jetzt krank! Weil, ich kann ja auch nicht schon wieder auf Urlaub gehen!«

»Ja, und dann kommst du braun wie ein Neger wieder in die Hacke zurück! Schon schlau, der Herr!«

»Sei nicht so stur! Es muss ja auch Krankheiten geben, die man am besten im Freien kuriert. Eigentlich habe ich geglaubt, du kannst mir da Etzes geben!« Im Freien kuriert? Bei Pferden gibt's das, die bringt man bei manchen Erkrankungen auf Weiden im Mittelbegirge. Aber unsereinen? Natürlich! Luftkurorte! Angegriffene Lunge! Viel Bewegung in irgendwelchen Reizklimazonen! Muss ja nicht gleich Tuberkulose sein! Und so beschlossen wir, lungenleidend zu werden, nicht für die Krankenkasse natürlich, nur für die Kunden. Klarerweise musste ich das meinen Verwandten irgendwie stecken, nicht, dass meine Mutter womöglich in der Ordination anruft und dort erfährt, dass ich, in Decken gehüllt, irgendwo im Alpenvorland entweder meiner Genesung oder meinem Ableben entgegendämmere! Also gut, wir machen nicht auf Pfeif drauf, wir machen auf arm und leidend. Dabei ersparen wir uns sogar den Löwenanteil der lästigen Kartenschreiberei. Korfu, ich komme. Außerdem kann ich dann schon übernächste Woche abhauen, zumindest stundenweise, und für den Törn einkaufen. Schließlich muss ich ja noch zum Lungenfacharzt! Husten heißt die Devise. Nicht dauernd, anfallsweise. Eine schwere Reizbronchitis muss her! Allergisch bedingt, klar. Und dann ab nach Griechenland!

Am nächsten Tag hustete ich schon ganz gut. Kein Wunder: Erheblicher Bierkonsum und in direkter Folge viel zu viele Zigaretten. Ernstl tat sich da sicher viel schwerer, weil er nicht raucht, und außerdem musste er ja gestern noch fahren, denn es war nun einmal sein Auto, das da vor der Iglotüre stand, und Irma konnte ihren Wagen ja auch nicht gut dort stehen lassen, um ihn heimzuführen. Also gab es für ihn nur ein Bier. Macht nichts, wer hätte jemals davon gehört, dass man auf Bier allein besser hustet! Außer möglicherweise Bröckerln. Aber es sollte ja keine Magenkrankheit werden.

Ich jedenfalls war bis Mittag ziemlich blass und außerdem Nichtraucher. Zu Beginn der Nachmittagsordination wählte ich dann die automatische Zeitansage und schilderte dem Tonband beredt meine Symptome. Leider bekam ich erst zwei Wochen später einen Termin beim Herrn Doktor. Für die Zwischenzeit sollte ich den Hausarzt oder eine Ambulanz aufsuchen. Ich lauschte noch eine Zeit erschöpft und heiser bellend in den Hörer: Mit dem Summerton wird es genau dreizehn Uhr siebenunfünfzig und zehn Sekunden, dann bedankte ich mich, legte auf und sank unter den mitleidigen Blicken meiner Ordinationsdamen erschöpft auf den Chefsessel. Husten nicht vergessen!

Drei Tage später, ich hustete bereits ganz automatisch, bekam ich einen unerwarteten Anruf. Birgit. Welch unerwarteter Glanz in meinem bescheidenen Hörer! Sie wollte mich unbedingt sprechen. Erst dachte ich daran, abzulehnen, aber dann fiel mir siedend heiß ein, dass sie ja in groben Umrissen vom geplanten Törn wusste, und da schien es mir doch eher angebracht, mich mit ihr zu treffen und sie zur Abwechslung einmal genauso anzulügen, wie sie das bisher immer mit mir gemacht hatte. Also verabredete ich mich mit ihr noch für denselben Abend in einer Pizzeria.

Ganz wohl war mir nicht, als ich dort auftauchte, denn erstens lüge ich nicht gerade hervorragend, und zweitens wollte ich sie eigentlich gar nicht sehen, weil ich meiner Reaktion auf ihren Anblick nicht so sicher war. Immerhin hatte ich vor nicht allzu langer Zeit vorgehabt, mein Leben mit ihr zu teilen, zumindest, bevor ich endgültig begriff, dass sie nie die Meine sein würde. Ich hatte mich dann noch auf einen Törn mit ihr eingelassen, kam mir aber nach zu kurzer Euphorie schließlich irgendwie beschmutzt vor, wahrscheinlich war ich das auch. Denn kaum dass wir wieder in Wien waren, hatte sie mich wieder fallen gelassen wie die sprichwörtliche heiße Kartoffel. So etwas tut weh, auch, wenn man damit gerechnet hat.

Ich war mit meinem Espresso noch nicht fertig, er schmeckte sowieso nicht wie der in Italien, da kam sie schon. Na gut, pünktlich war sie schon immer gewesen.

»Huhu, ich bin's!« Fröhlich winkend kam sie auf mich zu und tat so, als wären wir ein Paar. Nachdem ich ihr aus der Jacke geholfen hatte, plauderte sie angeregt über ihre Arbeit und kam dann mit der großen Überraschung heraus: Sie wollte das Spital wechseln. Und da sei es sowieso egal, ob sie sich jetzt wieder Urlaub nähme, denn sie hätte noch reichlich Freizeit gut. Kurz: Sie könne mitkommen, wenn ich das wolle. Und notfalls sogar noch eine Woche anhängen, wir könnten dann ja allein in Griechenland bleiben, halt ohne Boot, aber dafür nur sie und ich. Dann lehnte sie sich erwartungsvoll zurück. Ich hustete ausgiebig, schon wegen der widerstreitenden Gefühle, die mich völlig konfus machten. Und, weil mir noch immer nichts Gescheites einfallen wollte, entschuldigte ich mich und ging einmal für kleine Mädchen. Herrgott, was sollte ich jetzt tun? Fixstarter waren Iglo und Minni Maus, Irma und Ernstl. Macht vier. Dann die Regattafrau und ich. Sind sechs. Die Hofrätlichen. Insgesamt acht. Wieder einmal Sklavenschiff. Drei Kabinen. Drei Pärchen, zwei im Salon. Wer im Salon schlafen würde, stand also fest. Die adelige Jollentussi und ich. Kein Platz für Birgit. Beim bestem Willen nicht. Ich starrte angelegentlich an die Wand. Die starrte ungerührt zurück. Natürlich, man konnte... In der ersten Woche waren wir ja nur zu dritt auf dem Schiff. Platz in Hülle und Fülle. Und dann konnte ich mit Birgit allein auf Korfu bleiben, eine, vielleicht sogar zwei Wochen. Wer weiß schon, wie lange eine ordentliche Bronchitis braucht, um einigermaßen zu verschwinden? Aber wozu? Es würde ja doch nur auf dasselbe hinauslaufen. Im Moment hatte sie offenbar wieder einmal Zoff mit ihrem Franz. Der versprach ihr die Scheidung, blieb aber hartnäckig bei seiner Frau, wahrscheinlich war wieder einmal eines ihrer kleinen Ultimaten am Ablaufen. Das fünfte Rad am Wagen! Wie gut ich sie doch verstand. Die bequeme Frau für zwischendurch. Aber halt nichts von Dauer. Und zwischendurch der verliebte Trottel, bei dem Frau alles hatte, was sie so vermisste. Der Jammer war nur, der Trottel war ich. Und das musste jetzt einmal ein Ende haben, endgültig! Ich überraschte mich zornig bei einem Verlegenheitshuster. Und starrte wieder an die Wand. Aber hallo, was für eine Wand! Wo in Beiseltoiletten üblicherweise Dreibuchstabenwörter beredt vom Geisteszustand ihrer Autoren künden, stand hier: To be or not to be. (Shakespeare). Dobee dobee doo. (Sinatra). Und gleich daneben: Gott ist tot. (Nietzsche). Nietzsche ist tot. (Gott). Starke Sprüche. Wenn mir bloß auch so was einfiele. Aber da klang nur wehleidig die ferne Stimme der Janis Joplin über den Abgrund aus Zeit und Raum: Freedom 's just another word for nothing left to loose. Nein, danke, kein Bedarf. Aber da: Un' altra giorno, un' altra amore! Schon viel besser! Danke, freundliche Pissoirwand! Festen Schrittes und in mehrfacher Hinsicht erleichtert zog ich in die Schlacht. Der würde ich's schon geben...

»Leider ist's nichts mit dem Törn! Ich habe eine ziemlich unangenehme Bronchitis bekommen und kann nicht mit!«

»Das hat mir der Ernstl heute auch schon gesagt. Leg ihm ans Herz, er soll Husten üben. Jetzt hört er sich an wie ein Politiker nach einer unangenehmen Frage. Außerdem könnt ihr durchaus einen erfahrenen Navigator brauchen. Ihr glaubt offenbar, dass ihr mit dem Erwerb des B-Scheines für küstennahe Fahrt perfekt vorbereitet seid für diesen Törn. In Wirklichkeit wisst ihr gar nichts. Was nützt euch die Kenntnis von ein paar lächerlichen Peilmethoden am offenen Meer? Da gehört schon jemand her, der in der Astronavigation beschlagen ist. Kaum könnt ihr auf einem Boot vorne und hinten unterscheiden, führt ihr das große Maul und verwechselt euch mit Seeleuten. Dabei seid ihr nichts als Tschapperln.«

Na, jetzt war wenigstens klar, was sie von uns hielt. Bisher hatte sie mit ihrer Meinung über unsere seemännische Eignung hinter dem Berg gehalten, aber jetzt, wo sie sah, wie ihre Felle davonschwammen, gab sie jede Zurückhaltung auf.

»Was du nicht weißt, ist, dass Ernstl und ich inzwischen auch geprüfte Astronavigatoren sind.«

»Ja, im Lehrsaal und im Garten. Ihr könnt einen Sextanten richtig herum halten und die HO-Tafeln vom Telefonbuch unterscheiden. Mit der Navigationsarbeit an Bord hat das nichts zu tun.«

»Aha. Aber du bist mit den dafür notwendigen Erfahrungen schon zur Welt gekommen. Niemand ist so gut wie du. Dabei wird dir schon schlecht, wenn du an Bord nur die Überschriften einer Zeitung zu lesen versuchst. Jeder fängt einmal an, und wenn du es geschafft hast, dann werden wir das auch noch zusammenbringen!«

»Wenn du nicht willst, dass ich mitfahre, kannst du es mir ruhig sagen, obwohl ich, was uns beide betrifft, jetzt endlich Licht am Ende des Tunnels sehe!«

»Das ist wahrscheinlich nur die Stirnlampe des Expresszuges, der dann wieder einmal über mich drüberfährt.«

»Jetzt sei nicht so pessimistisch! Wer geduldig wartet, kriegt zum Schluss alles!«

»Ja, falsche Zähne, graue Haare und Gicht!«

»Weißt du, du darfst nicht alles so eng sehen. Schau, du verdienst gut...«

War das wichtig? Brauchte sie einen Mäzen? »Geld kauft dir keinen Regenbogen.«

»Nein, das meine ich nicht. Im Prinzip passen wir doch gut zusammen.«

»Das glaube ich nicht mehr!«

»Warum nicht? Wir haben die gleichen Hobbys: Wir segeln gern und wir fliegen beide!«

Ich musste jetzt Schluss machen, oder sie hatte mich wieder. »Nein, da gibt es viel wichtigere Sachen im Leben. Schau, wir mögen nicht einmal dieselben Leute!«

»Wieso?«

»Na, du zum Beispiel magst dich!«

Sie biss die Zähne zusammen, stand wortlos auf und ging. Puh, das war knapp gewesen. Seltsam, dass ich nach dem Zahlen davonschlich wie ein begossener Pudel. Der Sieg schmeckte eindeutig schal. Noch ein paar solcher Siege, und ich konnte einpacken. Hat ein gewisser Pyrrhus auch schon einmal gesagt, aber wo steht denn, dass ich um jeden Preis originell sein muss? Den begossenen Pudel hatten wir doch auch schon: Quantanamera, wissen Sie noch? Na also!

Die nächsten Tage waren hektisch. Was nicht noch alles besprochen werden musste. Da war einmal die Routenplanung. Jugoslawien zerfiel. Slowenien und Kroatien hatten sich schon abgespaltet und eigene Staaten gebildet. In Slowenien war das nur mit einem blauen Auge ohne riesigen Konflikt abgegangen. Aber in Kroatien, wo immerhin zwölf Prozent Serben lebten, waren die Krajina-Serben mit der jugoslawischen Bundesarmee drauf und dran, einen echten Eroberungskrieg anzuzetteln. Auch in Bosnien kam es immer wieder zu heftigen Unruhen und sogar Gefechten. Ganz Dalmatien befand sich in Gärung und auch die Küste war nicht sicher. Es war zu Feuerüberfällen angeblicher Partisanen auf Hafenstädte gekommen, die Lage änderte sich täglich. Schön, dass der Bootseigner ein paar Idioten gefunden hatte, die ihm die Kastanien aus dem Feuer holten, weniger schön, dass wir das waren. Ich hatte noch nie ein Boot gratis überstellt. Das war der erfreuliche Aspekt. Der unerfreuliche war, dass mir dabei unter Umständen der Hintern abgeschossen werden konnte. Wir mussten verdammt vorsichtig sein, so viel war klar. In jedem Hafen die Lage so genau einholen wie sonst das Wetter, und immer auf der sicheren Seite bleiben. Geografisch war das in diesem Fall Italien. Andererseits hatten wir nicht viel Zeit, mussten also eine möglichst günstige Route wählen, waren aber auf den direkten Weg nicht scharf, weil wir ja auch Verpflegung, Wasser und Sprit brauchen würden. Und solche Dinge kriegt man eben nur an Land. Überhaupt: Verpflegung und Sprit! Wer wusste schon, ob es an der dalmatinischen Küste überhaupt noch was zu kaufen geben würde! Die Auskünfte, die wir auf unsere Fragen bekamen, waren völlig widersprüchlich, von österreichischer Seite riet man uns von unserem Vorhaben eher ab, die Kroaten behaupteten, alles fest im Griff zu haben, gaben sich aber ziemlich vage, sobald Details zur Sprache kamen. Für den Ernst der Lage sprach auch, dass es kaum noch Luftlinien gab, die die gefährdeten Regionen anflogen. Klar war nur eines: die Versicherung würde sich abputzen. Alle Policen für Beschädigung oder Verlust von Booten durch kriegerische Handlungen waren sofort gekündigt worden, als der Konflikt heiß zu werden drohte. Völlig legal, weil sie sämtlich eine Kündigungsfrist von vierzehn Tagen gehabt hatten. Jahrelang hatten die Eigner brav gezahlt, als es aber so weit kam, dass sie ihre Versicherung womöglich in Anspruch hätten nehmen müssen, da hatten sie längst keine mehr. Die Boote lagen noch in den Häfen, die ohne jeden taktischen Zweck zerstört wurden, zwar nicht nur so zum Spaß, aber aus der grundsätzlichen Erwägung, dass Terror zermürbend auf die Moral der Bevölkerung wirkt. Da sollten noch ganz andere Dinge kommen, aber das konnte sich damals noch niemand vorstellen. Jedenfalls hätten nur Selbstmörder daran gedacht, ihre Boote aus dem Feuer der Artillerie und der Granatwerfer zu holen. Nein, an ein gemütliches Schippern der Küste entlang war nicht zu denken. Albanien, der Horror aller Segler, hatte seinen Schrecken weitgehend eingebüßt, dort musste man, wenn man die immer wieder vorkommenden Übergriffe seitens der Küstenwache zähneknirschend duldete, wenigstens nicht damit rechnen, aus purer Lust am Terror unter Feuer genommen oder auf Nimmerwiedersehen verschleppt zu werden. Was dort veranstaltet wurde, war zwar empörend und jenseits aller zivilisierten Rechtsnormen, inhärent lebensbedrohlich war es a priori aber nicht. Und genau das ließ sich in Jugoslawien nicht ausschließen. Wir hatten also jeden Grund, vorsichtig zu sein. Sehr vorsichtig. Richtigen Urlaub hatten wir sicher erst ab Korfu.

Dazu kam noch der Chartervertrag, der uns, harmlos genug, verantwortlich machte für Schäden, die durch grobe Fahrlässigkeit entstehen mochten. Die natürlichste Sache der Welt. Unter normalen Umständen. Aber in unserem Fall erhob sich die Frage, ob Leute, die sich freiwillig in Krisengebieten herumtrieben, nicht von vornherein grob fahrlässig handelten. Dieser Passus musste eingeschränkt werden. Der Eigner meinte, wir könnten ja an der italienischen Seite der Adria bleiben, aber das wollten wir nicht, weil die ziemlich öde ist und außerdem bei vielen dort üblichen Wetterlagen auch noch Legerwall. Die Verhandlungen hatten sich gründlich festgefahren, als mir die Geduld riss. Ich bedeutete Ernstl, dass jetzt ich das Wort übernehmen wollte.

»Dann chartern wir eben in Korfu und bleiben nur eine Woche auf dem Schiff, Angebote haben wir genug, wir suchen uns halt eines aus. So viele Leute chartern ja zu Ostern gar nicht, dass wir da in Verlegenheit kämen. Wir schaukeln gemütlich mit der Lauda-Air nach Korfu, haben keinen Stress und genießen ruhig ein paar Tage im Ionischen Meer. Dann gibt's auch keine Probleme mit dem einfachen Flug, wir buchen einen ganz normalen Charter tour-retour und die Sache hat sich.«

»Und was ist dann mit meinem Boot?«

»Das ist mir ziemlich egal. Erstens ist Portoroz slowenisch, und die haben ihren Krieg schon gehabt, also wird's nicht mehr so heiß hergehen. Und zweitens, wenn Sie Blöde suchen, die das volle Risiko für die Überstellung tragen, während Sie gemütlich in Wien hocken und den Herrgott einen guten Mann sein lassen, dann müssen Sie eben weitersuchen, wir werden Ihnen Ihre Schüssel nicht ersetzen, wenn sie durch Kampfhandlungen zu Schaden kommt. Allerdings können Sie sicher sein, dass wir gefährliche Gegenden sowieso meiden werden wie die Pest, wir sind ja schließlich keine Söldner und auch nicht lebensüberdrüssig. Aber das mit der groben Fahrlässigkeit, das müssen Sie sich abschminken. Wenn Sie das nicht um die Kriegsgefahr einschränken, dann läuft gar nichts.« Der gute Mann schwitzte jetzt nicht schlecht.

»Aber Sie sagen doch, Sie werden sowieso kein Risiko eingehen. Da ist dann ja eigentlich...«

Rüde unterbrach ich ihn: »Nein, nein, so nicht. Wer kann schon sagen, ob uns nicht irgendein gelangweilter Pilot der jugoslawischen Luftwaffe nur so zum Spaß unter Feuer nimmt? Gut, das ist noch nicht passiert, aber auszuschließen ist es auch nicht. Und wenn wir das überleben sollten, dann lassen Sie uns auch noch pfänden. Oder halten sich an unseren Erben schadlos, wenn wir wirklich Pech haben. So wird das nichts. Ein bisserl Risiko müssen Sie schon mit übernehmen! Und, wenn Ihnen das zu viel ist, verlegen Sie Ihr Boot halt nach Italien, da gibt's schon noch Liegeplätze, vielleicht nicht mehr in Triest oder Porto Buso, aber sicher noch in Venedig oder Chioggia. Dann fahren Sie eben ein paar Kilometer mehr zu ihrer geliebten Yacht und haben überhaupt kein Risiko.«

»Ja, aber die Preise! Die leben von unserem Unglück und lassen sich die Liegeplätze vergolden! Außerdem bin ich mit dem Flugzeug in nicht einmal zwei Stunden in Portoroz, dort gibt es nämlich einen Flugplatz, und nach Venedig fahre ich acht, neun Stunden.«

»Guter Mann, jetzt wird's lächerlich. Dann fliegen Sie halt nach Ronchi dei Legionari oder nach Venedig. Da haben Sie gleich zwei Flugplätze, den Grasplatz am Lido und den großen, Tessera. Außerdem wollen Sie Ihr Schiff ja in Korfu haben, da zieht sich's auch mit dem Flugzeug!«

Also, in Ronchi und in Venedig war ich noch nie allein, aber nach Korfu würde mich ein Freund mitnehmen, der hat eine Zweimot.« Also so einer bist du! Ölspur nach Portoroz und zurück, aber woanders, da trauen wir uns nicht hin. Solche Flieger sollte es Hunderte geben, nur leider sind's Tausende.

»Wie Sie wollen. Aber mich müssen Sie jetzt entschuldigen, ich seh' schon, das wird nichts. Und zum Herumreden ist mir meine Zeit zu schade.«

»Jetzt seien Sie doch nicht so ungeduldig, ich überleg's mir noch!«

»Ich habe keine Zeit mehr, wenn ich noch ein Boot und unsere Flüge buchen muss.«

»Also gut, wir nehmen die Kriegsgefahr namentlich aus als Haftungsgrund. Nur müssen Sie mir versprechen, dass Sie wirklich kein Risiko eingehen! Sind Sie jetzt zufrieden?« Na, wenn's dir guttut, dann verspreche ich's dir halt. Hauptsache, der Chartervertrag wird geändert. Kein Risiko! Dann bleibe ich halt im Bett, das ist zwar auch nicht ohne, aber relativ sicher. Kein Risiko. So ein Idiot! Einer, der kein Risiko eingeht, geht gar nicht segeln, Krieg hin, Krieg her. Wahrscheinlich liegt das Boot sonst das ganze Jahr am Liegeplatz und wird höchstens am Wochenende unter Maschine eine Runde bewegt, bis in die nächste Badebucht.

»Na klar bin ich zufrieden. Aber Sie müssen einsehen, ohne den schriftlichen Zusatz kann ich mich auf so was nicht einlassen. Und dass ich nicht vorhabe, mich umzubringen, das dürfen Sie mir auch glauben!«

Der Vertrag wurde um einen Paragraphen erweitert und von Ernstl und dem Eigner feierlich unterschrieben.

30

»Also, ich hab schon geglaubt, jetzt ist alles aus, wie du den so angegangen bist«, sagte Ernstl auf der Heimfahrt von unserem Treffen.

»Ich war sogar überzeugt davon, aber ich wollte mich von der Bettwanze nicht mehr anöden lassen. Dabei wäre doch nichts mehr herausgekommen. Ich habe mit seiner Feigheit spekuliert. Der traut sich sein Lebtag nicht mit dem Boot nach Korfu, das steht einmal fest. Wahrscheinlich nicht einmal nach Venedig. Schließlich hat auf dieser Strecke schon der junge Kaiser Franz Josef einen Raddampfer verloren!«

»Wirklich?«

»Ja, und das war dann, außer der Fahrt zur Eröffnung des Suez-kanals, seine einzige Schiffsfahrt auf dem Meer. Das zweite Schiff, das zusammen mit seinem von Venedig nach Triest auslief, auf seiner Majestät ausdrücklichen Befehl und gegen den Rat der Kapitäne, ist mit Mann und Maus gesunken, und sie haben ein paar Monate gebraucht, um wenigstens Spuren von dem Wrack zu finden. Da sieht man, auch das Gottesgnadentum ist keine Garantie gegen nautische Blödheiten gewesen!« Endlich hatten wir ein anderes Thema.

Am nächsten Tag kauften wir den Proviant ein, lauter haltbare Sachen wie Packerlsuppen und Konserven, Kekserln und Schokolade, Paletten mit Fruchtsäften, Bier und Mineralwasser, mit dem man im Notfall sogar kochen konnte, Tee, Kaffee und die unvermeidliche Tubenmilch, verpackten alles in Kisten und brachten es auf die Bahn. Dort gaben wir alles nach Portoroz auf, an die Adresse der Marina. Den Transport zahlte sowieso der Eigner. Und weil das so war, gaben wir unsere Seesäcke gleich mit auf. Ich möchte nicht wissen, was er bei Erhalt der Rechnung sagte, bezahlt hat er sie jedenfalls anstandslos, sonst wären wir nicht gefahren.

Das mit dem Fahren war auch nicht so einfach. Die Züge fuhren zwar, aber man musste unter Umständen mit größeren Verspätungen rechnen, wegen des Transportes von Truppen und Nachschub. Auf dem Papier sah alles noch ganz gut aus. 0755 Uhr ab Südbahnhof, Ankunft in Liubljana 1415 Uhr, Anschluss um 1510 Uhr nach Koper, dort Ankunft um 1740 Uhr, die zehn Kilometer von Koper nach Portoroz mit dem Bus, Zeiten unbekannt. Wir sollten uns noch glücklich schätzen, dass wir nur kleines Handgepäck mithatten.

Mit jedem Tag, den die Karwoche näherrückte, hustete ich besser, wies aber tapfer darauf hin, dass ich sowieso schon bald auf Kur fahren würde. Es war wirklich anstrengend, die Husterei nicht auf die Praxis beschränken zu können, sondern das auch noch im Donauzentrum und auch sonst in der Öffentlichkeit durchzuhalten. Schließlich kam es so weit, dass ich auch zu Hause schon bellte, durch die ewige Reizung der Bronchien hatte ich jetzt wirklich einen echten Husten bekommen. Außerdem brannte mir der Hals. Es war Zeit, dass ich wegkam, bevor ich wirklich krank wurde.

Am Tag der Abreise stand ich endlich um dreiviertel acht hustend am Perron und winkte Ernstl, der gerade daherkam. Wir enterten den Zug, suchten unser reserviertes Abteil – nobel geht die Welt zugrunde, wenn andere zahlen – wo wir eine lesende Martina vorfanden, umgeben von Stößen von Zeitungen, Illustrierten und einer offenen Zweihundertgrammpackung Erdbeerschokolade.

»Ich hab schon geglaubt, ihr kommt nicht mehr. Ich bin schon seit einer Viertelstunde da«, näselte sie unter einer modischen Brille hervor. Sportsakko, karierter Pullover, sehr britisch, lange Hose mit Bügelfalten. Herrgott, hatte die keine Jeans?

»Weißt du, wir wohnen nicht am Bahnhof, wir hatten ein Stück Anfahrt!« Um Gottes Willen, das war das berühmte Wort zu viel! Was fiel dem Ernstl da bloß ein? Aber der wusste schon, wie man mit solchen Leuten umgeht, denn die Dame stieg unverzüglich vom hohen Roß.

»Naja, ich wollte eben nicht im letzten Moment kommen und eben jetzt begann ich, mir ein wenig Sorgen zu machen.« Ein wenig Sorgen! Eben jetzt! Krieg' dich ein, Mädel!

»Na, jetzt sind wir ja da! Gehen wir also zum gemütlichen Teil über. Kann ich bitte eine Zeitung schnorren?« Ich ließ mich auf die Bank fallen und begann zu lesen, weil ich in der Frühe nicht sehr gesprächig bin und eine ruhige halbe Stunde mit der Morgenzeitung schätze, bevor ich es – langsam – angehen lasse. Auch

32

Ernstl bediente sich dankend aus ihrem reichlichen Vorrat, und als der Zug anruckte, saßen wir in einträchtigem Schweigen da und pflegten der Lektüre, wie Martina wohl gesagt hätte. Oder heißt es »pflogen«?

Als ich wieder erwachte, waren wir schon in Graz. Ich hatte fest und traumlos geschlafen, denn in der Nacht zuvor war es sehr spät geworden, bevor ich endlich einschlafen konnte, und dann war mein Schlaf nicht besonders erholsam gewesen, weil ich wirre Träume von brennenden Schiffen hatte, die ich auf Tieflader bringen sollte, während mich wütende Menschen daran hindern wollten. Ich würde den ganzen Zug in Brand setzen, schrien sie, und ob sie nicht auch so schon genug mitmachten, ohne den Blödsinn, den ich da vorhätte. Als mich der Wecker von meinen Alpträumen erlöste, war ich wie gerädert und nicht einmal große Dosen Kaffee und Wechselduschen konnten mich ganz auf die Welt bringen. Aber jetzt sah die Sache schon ganz anders aus, ich war halbwegs ausgeschlafen, die Sonne schien, und zum ersten Mal registrierte ich, dass wir wirklich zu einem Boot unterwegs waren und vierzehn ganze Tage Urlaub auf uns warteten. Das schrie direkt nach einer kleinen Feier. Ich stürzte aus dem Zug und zu einem mickrigen Supermarkt in der Bahnhofshalle. Keine gekühlten Getränke! Also gut, Rotwein. Das Käseangebot ließ auch einiges zu wünschen übrig. Alles, was ich auftreiben konnte, war ein Stück Brietorte, Emmentaler in Vakuumverpackung und ein undefinierbarer Käse in Cellophan. Weißbrot nur als vorgeschnittene Toastwecken. Roh völlig ungenießbar. Na gut, dann Semmeln. Semmeln gab es nur in Form der schwellenden Zwillingswürste aus Teig, die in der grünen Mark üblich sind und nicht nur mich in der Form an intime Details der weiblichen Anatomie erinnern. Egal, Teig ist Teig. An der Kasse: Stau. Himmel, ich versäume noch meinen Zug. Endlich geht's weiter. Doch halt, an den Rotweinflaschen sind keine Preispickerln. »Franzi, schau nach, was der Rote kostet!« Der Franzi ist offensichtlich schwer behindert, er bewegt sich wie eine Schnecke. Lesen kann er scheinbar auch nicht, denn er runzelt die Stirn und schweigt dazu hartnäckig. Herrgott, mein Zug! Endlich hat er eine Flasche mit einem Pickerl gefunden, aber er verrät nicht, was draufsteht, nein, er schleicht mit der Flasche zur Kasse. Die Flasche landet in meinem Korb, jetzt habe ich drei. Und drei sind auch schon in die Kasse getippt. Reklamieren! Ja, und dann mit dem Taxi nach Slowenien. Ich zahle und verpacke zähneknirschend alles in einem viel zu kleinen Sackerl. Endlich habe ich das meiste drinnen und renne mit dem Sackerl in der einen und zwei Flaschen in der anderen Hand über den Perron, während der Fahrdienstleiter schon pfeift und mit seiner Kelle den Zug freigibt. Jemand macht mir die letzte Tür des letzten Waggons auf, und kaum habe ich die Stufen erklommen, fährt der Zug auch schon an. Mich schleudert es dadurch in eine Ecke. Dort steht aber schon wer, und die nächste Momentaufnahme zeigt, wie ich mich mit zwei Weinflaschen in der Hand an der Rückwand des Waggons abstütze, die andere (mit Sackerl) um den pickeligen Hals eines Teenagers zweifelhaften Geschlechts schlinge und versuche, die Wand nicht zu küssen. Endlich erlange ich mein Gleichgewicht wieder und entschuldige mich bei dem halbwüchsigen Geschöpf. Das lächelt lippennass zu mir herauf. Endlich mache ich mich auf den langen Weg durch die Waggons, stolpere über Säcke, Taschen und Koffer mit und ohne draufsitzenden Besitzern und trample über die zugigen, ziehharmonikafaltigen, scheppernden Verbindungsstege zwischen den Wagen. Die Weinflaschen habe ich inzwischen in die Taschen meiner Lederjacke gezwängt, ich muss ausschauen wie ein Clochard auf dem Weg zu einer Mieterversammlung unter seiner Stammbrücke. Endlich erreiche ich unser Abteil, wo mir eine aufgelöste Martina fast um den Hals fällt.

»Wir hegten fast schon die Gewissheit, du hättest den Zug versäumt!«

»Herrgott, red endlich normal. Ich halt das im Kopf nicht aus: hegten fast schon die Gewissheit!«

»Komm, brems' dich ein. Wir haben uns wirklich Sorgen gemacht.« Ernstl sah mich streng an.

»Wie schaust denn du aus! Wie ein Sandler!« Ich starrte verlegen auf die Flaschenhälse und mein Sackerl. Verlegen, weil wir inzwischen Gesellschaft bekommen hatten. Ein älteres Pärchen musterte mich missbilligend und ein wenig von oben herab. Und das, obwohl sie saßen. Sie hatte blaugetönte, sorgsam frisierte

Löckchen und trug eine große Brille mit Schmetterlingsfassung. Zur Karikatur eines Schmollmundes rotlackierte rissige Greisinnenlippen formten ein degoutiertes O über den lippenstiftverschmierten, viel zu weißen Dritten. Der dürre Truthahnhals ragte aus einem rosa Angorapullover mit Rollkragen. Braune, formlose Hosen, Ringelsöckchen und flache braune Schuhe vollendeten die Erscheinung. Er trug auf seinem weißen Borstenschädel eine blaue Baseballkappe mit dicken Goldraupen am Schirm, der die stechenden, misstrauischen Augen und seine Hakennase beschattete. Tiefe Falten führten von den Nasenflügeln zu den Kanten der strichdünn zusammengepressten bläulichen Lippen. »Chronisches Magenleiden, Herzschwäche«, war meine erste Assoziation. An den schmalen Schultern hing ein graues Sakko, dazu trug er ein weißes, offenes Hemd, grelle Pepitahosen, rote Socken sowie braune Halbschuhe. Zwei pensionierte Mittelstandsamis auf Besuch in der Alten Welt, vielleicht auf dem Weg nach Postojna, dort gibt es neben den weltberühmten Grotten irgendwo ein ebenfalls berühmtes Heilbad für Rheumakranke, das aber vor allem preiswert war. Besonders nett wirkten die beiden nicht, sie strahlten eine Aura von Übelwollen und Argwohn aus. Ich entledigte mich meines Gepäcks, und mit jeder Flasche Wein, die ich auf den kleinen Klapptisch unter dem Abteilsfenster stellte, schaute Opa Sam noch ein bisschen böser. Als ich den Käse auspackte, begann sich seine bessere Hälfte mit einer Zeitschrift ostentativ Luft zuzufächeln. Gut, der unbekannte Inhalt des Cellophans roch etwas kräftig, aber ihr Parfum, in dem sie offensichtlich zu baden pflegte, war auch nicht ohne. Das ganze Abteil roch wie ein Maiglöckchenfeld, jetzt kam eben noch ein Hauch »standfeste Socke« dazu. Als sie dann noch die exquisite Form der lokalen Weißgebäckspezialität erblickte, war sie erst recht schockiert. Aber diese Semmeln sehen auch wirklich eindeutig zweideutig aus. Ich entkorkte eine Flasche mit meinem Schweizer Offiziersmesser, das ich auf Törns immer am Gürtel mitschleppe, samt Taschenlampe, Lineal, Zündhölzern und Signalspiegel, klappte dann das Messer für den Käse auf und schüttete Wein in die Plastikbecher, die ich schlauerweise ebenfalls noch erstanden hatte. Und weil das sowieso zehn waren und wir auch Wein genug hatten, hielt ich mit fragendem Gesichtsausdruck und einem bemüht freundlichen: »May I invite You?« einen Becher Wein in ihre Richtung, aber sie schaute nur indigniert weg und er stieß zwischen verkniffenen Lippen hervor:

»Oh my God, alcohol before noon! Disgusting!«

Na schön, wer nicht will, hat schon. Ich prostete meinen Mitstreitern zu, und wir begannen unser kleines Gelage. Der unbekannte Käse war wirklich würzig und daher als Erster weg. Aber auch die anderen Sachen verschwanden recht rasch und wir brauchten doch tatsächlich die zweite Flasche Wein, um alles kräftig hinunterzuspülen. Um das Aroma des Käses und die Maiglöckchenkeule aus dem Abteil zu lassen, wollte ich das Fenster ein wenig öffnen, hatte da aber die Rechnung ohne den Wirt gemacht.

»That window! Leave it alone! Don't dare to open it!«, geiferte mich der Alte an. Seine dünnen Lippen zitterten vor Wut, er spuckte beim Reden. He, so ging das aber nicht!

»You are here in our reservated and therefore private compartment. You don't like our company, not even our sights. Nevertheless, we have payed for it and the right to be here. So, if You want to stay, don't try to boss us around!«

»Nazis!« Ich glaubte, mich verhört zu haben, aber da sprang mein geduldiger Ernstl auch schon auf, packte die Taschen der beiden und warf sie auf den Gang.

»Jetzt ist es aber genug! Verschwinden Sie, solange Sie noch können!« Die beiden flohen unter lautem Gezeter. Ihr Konsulat würden sie verständigen, die Polizei, und ...

»Von mir aus auch noch Amnesty international!«

Mit diesen Worten pfefferte Ernstl die Tür hinter ihnen zu, wir waren wieder allein im Abteil. Und machten das Fenster auf. Ernstl saß mit grimmig verschränkten Armen auf seinem Platz, in seinem Gesicht arbeitete es.

»Diese widerlichen Proleten solltest du nicht einmal ignorieren!«, kam es von Martina.

»Normalerweise tue ich das auch nicht. Wenn sie mich unflätig beschimpft, mit Tiernamen belegt oder mit gewissen Körperöffnungen, vielleicht auch deren Produkten verglichen hätten, hätte ich ihnen bloß meine Verachtung gezeigt. Eventuell sogar Mitleid. Aber ich lasse mich nicht einmal von einem so offensichtlich primitiven, frustrierten senilen Wrack Nazi schimpfen. Das ist keine bloße Beleidigung, das ist der Vorwurf des völligen Verlustes von Menschenwürde und Zurechnungsfähigkeit. Nazitum steht für mich für Terror, Vernichtung, den Verlust jeden Augenmasses, für den Triumph dumpfer Selbstgerechtigkeit über alle ethischen Werte. Für absoluten, obszönen Missbrauch von Macht, für gewalttätiges Gesindel, für Klavierkonzerte zum Rauchen der KZ-Öfen. Für Hinrichtungen, Vernichtung ganzer Völker, für die Prostitution der Rechtspflege, für den Einsatz der öffentlichen Einrichtungen zur Vergewaltigung des eigenen Volkes, für...«

»Jetzt mach aber einen Punkt. Der alte Trottel hat in seinem ganzen Leben noch keinen eigenen Gedanken gefasst und ist gar nicht imstande, die Tragweite seines Mauldurchfalls abzuschätzen. Der plappert das, was ihm die nationale Gehirnwäsche eingeredet hat, nach und das bedeutet eben, dass er die Deutschen und die Österreicher pauschal für Nazis hält. Schließlich hat ihm das die Propaganda seinerzeit oft genug erzählt und das war auch nicht so unverständlich, angesichts der Tatsachen und der Notwendigkeit, Zigtausende Amerikaner an eine Front zu schicken, von der sie glaubten, es sei nicht die ihre. Na, und je blöder einer ist, umso weniger neigt er zu Reflexionen, und so kommt es, dass für viele Amerikaner, überhaupt für die, die noch dabei waren, alle Deutschen Nazis sind. Österreich kennen da drüben viele gar nicht, verwechseln es mit Australien. Für die sind wir halt auch Deutsche. Die Einzigen, die das stört, sind die Deutschen und die Österreicher. Für alle anderen ist es unerheblich. Wer weiß schon, was der Alte im Krieg mitgemacht hat! Was er gesehen hat! Wovon er heute, nach all den Jahren, immer noch träumt, wenn es ihm nicht gut geht!«

»Ja, wenn er nicht vergessen kann, warum kommt er dann überhaupt her?«

»Siehst du, das ist ein ganz gefährlicher Gedanke. Wir reden immer wieder davon, dass das alles viel zu schnell vergessen wurde, davon, dass viel zu viele am rechten Auge blind sind. Und der soll plötzlich vergessen?«

Wer weiß, wie sich diese Diskussion noch entwickelt hätte, wäre nicht in dem Moment die Abteiltür aufgerissen worden. In der Tür standen zwei Uniformierte. Hatte der alte Trottel womöglich wirklich... nein, ganz unmöglich. Wo hätte er im Zug Polizei auftreiben sollen?

»Grenzkontrolle! Die Reisepässe, bittschön!« Ah, wir waren schon am Sprung nach Slowenien! Wie schnell doch die Zeit vergeht, wenn man sich gut unterhält! Die flüchtige Kontrolle war vorbei, da sah mich der eine Zollbeamte auf einmal scharf an: »Was haben S' eigentlich dem alten Ami angetan, dass der so zornig ist? Der wollt', dass wir Sie festnehmen und hat erzählt, dass Sie eine Gefahr für die Öffentlichkeit sind!«

»Nazi!«

»Ja, san' S' verruckt? Sowas können S' doch net sagen! Da nimm'
i' Sie jetzt wirklich fest!«
»Sehen Sie, festnehmen konnten wir ihn nicht, und deshalb
haben wir ihn hinausgeschmissen!«
»Ja, hat der wirklich Nazi zu Ihnen g'sagt? Also, da hört sich der
Spaß aber auf! Gemma, Karl, dem nehm' ma jetzt den Koffer auseinander!«
»Nein, lassen Sie das lieber, sonst erzählt der daheim noch, dass
bei uns alle unter einer Decke stecken und er politisch verfolgt
wurde. Das traue ich ihm durchaus zu. Weil, wenn der Sie beleidigt, macht er von seinem demokratischen Recht auf freie Mei-
nungsäußerung Gebrauch. Wenn Sie sich das aber nicht gefallen
lassen, dann sind Sie eben – ein Nazi.«
»Ja, wo komm' ma denn da hin? Der soll z' Haus erzählen, was
er will! Komm', Karl, wir gehen jetzt noch einmal zurück. Vielleicht halt' er dann wenigstens nächstesmal sei' dreckig's Maul!«
    Sollten sie doch machen, was sie wollten. So weit kam's noch,
dass ich jetzt für den Kerl Schutzengerl spielte! Als ich eine halbe
Stunde später auf die Toilette ging, saß der Alte jedenfalls zwei
Abteile weiter fluchend zwischen seinen verstreuten Habseligkei-
ten. Während der slowenischen Grenzkontrolle hatte sich bei mir
plötzlich ein menschliches Rühren eingestellt, weil mir eingefallen war, was mir blühte, wenn ich mein Handgepäck öffnen
musste. Nicht etwa, dass ich unter die Rauschgiftschmuggler
gegangen wäre, nein, viel schlimmer: Ich hatte einen Restlichtverstärker mit. Den hatte mir ein Bekannter geliehen, damit wir,
sollten wir in der Nacht Schwierigkeiten mit einer Ansteuerung
haben, nicht ganz hilflos wären. Denn angeblich brannten entlang
der Küste keine Leuchtfeuer mehr, und auch die Lichter der
Hafeneinfahrten sollten abgeschaltet sein. So ein Restlichtverstärker ist ein sehr nützliches Ding, wenn es finster ist, aber sein
Besitz und seine Verwendung waren in Österreich damals noch
verboten, und in Slowenien sowieso, weil noch alle unter dem Eindruck des gerade beendeten Kriegs standen. Es war mehr als
leichtsinnig, so etwas im Gepäck zu haben. Womöglich führte so
ein harmloses Ding zu einer Verhaftung. Mit Sicherheit aber zur
Beschlagnahme des Gerätes, und das hatte sechzigtausend Schil-

ling gekostet. Ich sah mich schon in Handschellen und unter der Anklage der Spionage. Das alles fiel mir natürlich ausgerechnet zum besten Zeitpunkt ein, als sich der Slowene eben für unsere Einkaufssackerln interessierte, und führte zu faszinierenden und rasanten Entwicklungen in meinem Bauch. Selbst, als alles gut vorbeigegangen war, trat keine Erleichterung ein: ich wusste jetzt, warum es heißt, jemand hätte Schiss. Das ist ganz wörtlich zu verstehen.

Der Zug ratterte in einer Landschaft, die sich in nichts von der der südlichen Steiermark unterschied, an Dörfern und kleinen Städten vorbei, die das sehr wohl taten, denn alle Bauten wirkten trist und grau, und auf den Dächern sprossen ganze Wälder von Fernsehantennen. Die ungewohnten Uniformen, die allgegenwärtigen Schilder, die das Fotografieren verboten, alles wirkte ostblockmäßig und irgendwie bedrohlich. Schließlich erreichten wir Liubljana und mussten aussteigen. Liubljana hat den Charme einer Stadt des beginnenden Industriezeitalters, rohe Ziegelbauten wechseln sich mit trostlosen Betonburgen ab, das Bild war geprägt von allgegenwärtiger Polizeipräsenz, war doch erst vor Kurzem irgendwo in Slowenien eine Autobombe hochgegangen. Außerdem war, auch in dieser Gegend, ein Bahnhof gesprengt oder zerschossen worden, mit weiß ich wie vielen Toten. Wir waren heilfroh, als wir, mit nur zweistündiger Verspätung, im Zug nach Koper saßen. Unsere amerikanischen Freunde blieben uns erhalten. Unübersehbar, denn die Waggons hatten keine Abteile. Irgendwann stiegen sie dann aus und nahmen die kleine Wolke der Feindseligkeit mit, die sie beinahe sichtbar umgab. Aber auch der längste Tag hat einmal ein Ende, und irgendwann, als wir uns schon damit abgefunden hatten, unser restliches Leben in einem Zug nach nirgendwo zu verbringen, kamen wir doch noch in Koper an. Den nächsten Bus nach Portoroz erwischten wir gerade noch nach einem kurzen Dauerlauf, eine ausgesprochene Wohltat nach der langen Sitzerei, weil wir total steif waren. Das Restaurant der Marina hatte noch offen, als wir ankamen, aber wir wollten nur noch das Boot sehen. Fast noch lieber hätten wir unsere Seesäcke gehabt, doch da sah es traurig aus. Das Boot hatten wir bald gefunden, es war die einzige »Olympic Sea 42« im ganzen Hafen. Nun, jetzt würde sie heimkehren. Der Bootsname stimmte, EOS, die Göttin der Morgenröte. Wahrscheinlich war der Besitzer ein Frühaufsteher. Die Schlüssel paßten, und alles schien soweit in Ordnung. Es hing, wie ausgemacht, am Landstrom, das Ladegerät arbeitete mit Erhaltungsspannung, die Batterieanzeigen waren im grünen Bereich. Üppige Navigationsecke, Radar, Echolot, Multifunktionsgerät für Fahrt durchs Wasser, Logge, Etmal. Ein Abbild des Schiffsgrundrisses und der Seitenansicht auf einer Alutafel mit Kontrolle der Lichterführung durch LEDs, Darstellung der eingeschalteten Kreise der Bordelektrik als rote Leuchtbahnen, das sah putzig aus und war zudem recht praktisch. Ruderstandsanzeige, Kreiselkompaß, Grenzwellenfunk, UKW sowie eines der neuen GPS-Geräte. Dazu ein teures Autoradio mit Kassettenteil und CD-Player. Barograph mit Wochendisplay und akustischer Tiefdruckwarnung. Der Eigner mußte ganz schön Geld haben, jetzt verstand ich seine Sorge um das Boot besser. Aber wieso dann eine »Olympic«? Die Spielereien hätte ich eher in einer »Swan« erwartet. Aber schau einmal in die Leute hinein. Schonbezüge im Salon, Farbfernseher, verspielte, kardanisch aufgehängte Wandleuchten, aber elektrisch, Glasenuhr, aber quarzgenau, dazu passend Barometer, Thermometer und Hygrometer, alles in schwerem Messing. Auch sonst alles in Mahagoni und Messing. Also, weg mit den Polsterschonern. Die Vorhänge hätten mich warnen sollen: dunkelroter Samt. Sind wir hier im Puff? Na schön, über Geschmack läßt sich nicht streiten. Im ganzen Boot hing schwerer Zederngeruch, Motten gab es bestimmt keine. Die Pantry ließ keine Wünsche offen, Tiefkühltruhe, jetzt offen und trocken, kein Geruch, Kühlschrank, in Betrieb, mit Sekt, Bier und Wein vollgestopft, Gemüsekörbe drehten sich lautlos mit den Türen aus den Schränken, jede Lade, jedes Schapp riegelgesichert, Doppelspüle, der übliche halbkardanisch aufgehängte Propangasherd. Kochgeschirr reichlich, dito Teller und Besteck, Gläser und Kochutensilien vom Feinsten. Iglo würde nächste Woche jubeln. Ich tat es gleich. Das Schönste an der Sache war, daß wir das Boot nicht kompliziert übernehmen mußten, ich hasse die Löffelzählerei jedes Mal. Dafür erklärte uns aber auch niemand die

Funktionen, doch alle Betriebsanleitungen lagen im Kartentisch, und Ernstl lernte schon. Wir belegten vorderhand jeder eine der drei Kabinen, eng würde es erst ab Korfu werden. Theoretisch hätten wir jetzt gleich an Bord duschen können, denn es gab Heißwasser, normal über die Maschine, aber auch am Landstrom über das 220 Volt-Netz, praktisch konnten wir es nicht einmal in den sanitären Anlagen der Marina, weil unsere Handtücher, Seifen und Zahnbürsten in den Seesäcken waren, und die waren irgendwo, auf der Post oder im Marinabüro. Aber erstunken ist noch keiner, also sammelten wir zusammen, was wir noch an Reiseproviant fanden, brachen unserer letzten Flasche Rotwein den Hals und gingen dann schlafen. Ich habe noch nicht einmal die Decken überzogen, an diesem ersten Abend. So müde war ich von einem Tag Nichtstun.

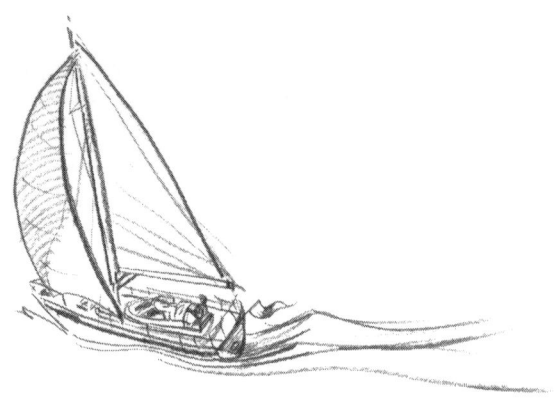

Von Portoroz nach Mali Losinj

*Transportprobleme — Das Boot (2) — Birgits Rache (1)
— Aus harmlosen Seglern werden Verbrecher —
Flucht aus Slowenien — Das Ernstlsyndrom —
Astronavigation und Relativität — Ins Bett geschickt
wie ein Kind — Mali Losinj im kroatischen Frühling*

Etwas kitzelte mich an der Nase. Unwillig wischte ich darüber, ohne die Augen zu öffnen und drehte mich um. Wieder kitzelte es, diesmal am Ohr. Himmel, wie lästig! Dabei war es im Bett so angenehm. Außerdem Sonntag. Richtig ausschlafen, nicht in die Ordination müssen, irgendwann, viel später, einen Freund anrufen und in der Stadt frühstücken. Aber vorher noch eine Runde schlafen! Eben war mir, als schaukelte mein Bett! Und was tuckert da? Bin ich wieder einmal beim Fernsehen eingeschlafen? Ist das ein Frühfilm? Aber das Bett schaukelt wirklich. Und es juckt mich wieder am Ohr. Unwillig machte ich ein Auge auf. Das ist nicht mein Bett! Wo zum Henker bin ich? Wie ein Dammbruch stürzte die Erinnerung an den gestrigen Tag auf mich ein. Natürlich! Ich bin in Portoroz auf der Yacht EOS und in ein paar Stunden werde ich damit an einem der akuten Konflikte in Europa vorbeischaukeln. Jetzt war ich hellwach und setzte mich auf. Und haute mir mächtig den Schädel an, weil ich im Schlaf unter das Schwalbennest an der Bordwand gerutscht war.

»Oh, Scheiße«, murmelte ich und rieb mir die Stirn.

»Schön sprechen!«, ermahnte mich eine unangenehm frische Stimme. »Wir wollen uns doch an Bord eines so netten Schiffes auch um einen gepflegten Umgangston bemühen!« Unwillig drehte ich mich um. Natürlich, Martina.

»Was willst du eigentlich mitten in der Nacht in meiner Kabine? Es ist ja noch nicht einmal hell draußen! Leg' dich wieder nieder und wenn du nicht schlafen kannst, dann geh' spazieren oder sekkier' meinetwegen den Ernstl, der hat was über für solche Scherze!«

»Was heißt, noch nicht hell? Mach einmal die Vorhänge auf, dann wird es schon hell werden! Und, außerdem, sitzt man so herum, wenn man Damenbesuch hat?«

»Oh Scheiße!« Ich schlafe nun einmal nackt. Und sie braucht ja auch nicht hereinzuplatzen, als wäre sie da zu Hause.

»Drück dich bitte etwas gewählter aus. Erstens wiederholst du dich, und zweitens erscheint mir dein Wortschatz heute Morgen etwas einfältig. Der Grund, warum ich dich geweckt habe, ist, dass Ernstl dich braucht. Unser Gepäck und die Vorräte sind nämlich in Koper am Bahnhof, und ihr müsst sie holen.«

»Oh, äh ....Exkrement!« Ich drehte mich um und sprang auf. Sie ließ mein Unterleiberl, mit dem sie mich wachgekitzelt hatte, fallen und entfleuchte lachend. Ich schloff eilig in die verschwitzten Sachen vom Vortag, schüttete mir in der hinteren Nasszelle ein paar Hände Wasser ins Gesicht und stand dann mit tropfendem Gesicht und eben solchen Händen da. Dann erst fiel mir ein, dass ich kein Handtuch hatte, und auf, dass mich ein gewisses, morgendliches Rühren plagte.

»Oh, Scheiße!« Sie hatte Recht, es wurde eintönig! Klopapier war da, und ich trocknete mich damit ab. Dann war ich schon munter genug, es nicht in die Toilette zu spülen, wo es bei meinem Glück stecken geblieben wäre. Denn für ein nasses Gesicht und Hände braucht man mehr Papier als für einen Achtersteven, und ich hatte nicht vor, den Törn mit der Zerlegung einer Pumptoilette zu beginnen. Dann sauste ich vom Boot über den Steg zu den sanitären Anlagen der Marina, und bei deren Zustand brauchte ich gar nicht erst auf die Uhr zu schauen, um zu erkennen, dass ich wirklich recht lang geschlafen hatte. Fast überall auf der Welt kann man davon ausgehen, dass die Klos in der Früh um sechs oder so sauber sind, kann aber genau so sicher sein, dass sie bereits um acht im Sinne des Wortes zugeschissen sind von all den kultivierten, vornehmen Herrschaften, die sich in der Öffentlichkeit so etepetete geben, von den gleichen Typen, die überall herumerzählen, dass man wenigstens bei Ausübung eines derartig exklusiven Hobbys wie Seesegeln oder Motoryachting noch vom Pöbel verschont bleibt. Und sich dann benehmen wie die Schweine, die sie in Wirklichkeit sind. Natürlich nicht alle, aber viel zu viele.

44

Endlich fand ich eine saubere Kabine, was Wunder, dort fehlte das Sitzbrett. Nun geht bei mir Reinlichkeit über Gemütlichkeit, außerdem war die Sache eilig, und das nicht nur, weil Ernstl auf mich wartete.

Fünf Minuten später war ich wieder an Bord, wo inzwischen ein zweiköpfiger Krisenrat tagte. Sie hatten schon herausgefunden, dass wir das Gepäck auch am Sonntag holen konnten, ein Glück, sonst hätten wir einen ganzen Tag verloren. Was blieb, war das Transportproblem. Drei Seesäcke, das wäre mit dem Bus eventuell noch gegangen, aber die Kartons mit den Konserven und die Paletten mit den Getränken – unmöglich. Wir mussten einen Kleinbus auftreiben, aber woher nehmen und nicht stehlen? Ob es hier einen Botendienst gab oder ein Großtaxi? Ob die Marina einen Wagen hatte für solche Zwecke? Da erblickte ich am Kai eines dieser unsäglichen Lastdreiräder, die in Italien, aber auch hier in der Gegend immer dort vor mir fahren, wo an Überholen nicht zu denken ist. Mit satten dreißig Stundenkilometern verbreiten sie in der Mitte der jeweiligen Straße eine blaue Wolke. Nie hatte eine derartige Straßenwanze in meinen Augen schöner ausgesehen. Ich sauste wieder los, Ernstl gab ich die allgemein verständlichen Zeichen für »bei mir sammeln« und »Laufschritt«. Und wirklich langten wir fast gleichzeitig bei dem verdächtigen Kraftrad ein. Dessen Bändiger war ein alter Pirat mit listigen Äuglein, der uns gespannt zugesehen hatte bei unserem Hundertmeterlauf, und nun überrascht die Zigarette sinken ließ, die er sich eben rollte.

»Dobre dan, gospodin!«, begrüßte ich ihn atemlos.

»Nix mehr Gospodin, jetzt nur mehr stare Papa«, bewies er die richtige Einschätzung seiner Person sowie unserer Nationalität.

»Was du wollen?« Wir schilderten ihm hastig unser Problem.

»No, ist Frage von Zeit und auch von haben Schilling. Zeit ich habe, auch wenn Frau meine glaubt, ich müssen kommen gleich zurück für Arbeit. Immer sprechte, nichtse waß se.«

Was offenbar heissen sollte, dass sie zu viel von Dingen sprach, die sie nicht verstand.

»Mirko fahren für zwahundert Schilling, ohne Handeln!« Zwar hieß das, dass er auch für hundert Schilling gefahren wäre, aber uns brannte die Zeit unter den Nägeln. Hastig stimmten wir zu. Dem alten Schelm war die Enttäuschung, dass wir ihn um ein schönes, hartes Feilschen gebracht hatten, deutlich anzusehen, er schaute uns sogar ein wenig verächtlich an, aber Hauptsache war, er fuhr. Und bald verschwand er samt Ernstl in der obligaten blauen Wolke. Ernstl musste mitfahren, weil das ganze Gepäck an ihn adressiert war. Mir hätte man es womöglich nicht ausgehändigt,

auch nicht, wenn ich seinen Pass mitbrachte. Um ganz ehrlich zu sein, mich störte das nicht, denn der Alte hatte einen recht eigenwilligen Fahrstil. Er nahm nämlich den Mittelstreifen der Fahrbahn unter sein Vorderrad, wie ein Flugzeug die Centerline der Piste. Dadurch hatte er bereits vor der Marinaausfahrt zwei waghalsige Ausweichmanöver hinter sich. Langsam verhallten das Rattern des Zweitakters und Ernstls Angstschreie in der Ferne.

Und da stand ich jetzt. Eigentlich wollte ich nichts anderes, als wieder ins Bett, aber da war Martina, die mich gebieterisch an meine Pflichten gemahnte.

»Schau, was ich entdeckt habe!«, rief sie und deutete auf die Persenning des Groß.

Pflichtbewusst starrte ich, sah aber erwartungsgemäß nur langweilige Bahnen blauen Stoffes. Aber halt, da war doch eine Kleinigkeit, die mir ohne ihren Hinweis entgangen wäre! Dort, wo ihre eifrigen Jollenfinger hingegriffen hatten, dort, wo vorher die breiten Stropps gesessen hatten, da war ein dunkelblauer Streifen in dem verschossenen Material. Die Sonne brachte ungerührt ans Licht, was bis jetzt verborgen gewesen war: Niemand hatte während der letzten Saison auch nur einen Finger bewegt, um die Hullen von diesem Segel zu entfernen, und es war trotz der langen Zeit nicht abgeschlagen worden! Ich pfiff überrascht durch die Zähne. Unten hui, oben pfui. Mal sehen, was die Genua so zu bieten hatte! Ich stellte Martina zur entsprechenden Leine, nach einigem Suchen, denn davon gab es wahrlich genug, und dann rollten wir ein Stück des Vorsegels aus. Dort, wo der Lichtschutzstreifen freigelegen war, war er ziemlich blass. So wie ich. Winschen wie auf einem Regattaschiff. Niederholer, Fallen, Ausbaumhilfen wie auf einem Amerikacupper. Aber niemand hatte in der letzten Saison diese Segel auch nur angerührt. Teufel noch mal, die Rollen im Mast klemmten, die Winschen schrien, das war kein Segelboot, das war ein Wrack! Niemand bei klarem Verstand wäre damit auch nur nach Norditalien ausgelaufen! Aber andererseits hatten wir das ja gar nicht vor, und so eröffneten sich mir ganz neue Aspekte. Ich hievte erst einmal die überaus kooperative Mitseglerin mit dem Bootsmannsstuhl in den Mast, wo sie alle nur irgendwie beweglich erscheinenden Elemente in Grafitspray ertränkte. Das Vorliek des Großsegels würde beim Setzen seine blütenweiße Unschuld verlieren, sowie das schwarze Öl die Mastschiene heruntersprudelte, aber das war mir egal, schließlich wollten wir segeln und nicht den ersten Preis für das sauberste Schiff gewinnen. So nach und nach gelang es uns, alle Rollen im Mast zur Mitarbeit zu überreden. Aber da waren noch die Leitschienen, die Augen, die Winschen. Mit einem Wort alles, was sich drehen, gleiten oder überhaupt bewegen sollte. Bereits die erste Leitrolle quittierte unsere Bemühungen erst mit höhnischem Quarren und dann mit völliger Verweigerung. Und so ging es weiter. Eine ziemlich aufgebrachte Martina werkelte und drehte an allem, wo man überhaupt werkeln und drehen konnte, und ich fettete alle beweglichen Teile. Irgendwie waren wir jetzt schon in Griechenland, denn es war eine Sisyphusarbeit. Aber irgendwann an diesem Vomittag gelang es uns doch noch, Groß und Arbeitsfock, sprich Genua, vorzuheissen, ohne dabei zum Gespött der Nachbarn zu werden. Das Quietschen des Schotleitwagens war dann die letzte Kleinigkeit, die es noch zu beseitigen galt.

Danach streikte Martina. Aber ich Idiot musste natürlich in die verdammten Backskisten hineinschauen. Und wurde wieder fündig: Angegammelte Taue für Landfeste, ein rostiger Heckanker mit reichlich vertörnten Lagen gequollenen Sisals sowie jede Menge Moder. Sisal! Das findet man sonst heute auf keinem Schiff mehr. Das Ablaufdatum der Rettungsinsel war überschritten, aber nur um ein Jahr. Zieht man in Betracht, wie oberflächlich diese Dinger überprüft werden, dann war das genau genug. Von außen sah sie jedenfalls nicht schlimm aus. Aufblasen und wirklich kontrollieren kann man die Inseln sowieso nicht. Also verlässt man sich auf die Angaben des Herstellers und des Wartungsbetriebes, und die sind jedenfalls solange sakrosankt, wie der Betreffende nicht wirklich versucht, seine Familie hineinzubringen, in das Inselchen. Dann nämlich stellt sich zumindest heraus, dass die angegebene Personenzahl sich auf Pygmäen bezieht und nur trainierte Artisten in das Ding hineinklettern können. Immer vorausgesetzt, es bläst sich überhaupt auf.

Noch dazu hatten wir ja nicht vor, mit der EOS kurz in die nächste Badebucht zu fahren, wir wollten ins Ionische Meer. Keine

Kleinigkeit, schon von der Strecke her, und erst recht angesichts der politischen Lage. Diesbezüglich plagte mich sowieso ein schlechtes Gewissen. Natürlich waren wir nicht glücklich mit der unseligen Wendung, die der Konflikt vor unserer Türe nahm. Wir hatten eben das Pech, zum falschen Zeitpunkt am falschen Ort zu sein. Aber immerhin wollten wir Urlaub machen. Hat man eigentlich das Recht, Urlaub zu machen, wo andere gerade um ihr Leben bangen? Am gescheitesten wäre es, nur dann zu segeln, wenn gerade nirgends Krieg droht. Also nie. Klugerweise wäre ich ganz wo anders gewesen, war aber trotzdem heilfroh, da zu sein, wo ich eben war. Nämlich auf einem Boot, wenn auch mit dem erwähnten schlechtem Gewissen. Nach vielen Jahren ohne jeden nennenswerten Urlaub hatte ich endlich eine Sache gefunden, die mich begeisterte. Segeln. Natürlich hatte ich wieder einmal den denkbar schlechtesten Zeitpunkt erwischt. Aber ich würde das Beste daraus machen, egal was es mich kostete. So, innerlich war ich fürs Erste einmal fertig. Was scherte mich der Zustand des Bootes! Ließ sich alles mit Bordmitteln beheben. Mittlerweile bewegten sich die Winschen ohne wesentliche Geräusche und Martina und ich kannten bereits die Funktion der meisten Enden, die zwanglos im Cockpit lagen. Mit einem Wort: Wir hätten endlich segeln können.

Das wäre auch schlau gewesen, denn eine uns völlig unbekannte Frau Müller (wie einfallsreich!) hatte den Hafenkapitän angerufen, um ihn zu ersuchen, er solle uns mitteilen, wir würden uns erst in Trogir treffen. Trogir befand sich aber mitten im Zentrum der sich eben anbahnenden Auseinandersetzung. Und Fremde, die da hin wollten, waren hier nicht sonderlich beliebt. Denn es war ein Kerngebiet des serbisch-kroatischen Zankapfels. Und wir waren wahrscheinlich Journalisten oder sogar Ärgeres. Denn schließlich hatten wir ein ganz anderes Ziel angegeben, und wozu die Heimlichkeit, wenn es nichts zu verbergen gab? Danke, Birgit. Der Hafenkapitän war jedenfalls stinksauer, jetzt, wo er Spionage und Verrat witterte. Das Auslaufen konnte er uns zwar nicht verbieten, denn wir gingen ja nach Kroatien, und mit dem hatten die Slowenen keinen Streit, aber das Klima war nun eisig. Wir erklärten zwar, völlig wahrheitsgemäß, erstens eine Frau

Müller nicht zu kennen, und zweitens gar nicht nach Trogir oder Split zu wollen, sondern nach Griechenland, es müsse sich also um einen Irrtum handeln. Aber auch die reine Wahrheit half uns nicht, der Schaden war angerichtet. Ich konnte die ganze Aufregung nicht verstehen. Selbst, wenn wir nach Split ausgelaufen wären, oder meinetwegen auch nach Trogir, was wäre ihn das angegangen? Aber die Stimmung im Lande war eben genauso irrational wie bedrohlich.

Und keine Spur von Ernstl. Martina war auch plötzlich weg, wahrscheinlich, weil ich so nervös war wegen des blödsinnigen Anrufes, dass sie mir lieber aus dem Weg ging. Dafür kam ich darauf, dass das Log nicht funktionierte, denn es zeigte im Hafen zwischen zwei und acht Knoten. Und im flüssigkeitsgedämpften Handpeilkompass imponierte vor allem eine riesige Luftblase, auf der kipplig die Scheibe mit der Magnetnadel balancierte. Die Flüssigkeit war durch das ursprüngliche Fülloch entwichen, weil die Versiegelung abgeplatzt war, und die ganze Schachtel stank nach Petroleum. Wieder was gelernt. In Petroleum schwimmen die Dinger! Ich hatte zwar meinen elektronischen Peilkompass mit, aber jetzt regte sich mein Ehrgeiz. Wäre doch gelacht, wenn ich das nicht hinbekäme! Petroleum bekam ich in der Marina sicher. Ich kriegte aber nicht nur das, sondern auch eine herzige Sturmlaterne, rot und ganz billig. Die war bestimmt nicht schlecht, für den Abend, im Cockpit, wenn wir in einer malerischen Bucht lagen und keinen Landstrom hatten. Und weil sie oben eine Art Windschutz hatte, der das Rußen verhinderte, konnte man sie bei ruhiger See auch in der Kajüte verwenden. Ganz praktisch für eine Reise ohne viel Möglichkeiten, die Batterien aufzuladen. Am Boot machte ich mich an die Bastelei. Den Kompass wieder mit Petroleum zu füllen, war mit einer kleinen Injektionsspritze mit dünner Nadel, wie ich sie zu Dutzenden mithatte, keineswegs schwierig. Kompliziert war nur, das Loch dann fettfrei zu kriegen, weil kein Kleber daran halten wollte. Schließlich versiegelte ich es mit einem Tropfen Kerzenwachs, den ich im Härten auch noch hineinschmierte. Das hielt mindestens bis zum Sommer, dann konnte sich der Nächste damit beschäftigen.

Wo blieb bloß Ernstl? Selbst zu Fuß sollte er jetzt längst wieder da sein. Hoffentlich war nichts passiert! Ich kontrollierte zum x-ten Mal das Rigg, um mir ja alles einzuprägen, und fand dann, müßig in einer der Backskisten wühlend, ein Relingslog. Scheinbar war das elektronische schon länger hinüber. Eine Schande auf so einem Schiff, aber wenigstens würde uns das simple Ding mit seinem Schleppropeller nicht im Stich lassen. Dann ging ich wieder in die Navigation und verglich unsere GPS-Position mit der tatsächlichen, und siehe, wir waren wirklich im Hafen. Schließlich begann ich, Wegepunkte einzugeben und kam damit bis nach Trogir und Split, wo wir bekanntlich nicht hinwollten, bevor mir der Kragen platzte. Ich stellte die sinnlose Zeitvernichtung ein, setzte mich ins Cockpit und blies Trübsal.

Erst eine endlose halbe Stunde später sah ich endlich das Lastdreirad wieder, wie es, fast auf zwei Rädern, die Kurve zum Steg nahm, und dabei dauernd dünne, klagende Geräusche aus der quäkenden Hupe von sich gab. Nur Ernstl saß in der Kabine, und er gestikulierte verzweifelt. Der Pirat war nirgends zu sehen. Da war tatsächlich etwas geschehen, und Martina, die plötzlich wie aus dem Nichts wieder auftauchte, und ich rannten zu dem Wägelchen, das schlitternd vorm Steg bremste.

»Was ist los, ist was passiert?« Aber Ernstl winkte bloß hastig ab und begann, abzuladen. Wir halfen ihm nach Kräften, und zwischen den einzelnen Stücken erzählten wir uns gegenseitig keuchend, was in der Zwischenzeit passiert war. Nachdem wir unsere Erlebnisse ausgetauscht hatten, war am Ende nicht genau eruierbar, wer zorniger war, er oder ich. Ich über die Kriegshysterie und Birgits Niedertracht, ihrem Versuch, uns den Törn mit der Behauptung, wir führen direkt ins Krisengebiet, zu vermasseln. Er, weil seine Erlebnisse auch nicht viel schöner gewesen waren. Der Pirat und Ernstl hatten unsere Sachen in Koper gekriegt, wenn auch erst nach langwieriger Suche und Bewältigung unwahrscheinlicher bürokratischer Hürden. Ernstl sank von Minute zu Minute mehr in der Wertschätzung des Piraten, dem das alles zu lange dauerte. Im Endeffekt bestand der dann auf einem wesentlich höheren Lohn als vorher. Denn es sei nicht ausgemacht gewesen, dass er den halben Tag warten musste und dann auch noch sein Vehikel bis zur Halskrause überladen sollte. Als ob mehr Geld die Tragfähigkeit des Gefährtes erhöht hätte! Außerdem wog unser ganzer Krempel bei weitem nicht so viel, wie als Höchstlast angegeben war, und zwar ganz deutlich, mit weißen Buchstaben auf die Seite gepinselt. Jedenfalls hatte es Differenzen gegeben, als deren unmittelbares Ergebnis Ernstl solo im Hafen eintraf. Zwar mit unseren Sachen, aber ziemlich hektisch, denn der Alte hockte jetzt zehn Kilometer vor Portoroz in der Prärie, und es war lediglich eine Frage der Zeit, wann er das nächste Telefon erreichte. Dann wären wir dran, und zwar mindestens wegen Fahrzeugdiebstahls, unbefugter Inbetriebnahme, Fahren ohne Führerschein und weiß ich, was noch. – Irgendwann muss ich mal mein Bild von Ernstl hinterfragen.

Jedenfalls hatten wir jetzt mehrere gute Gründe, sofort auszulaufen. Dank der unerwartet ergiebigen Hilfe Martinas hatten wir nicht nur alles schnell im Boot, sondern sogar aufgeräumt an Ort und Stelle. Frau war offenbar geeignet für Camping. Noch heute gebe ich neidlos zu, nie zuvor so schnell Ordnung in einem Schiff gehabt zu haben. Irgendwie schaufelte sie nicht nur alles blitzartig in den Salon, sondern räumte es auch gleich weg. Darüber hinaus war sie nachher auch noch imstande, anzugeben, wo die Sachen waren. Nur für unsere Unzahl von Konserven fanden wir keinen geeigneten Platz, die mussten in die Bilge. Doch das hatte noch Zeit. Zunächst einmal starteten wir die Maschine, warfen die Leinen los und zischten förmlich durch den Kanal zur Hafenausfahrt. Das Dreirad blieb einsam zurück. Jetzt bestand kaum noch Gefahr, dass uns die wahrscheinlich schon benachrichtigte Polizei erwischte, denn gleich hinter der nächsten Huk waren wir in Kroatien, unerreichbar für den Arm der sicherlich gereizten slowenischen Justiz. Sonderlich schuldbewusst fühlten wir uns sowieso nicht, denn Ernstl hatte dem Alten mehr als das vereinbarte Geld hingeworfen, bevor er wegfuhr, wenn auch nicht den plötzlich geforderten Tausender, und das Letzte, was er von ihm sah, war, wie er fluchend, aber überraschend gelenkig den davonflatternden Scheinen nachsetzte. Und ein paar Kilometer Fußmarsch taten dem erpresserischen Strauchdieb sicher gut.

Bei leichter Backstagbrise setzten wir Segel und waren endlich unterwegs. Nur spät war es halt schon, viel später, als wir geplant hatten. Fast einen Tag vertan, nur um das Gepäck zu holen, für eine Strecke, die hin und her nicht länger war als zwanzig Kilometer. Macht nichts, wir waren ausgeschlafen, fuhren wir eben ein Stück im Dunkeln, um die Zeit wieder aufzuholen. Aber noch hatten wir Licht, und noch gab es viel zu tun. Ich kramte meine Sachen aus dem Seesack und verstaute sie in der Kabine. Dann brachte ich meine Navigationsbehelfe im Kartentisch unter und entnahm dem Schreibzeug einen Filzstift, mit dem ich begann, die Konservendosen zu beschriften.

»Wozu ist das gut, es steht doch schon alles drauf?«, wunderte sich Martina.

»Weißt du, das Zeug ist insgesamt ziemlich umfangreich und vor allem auch recht schwer. Also stauen wir es so tief unten, wie möglich. Weil, was schon unten ist, kann nicht mehr herunterfallen. Und dann kommt noch dazu, dass es dort näher dem Konstruktionsschwerpunkt ist und so kaum Einfluss auf die Stabilität des Bootes hat. Also, ab in die Bilge damit, unter die Fußbodenbretter. Und dort ist es besser, man hat die Dinger wasserfest beschriftet, sonst beginnt das Menüroulette, wenn sich die Zettel ablösen. Dann gibt es Würstchen mit Pfirsich, Bohnen mit Tunfisch und Apfelmus, Shrimps mit Erdbeeren, also lauter Sachen, die man normalerweise auf keinem Schiff bekommt. Und um das zu verhindern, mache ich mir gern ein bisserl Arbeit.«

»Aber unsere Bilge ist staubtrocken!«

»Ja, jetzt. Und dann vergisst einer, vor dem Segeln die Seeventile zu schließen... verdammt!« Voll böser Ahnungen schoss ich in die achtere Nasszelle. Aber Ernstl hatte alles schon erledigt, unbemerkt in der Hektik des Aufbruchs. Ich drehte den Kühlschrank ab, weil der viel Strom braucht und der Motor nicht mehr lief, die Tiefkühltruhe war sowieso abgestellt. Den Kühlschrank konnte man auch mit Propangas betreiben, nobel, nobel, aber nicht ungefährlich. Trotzdem nahm ich ihn wieder in Betrieb, nachdem ich den Haupthahn gefunden hatte, denn es kam mir lächerlich vor, in ein Konfliktgebiet zu fahren und sich dann auf einem fast neuen Boot vor einer Propangasleitung zu fürchten. Obwohl sicher mehr Sportboote durch Propangas in die Luft fliegen als durch Kriegseinwirkung.

»Siehst du, so leicht vergisst man was. Und dann plätschert es plötzlich fröhlich in der Bilge, und die Zettelchen schwimmen davon. Dann darf man ja nicht lenzen, bevor man die entfernt hat, denn sie verstopfen unweigerlich die Pumpen.« Mit diesen Worten hob ich die Bodenplatte von einem der Bilgensegmente. Falsche Abteilung. Kein Platz, hier war ein Wassertank. Nächstes Brett. Schon besser. Ich begann, die Dosen zu stapeln, die mir Martina zureichte.

»Halt, halt. Schön den Sorten nach! Erst Fleisch und Würstel, dann die Fischkonserven, dann das Gemüse, dann die Dosen mit dem Obst. Das erspart viel Sucherei.«

»Warum habt ihr nicht fertige Sachen gekauft, was weiß ich, Geselchtes, Kraut und Knödel, oder Beuschel mit Knödel, sondern reine Gemüsekonserven, die man noch zubereiten muss?«

»Weißt du, wir nehmen sonst kaum Konserven mit, wir ernähren uns normalerweise aus dem Land. Aber diesmal wissen wir nicht, ob wir was kriegen werden. Und die Fertiggerichte, na, die schmecken eigentlich alle gleich. Das Fleisch und die Beilagen schwimmen im Gemüse, wässrig und geschmacklos. Aber mit Tomaten kann ich ein Sugo machen, oder Tomatensoße, oder ich dünste sie mit anderen Gemüsen. Da die Linsen. Die kann man mit Speck und Knoblauch machen, oder mit Zwiebeln und Curry.«

»Zwiebel und Curry, brrr!«

»Hast du eine Ahnung! Jedenfalls kann man viele verschieden schmeckende Dinge herstellen, mit ein bisschen Fantasie und einem neugierigen Gaumen werden nicht einmal Konserven auf Dauer so fad, wie uns das die Hersteller zu beweisen versuchen. Obwohl auch einige der Fertiggerichte recht gut schmecken. Die heben wir uns für die Fälle auf, wo keine Zeit ist, lange mit Kartoffeln, Zwiebel und Gewürzen herumzutun, bei schlechtem Wetter zum Beispiel.«

»Aber da hat man doch sowieso keinen Appetit!«

»So, wie du dich da herunten bewegst, glaube ich das kaum, jeder andere Anfänger wäre längst oben, kotzen.«

»Na, essen möchte ich jetzt jedenfalls nicht!«

»Dann schau, dass du hinaufkommst. Oben ist es am Anfang leichter.«

»Wieso macht dir das nichts aus?«

»Ich weiß nicht. Da gibt es eine Menge Theorien, warum dem einen schlecht wird und dem anderen nicht. Neidhammeln behaupten, dass fantasielose, einfache Gemüter schwerer seekrank werden, aber das halte ich für ein Gerücht, denn ich habe schon die größten Trottel kotzen gesehen. Verantwortlich für die Reize, die zur Kinetose führen, ist das Gleichgewichtsorgan im Innenohr, aber was das jeweilige Gehirn mit dessen Informationen macht, das ist ganz unterschiedlich. Mir wird halt schwer schlecht, einem anderen leicht. Ich werde dafür regelmäßig landkrank, das heißt, wenn alle anderen nach einer Fahrt dankbar den Boden küssen, wie der Pole die Flughäfen, dann beginnt für mich die Schaukelei und ich muss mich unter der Dusche festhalten, wenn ich mir die Seife aus den Haaren spüle.«

Aber ich führte bereits Selbstgespräche, denn Martina hatte mich verlassen. Also konnte ich mich unbemerkt in die Nav-Ecke schleichen und heimlich das Logbuch nachschreiben, freilich ohne Loggenstand. Das war aber nicht so schlimm, denn auf Höhe Umag würde ich einfach frisch anfangen und den Rest dichten. Schließlich war ich hier der Navigator. Und Navigatoren irren sich nie, und sie vergessen auch nie etwas. Das zumindest wusste ich bereits von der christlichen Seefahrt. Ich schaltete das GPS ein, dann ging ich zu den anderen, denn unten gab es vorderhand nichts zu tun.

Ernstl stand am Rad wie ein Felsen, und zwar ein eigenartig gelber. Er gab der neugierig fragenden Martina einsilbige Antworten und schaute mich ziemlich scharf an, als ich den Kopf durch den Niedergang steckte. Herrgott, ja, das Ernstlsyndrom! Wie hatte ich das bloß vergessen können! Dem Ernstl wird beim Auslaufen immer schlecht, dann muss er sich einmal übergeben, ein einziges Mal, eine Viertelstunde später bekommt er Hunger, und den restlichen Törn lang ist er gesund und vergnügt. Außer, er wird nicht regelmäßig gefüttert. Ich löste ihn möglichst unauffällig ab am Ruder, das er ausnahmsweise bereitwillig übergab, denn er ist ein begeisterter Rudergänger. Nichts macht ihm mehr Spaß, als Stunde um Stunde am Rad zu stehen und durch die Wanten der Sonne bei ihrem täglichen Lauf über den Himmel zu folgen. Oder den Zirkumpolarsternen bei ihrem behäbigen Tanz um den Zenith des Firmaments zuzusehen. Dabei kann man ihm getrost die Kompassbeleuchtung abdrehen, er bemerkt es nicht einmal. Lacht höchstens über das Kipferl des zunehmenden Mondes, das jetzt, im Frühjahr, noch ein bisschen einer Schale gleicht, die eben ausgeschüttet wird, und im Herbst eher der Baskenmütze eines besoffenen Franzosen. Oder gerät ins Schwärmen, wenn eine helle Venus zeitig im Jahr den allabendlichen Lauf der Gestirne eröffnet. Versucht verzweifelt, das Reiterlein im Sternbild des großen Wagens zu erspähen, obwohl er kurzsichtig ist und Brillen trägt, denn mit einem Fernglas sieht er es ganz genau, und er beschreibt auch jedes Mal haargenau seine Position, damit ihm ja jeder glaubt, dass er es wirklich sieht. Applaus seinem Optiker, wenn er es mit der Brille tatsächlich finden kann. Schließlich ist das Reiterlein seit alters her ein Indikator für scharfe Augen. Aber, und das steht fest, seine seemännischen Qualitäten entfalten sich erst voll nach dem ersten Kampf mit den Drachen der See, also wenn er einmal Moskau gerufen hat (Mmoossskauuu! Hrgrumpf!) Jetzt kam er wieder herauf, noch etwas blass, aber er grinste:

»Und wie ich den Aasgeier am Ohrwaschel aus seiner Schüssel gezogen habe, das glaubt ihr ja nicht. Er weigerte sich einfach, weiterzufahren und drohte, mich mit dem ganzen Gepäck auf der Straße stehen zu lassen. Ich sollte ihm nur noch beim Abladen helfen. Na, ich ging um die Fahrerkabine herum, kein Mensch weit und breit, dann habe ich seine Tür aufgemacht, und einfach ein bisschen gezogen. Opi begann, herauszufallen, und da habe ich Angst gekriegt, er tut sich was, bei seinen alten Knochen. Daher habe ich ihn ganz sanft herausrutschen lassen, und wie er dann neben seiner Arche Noah gesessen ist, da habe ich ihm das Geld in die Jackentasche gestopft. Ein bisserl hastig, weil es konnte ja jederzeit wer kommen, also ist es weggeflogen. Und er sofort hinterher, ohne weiter auf mich oder das Motorradel zu achten. Also, ich hinein, der Motor läuft noch, keine Ahnung von der Schaltung, aber da war so ein unmotivierter Hebel neben dem Lenkrad, irgendwie wie bei einem 2CV, ich ziehe daran, und tatsächlich, das Ding fängt an zu rollen, erst mit viel zu viel Gas,

Pedale zwar wie bei einem Auto, aber der Motor! So elastisch wie ein Stück Zwieback! Um keinen Preis durfte ich den abwürgen, denn Schlüssel gibt es keinen, und ich hatte keine Ahnung, wie man das Ding startet. Also nichts wie los, was ich tue, ist zumindest unbefugte Inbetriebnahme, außerdem habe ich sicher keinen gültigen Führerschein dafür. Mit der Schaltung komme ich bald klar, aber nicht mit der Lenkung und den Bremsen. Im Lenkrad gut zehn Zentimeter Leerspiel, und beim Bremsen zieht das Ganze furchtbar nach rechts. Jetzt wundert mich nicht mehr, dass die alle in der Mitte fahren! Und dann, nach einer Ewigkeit, Portoroz. Gleich bei der Ortseinfahrt ein Polizeiwagen. Mir bleibt das Herz stehen, aber die kümmern sich nicht um mich, obwohl ich hinter dem Lenkrad versinke, denn die kennen den Alten sicherlich. Aber sie schauen gerade einer Touristin auf den Allerwertesten. Hot Pants, wirklich sehenswerter Hintern. Einfach Glück. Na, und den Rest wisst ihr ja. Gibt es hier was zu essen, oder soll ich verhungern?!«

Wie gesagt, ich sollte seiner Heiligkeit Bild einmal hinterfragen, aber jetzt musste ich ihm zunächst mal was zu essen geben, dann hatte ich wieder frei. Und konnte das Relingslog montieren, denn die Anzeige des elektronischen zeigte nun sechzehn Knoten, und das hätten wir allenfalls auf einem Tieflader bergab geschafft. Mehr als ungefähr sechs machten wir im Moment sicher nicht, und selbst das war großzügig geschätzt. Immerhin hatten wir schon Umag ungefähr querab, das genügte mir als »Peilung«. Jetzt konnte uns der Alte endgültig kreuzweise, ich ging die neue Gastlandflagge holen, um sie in der Steuerbordsaling zu hissen. Und das Küstenwachboot, das aus der Landabdeckung herausschoss, drehte wieder ab. Aber außer mir hatte es sowieso niemand gesehen, und ich hielt ein Mal, ein einziges Mal, mein Riesenmaul, weil Martina auch so schon krank genug aussah.

Puh, noch einmal gut gegangen! Ich zauberte einen Loggenstand, mit dem elektrischen Kopernikus und der Karte, bei Portoroz mit Null beginnend, dann montierte ich das Relingslog, watscheneinfach, und erwartungsgemäß zeigte es fünf Komma acht Knoten, wie das GPS auch. Na herrlich, jetzt konnte ich endlich anfangen, seriös zu arbeiten. Ernstl war das Herumgefiddle hinter seinem Rücken natürlich nicht entgangen, und nun starrte er erstaunt auf die kleine Uhr, die plötzlich am Heckkorb hockte.

»Was machst du da?«

»Na, ich weiß doch, dass unsere Logge nicht so funktioniert, wie sie sollte! Aber ich hoffe immer noch, dass sich der Geber einläuft. In der Zwischenzeit montiere ich halt eine Zweite, und beide überprüfe ich mit dem Satnav. Übrigens habe ich dir ein paar belegte Brote gemacht. Da hast du sie!«

Ernstl, der es wegen seiner Kurzsichtigkeit ohne Brille gerade noch schafft, den Kompass abzulesen, war es zufrieden, er hatte längst gelernt, ohne die kleinen Cockpitanzeigen für Speed, Windrichtung und -stärke auszukommen. War er aber doch einmal neugierig darauf, kroch er förmlich in die Anzeigen hinein. Unbemerkt schmarotzte ich den Motorstundenzähler, damit hatte ich endlich mein Logbuch à jour. Denn wer weiß schon, ob die Maschine eine halbe oder eine drei viertel Stunde gelaufen ist? Niemand. Außer der Navigator. Eben. Und die Kleinigkeiten bei der Wettereintragung, die sind sowieso Auslegungssache, bis auf die Temperatur und den Luftdruck. Luftdruck? Schreibe ich halt auch nach. Ich legte vor mir ein heiliges Gelübde ab, mich zu bessern. Herrgott, ich hatte doch gerade erst meinen B-Schein und den Kurs für Astronavigation gemacht. Da wird man doch ein bisschen durcheinander kommen dürfen, bei so einem überstürzten Aufbruch. *Ja, aber nicht, wenn man geradewegs ins Ungewisse fährt,* unkte meine innere Stimme. Himmel, halt doch dein Maul.

Martina wurde jetzt zu allem Überfluss auch noch recht kühl, und ich riet ihr, schlafen zu gehen, ihr Zustand sei nur vorübergehend, ganz normal, nein es sei nicht wirklich kalt, und nach ein paar Stunden Schlaf sehe alles anders aus. Und siehe da, Frau Groß & Gut ging ohne Widerspruch und ward vorderhand nicht mehr gesehen. Der restliche Nachmittag verging, langsam wurde es dunkel, und über uns wölbte sich der unglaubliche Sternenhimmel einer ruhigen Adrianacht. Der Wind blieb uns erhalten, und wir folgten den zwinkernden Lichtern des Landes unter den ewigen Zeichen des Himmels. Ich setzte den Kurs nach Rovinj ab und übernahm das Ruder. Aber bald war Ernstl wieder neben mir und meinte, er sei putzmunter. Na gut, Zauber der ersten Nacht auf See, aber diesmal sollte er uns nicht kriegen. Wir glitten zwar wieder durchs Reich der Feen, aber zur Abwechslung einmal eisern auf Kurs, eine Abweichung nach Süden, so etwas wie bei unserer Prüfung, würde es nicht noch einmal geben. Dafür würde ich schon sorgen! Freilich erschienen die Lichter an Land mit zunehmender Dunkelheit immer näher, ungemütlich nahe, und es war kein Wunder, dass wir Anfänger damals das Bedürfnis gehabt hatten, einen breiteren Streifen Wasser zwischen uns und das Harte da drüben zu bringen. Im Endeffekt hatten wir uns dann am Morgen außer Landsicht mitten in der Adria ziemlich weit westlich von Susak wieder gefunden. Aber bereits jetzt konnte ich in der Ferne die zwei Einzelblitze von Sveti Ivan ausnehmen. Der Leuchtturm steht auf einer kleinen Insel westlich von Rovinj und hat eine Reichweite von vierundzwanzig Seemeilen. Der Kurs stimmte, und es gab zwischen uns und dem freundlichen Zwinkern kein festes Hindernis. Dafür aber jede Menge beweglicher. Fischerboote kreuzten unseren Kurs, dazu kam alle paar Minuten ein Dampfer, die meisten über fünfzig Meter lang, aber das war völlig egal, denn um uns zu versenken, hätte schon ein kleiner genügt. Reichlich Verkehr in dieser Gegend. Weil es reichte, wenn einer von uns aufpasste, ging ich kochen. Erstens Tee, denn was ist eine Nachtfahrt ohne Tee, und dann richtig, denn irgendwann, früher oder später, würden wir hungrig werden. Eher früher. Mal sehen, was zuerst weg musste. Schließlich stand ich ratlos vor einem Häfen geschälter Kartoffel, Karotten und Zwiebel, wobei ich mich fragte, was ich mit der etwas exotischen Mischung wohl anstellen sollte, aber dann siegte schlicht und einfach meine Faulheit über die kulinarischen Bedenken. Ich schnitt alles in ziemlich große Stücke, schüttete eine Dose mit Tomatenstückchen darüber und streute reichlich Speckwürfel darauf. Deckel drauf und alles in das Backrohr. Dort konnte es ungestört zu einem Ragout zusammenwachsen. Ich ging hinauf, ganz verantwortungsbewusster Navigator, und nahm den Tee mit, ebenso zuvorkommender Smut. Der Tee war sicher noch zu heiß, und das neben uns da fast genauso sicher Novigrad. Macht nichts, der Tee kühlte aus, während Ernstl übungshalber das Sextantenorakel befragte. Nach langer Rechnerei kam er zögernd zu dem Schluss, wir sähen möglicherweise die Lichter von Osijek. Na gut, die nördliche Breite konnte hinkommen. Und mit der Länge hatten schon ganz andere Schwierigkeiten gehabt. Überhaupt, was sind schon fünfhundert Kilometer? Wir packten den Mittelschulatlas wieder weg, und ich ging hinunter, wo ich eifrig vom Satnav abschrieb. Na bitte, Novigrad. Hab ich doch gleich gesagt. Ein guter Navigator weiß eben immer, wo er ist: im Boot.

Mittlerweile roch es schon sehr gut nach bratendem Speck und brodelnden Tomaten. Also, runter mit dem Deckel und kräftig Parmesan drübergestreut, zum Überbacken. Dummerweise war der Deckel heiß und der Topflappen dünn und feucht. Ich zuckte zurück, wobei ich mir an der Oberkante des Rohrs auch noch den Handrücken verbrannte, und der Deckel schepperte zu Boden. Dieses Scheppern weckte Martina. Sie sagt zwar heute noch, sie hätte das grässliche metallische Geräusch gar nicht gehört, sondern nur nachschauen wollen, wer da in der Kajüte ein Schwein abstach, aber man weiß ja, wie sehr manche Frauen zu Übertreibungen neigen. Jedenfalls kann es nicht stimmen, dass sie mich mit der ganzen Hand im Mund vorfand, einen indianischen Regentanz imitierend. Schreien Sie einmal, wenn Sie eine ganze Hand im Mund haben! Auch die Behauptung, ich hätte mich vor Schmerz angepinkelt, ist eine böswillige Unterstellung. Ich habe die Jeans lediglich wegen ein paar Paradeissspritzern gewechselt. Auch die Dusche war schon überfällig, und dass man nachher die Unterwäsche wechselt, ist in zivilisierten Kreisen eine Selbstverständlichkeit. Das schallende Gelächter aus dem Cockpit überhörte ich mühelos, während ich mir die malträtierte Pfote verband. Jedenfalls gab es eine halbe Stunde später überbackenes Ragout, und wir drei, auch Martina, aßen mit großem Appetit. So viel zu ihrer Seekrankheit. Über meine Hand hätte man noch viel sagen können, aber ein Indianer kennt keinen Schmerz. Und am nächsten Morgen sah man von den bis auf den Knochen gehenden Verbrennungen sowieso nichts mehr, ich habe halt eine überdurchschnittliche Heilungstendenz.

»Die Mitternacht zog näher schon, in stummer Ruh lag Babylon.« Und so, wie im Gedicht auf des Königs Schloss noch des Königs Tross randalierte, war auch bei uns knapp vor Mitternacht voller Betrieb. Wir tranken Tee gegen die Kühle des Cockpits und unterhielten uns prächtig. Keine Rede von Müdigkeit.

»Und schrieb, und schrieb an weißer Wand, Buchstaben und Zeichen, die niemand verstand.«

Na, ich konnte sie schon lesen, die Schrift an der Wand. Heute ging wieder einmal keiner schlafen, die erste Nacht auf dem Meer war viel zu aufregend und romantisch, und morgen würden wir alle hundemüde sein und einen ganzen Tag verlieren. Auch eine Art Menetekel. Ich näherte mich untertänig dem Herrn Co-Skipper und unterbreitete ihm den durchaus vernünftigen Vorschlag, Martina und er sollten sich hinlegen und mir das Schiff überlassen, ich würde sie wecken, wenn ich sie brauchte. Es sei schlicht und ergreifend dumm von uns, wenn alle wach blieben, weil dann auch alle gleichzeitig müde sein würden und, siehe oben, blabla. Damit kam ich aber schön an.

»Leg du dich doch nieder, ich hab schon geschlafen, und zwar hauptsächlich, weil du mich hinuntergeschickt hast. Jetzt willst du mich schon wieder verscheuchen? Ich werde doch nicht den ganzen Törn verschlafen, nur weil du dir einbildest, du könntest dann das tolle Schiff alleine haben!«

»Aber du warst doch seekrank, und das Schlafen hat dir über die ersten paar Stunden geholfen!«

»Ja, aber jetzt ist mir nicht mehr schlecht, und ich bin putzmunter!« Nun mischte sich Ernstl auch noch ein.

»Hannes hat schon recht, wenn er meint, wir sollten nicht alle aufbleiben. Und deswegen schlage ich vor, er soll sich hinlegen und uns ablösen, wenn wir müde werden. Los, hau' ab und schluck deine eigene Medizin!«

Das kommt davon, wenn man versucht, vernünftig zu argumentieren. Man wird ins Bett geschickt. Das war schon früher so, als ich klein war, Herrgott, wozu hatte ich mich überhaupt bemüht, groß zu werden? Verantwortung getragen, gearbeitet, mir Sorgen gemacht um das liebe Geld? Wenn dann der einzige echte Vorteil des Erwachsenseins, nämlich, ins Bett zu gehen, wann ich dazu Lust hatte, so mir nichts, dir nichts, verloren ging, nur weil mein Skipper selber aufbleiben wollte? Dabei war er gar nicht mein richtiger Skipper, das war Iglo. Bei dem Gedanken war ich

61

versucht, auch noch den Daumen in den Mund zu stecken, als ich hinunterschlich, ins Bett geschickt wie ein Fünfjähriger, nicht von der Mammi, sondern von der Überzeugung, das Richtige zu tun, und von Ernstl, der noch aufbleiben und spielen durfte, obwohl er jünger war als ich. Unten stand noch das ganze schmutzige Geschirr herum, und plötzlich war es mir gar nicht mehr so zuwider, schlafen zu gehen. Ich trug den letzten WO und die Wacheinteilung von Co-Skippers Gnaden in Karte, beziehungsweise Logbuch ein und schloff dann unter meinen Schlafsack. Diesmal in die ordentlich gemachte Koje. Und schlief unter dem beruhigenden Schaukeln, dem heimeligen Plätschern der Bugwelle und dem Säuseln im Rigg sofort ein.

Ich erwachte, weil direkt über meinem Kopf ein Bär steppte. Dann hörte ich den Diesel anspringen und undeutliche Rufe. Fender quietschten, der Bär trampelte noch einmal über das Deck, dann verröchelte die Maschine und es wurde wieder still. Hastig zog ich mich an, schaute neugierig in die Karte, aber da war nichts. Nicht eine Eintragung seit meiner letzten. Noch ziemlich verschlafen torkelte ich hinauf, in strahlenden Sonnenschein und in das Grinsen zweier Gesichter, eines davon ziemlich gealtert und bärtig, das andere widerwärtig munter und ausgeschlafen.

»Schau, schau, Dornröschen ist wieder erwacht. Nein, wie der ausschaut! Und da heißt es, Schlaf sei gesund! Geh dir wenigstens das Gesicht waschen, vielleicht sieht man dann die Augen wieder.«

»Aber, das ist doch Mali Losinj! Wieso hat niemand in der Karte mitgekoppelt und das Logbuch geschrieben? Ihr seid mir schöne Segler!«

»Jetzt mach dir nicht ins Hemd! Losinj findet jeder von uns auch ohne das unnötige Tamtam. Martina hat auch geschlafen, wenn auch nicht so ausführlich wie gewisse andere Herrschaften, und ich konnte bei bestem Willen nicht alles allein machen!«

»Jetzt hör mir einmal zu! Du hättest mich jederzeit wecken können und niemand hat dir ernstlich zugemutet, alleine Wache zu gehen. Was wir vorhaben, ist keine Kleinigkeit, und wenn wir jetzt schon so einen Schlendrian einreißen lassen, dann ist es nur eine Frage der Zeit, wann etwas schief geht. Ab Zadar sind wir auf genaue Navigation angewiesen, weil sich dort keiner von uns mehr auskennt, und weil wir dort unten jederzeit gezwungen sein können, auf das offene Meer hin auszuweichen. Und wir haben ausgemacht, dass wir den Satnav nur zur Kontrolle der Koppelkurse verwenden! Das heißt aber, dass wir uns primär an die WOs der terrestrischen Navigation halten und notfalls mit dem Sextanten navigieren, schon allein wegen der Übung. Was ist, wenn das Kastel plötzlich spinnt? Die Amerikaner können die Satelliten jederzeit abschalten, speziell in Krisengebieten!«

»Klar, und dann sind sie selber blind und können sich ihre Wunderwaffen sonstwohin stecken! Mach dich doch nicht lächerlich!«

»Lächerlich machst du dich. Was wir empfangen, ist der absichtlich ungenaue zivile Code, mit dem kann sowieso niemand ein Fernlenkgeschoss steuern, wenn er nicht will, dass es ein paar entscheidende Meter danebengeht. Und den können sie auch noch jederzeit beliebig weiter verfälschen oder überhaupt abschalten. Den anderen, den taktischen Code, kann unser Gerät überhaupt nicht empfangen, und auf den müssen sie ja dann auch nicht verzichten. Mit dem können sie noch ein beliebiges Fenster in einem bestimmten Gebäude treffen, wenn der elektronische Kopernikus uns schon erzählt, dass wir in Timbuktu sind. Aber darum geht es gar nicht. Der wahre Jammer ist, dass du unsere eigenen Grundsätze bei erster Gelegenheit sofort über Bord schmeißt, wenn dir danach ist!«

»Schön, sollst Recht haben, ich werde mich bessern«, seufzte Ernstl, »aber leicht ist es mit dir auch nicht. So ein Theater wegen der Kleinigkeit! Dort, wo es notwendig ist, werde ich sowieso nicht Daumen mal Pi fahren. Außerdem habe ich zeitig in der Früh noch einmal mit dem Sextanten geübt. Demnach wäre das da drüben nicht der Laden, der uns das letzte Mal den Strom gegeben hat, sondern sein Schwestergeschäft in Belgrad. Diesmal habe ich nicht einmal die Breite ordentlich gekriegt.«

»Kein Wunder, wenn man versucht, das Rad irgendwie zu halten und auch noch gleichzeitig eine völlig ungewohnte und noch dazu kitzlige Messung durchzuführen. Dazu kommt noch, dass du nach Norden ja gar keine Kimm hattest. Oder?«

»Ach, da habe ich geschummelt und sie einfach geschätzt, als ich den Polarstern sicher hatte. Ich hab' ihn einfach auf die verlängerte Linie gespiegelt, die ich mit dem anderen Auge sah.«

»Dann grenzt es an ein Wunder, dass dein Ort wenigstens noch in Europa lag!«

»Ja, spotte nur. Besser machen ist angesagt.«

»Irrtum. Frühstück ist fällig, aber erst nach dem Einklarieren.«

»Jessas ja, wir sind ja nicht mehr in Jugoslawien. Das vergess ich immer.«

Seufzend suchte er die Schiffspapiere, Pässe und die Crewliste zusammen, und ich ging einkaufen. Dabei dachte ich schaudernd an meine Navigation vom Vortag. Aber abgesehen davon, dass dann eben die Schelte auch an meine Adresse ging, nach dem Motto, man soll nicht Wasser predigen und Wein saufen, stimmte es schon: So ging es nicht weiter. Ein schlampiger Skipper, ein fauler Navigator und eine ahnungslose Regattaseglerin, das war ein schlechtes Gespann in diesen Gewässern und Zeiten.

Trotz meiner sorgenvollen Gedanken geriet ich kurz darauf in einen wahren Kauftaumel, weil es alles zu geben schien und ich durchaus nicht sicher war, dass der Segen weiter südlich anhielt. Jedenfalls langte ich am Boot mit schwerer Tasche und leichter Börse an, die Crewkassa hatte ein tiefes Loch, und ich musste schleunigst auch die Tiefkühltruhe anwerfen, damit nichts verdarb. Gott sei Dank lief auch die sowohl mit Strom, als auch mit Gas. Martina hatte schon Tee gekocht, den ich allerdings sofort und lieblos in die große Thermoskanne verbannte. Dann weihte ich sie in die Geheimnisse des Schiffskaffees ein: Unmengen Löskaffee, kochendes Wasser und dann die Tube mit der Kondensmilch. Sämig, süß, stark. Sie sah mir misstrauisch zu, aber nach dem ersten Schluck hatte das Gesöff einen weiteren Fan gefunden, und als endlich Ernstl auftauchte, machten wir gerade die zweite Kanne.

»Langsam begreife ich, warum sich die alle politisch selbstständig machen, in der Gegend da! So können sie die Leute zweimal abzocken! Bei den Preisen werden sie schön schauen, auf Dauer. Das ist ja wie an der französischen Rivera! Und weiter südlich zahlt man angeblich jetzt sogar, wenn man in einer Bucht liegt. Kurtaxe! Haben ein paar Murings versenkt, und wer an der Boje hängt, brennt. Ankern verboten, wegen der Behinderung der Muringlieger! Kein Klo, kein Wasser, kein garnix! Aber immer fest kassieren!«

Erschöpft ließ sich unser Skipper fallen und verbrannte sich erst einmal den Mund an seinem Kaffee.

»Der glüht ja!«

»Ja, frisch gekocht ist oft warm«, spottete Martina und biss in eine dicke Scheibe Weißbrot mit Butter und Honig. Ich hatte inzwischen reichlich Zwiebel und Knoblauch, Wurst und Käse, Tomaten und Paprika aufgeschnitten, und sie beobachtete schaudernd, wie schnell die barbarischen Zutaten samt dem Brot hinter unseren Zähnen verschwanden.

»Essgewohnheiten wie die Hunnen!«

»Wir bevorzugen den Ausdruck Wikinger, aber du hast schon recht. Ein derartig deftiges Frühstück verträgt man nur auf einem Boot. Iss' auch noch was, zu Mittag gibt's nichts.«

»Was habt ihr heute eigentlich vor?«

»Das musst du unseren Navigator fragen, ich leg mich jetzt aufs Ohr!«

»Nach einem Liter Kaffee und dem ganzen schweren Zeugs im Magen?«

»Ja, aber leicht!« Mit diesen Worten verließ uns ein gähnender Skipper. Martina schaute mich fragend an.

»Na, wir zwei Hübschen werden jetzt einmal einen ordentlichen Spaziergang machen! Soweit ich weiß, warst du ja noch nie hier.«

Sie nickte.

»Dann gehen wir erst durch den Ort zur Kirche und danach weiter hinauf auf den Kamm, von dort kann man die Inseln Rab und Pag sehen und auch das Festland.«

»Ich war überhaupt noch auf keiner Insel, das ist alles ganz neu für mich und aufregend. Irgendwie habe ich aber andererseits auch wieder überhaupt nicht das Gefühl, auf einer Insel zu sein, für mich schaut das aus wie jeder andere Hafen.«

»Jeder andere Hafen? Wie viele hast du denn schon gesehen?«

»Na, eigentlich nur Hamburg!«

65

»Na, mit Hamburg hat der da aber bestimmt keine Ähnlichkeit!«

»Das nicht, ich weiß nicht, wie ich es ausdrücken soll. Ich meine, das Land ist hier genauso massiv wie gestern in Portoroz. Oder eben wie in Hamburg. Natürlich, dort liegen diese unglaublich großen Ozeanriesen an einem Kai, der länger wirkt als diese so genannte Insel, wohingegen die Szenerie hier mich eher an eine kitschige kolorierte Postkarte aus der Jahrhundertwende gemahnt, mit all den bunten Fischerbooten und der Flut malerischer Häuschen, die sich so zutraulich in die kargen Flanken der felsigen Hügelflanken schmiegen. In Wahrheit ergreift mich der Reiz dieser pittoresken Szenerie zutiefst im Inneren, doch von einer Insel hatte ich ebendort eigentlich ein völlig anders Bild.«

»Was denn, einen Haufen Sand mit einer einzelnen Kokospalme drauf, wie auf den Witzseiten der Illustrierten?«

»Ja, wahrscheinlich so ähnlich, wenn auch nicht in dieser primitiv plakativen Art. Jedenfalls aber auch nicht das, was sich jetzt und hier meinem erstaunten Auge darbietet.«

»Na, und jetzt bist du enttäuscht?«

»Aber, keineswegs. Ich finde es wundervoll, so, wie es ist. Allerdings gemahnt mich das Bild ein wenig an eine Operettenkulisse!«

Na also, geschraubt daherreden konnte sie noch, der Kulturschock schien nicht tief zu sitzen.

»Mich deucht, ein wenig Bewegung käme mir just nun zupass!«

Ich weiß nicht, was mich ritt, sie so blöd anzureden, aber ich wurde für diesen Ausrutscher augenblicklich mit einem zutiefst verwunderten Blick belohnt.

»Freilich bin auch ich einem kleinen Spaziergang nicht abgeneigt, aber ich beginne im Herzen den Verdacht zu nähren, du verulkst mich mit dieser dir ungewohnten Sprache.«

»Red normal, dann wird dich niemand anblödeln. Ich mein, man kann's auch übertreiben mit den Manierismen. Natürlich, du bist noch ein bisserl fremd und versteckst dich vielleicht hinter diesen abartigen Formulierungen. Aber du hast mittlerweile bewiesen, dass du in unserer kleinen Gemeinschaft deine Frau stehst, also sei so lieb, und erspare mir die Schmierensprache!«

66

»Ich glaube nicht, dass es ein Freundschaftsbeweis ist, in die an Bord offenbar übliche Vulgärsprache zu verfallen, auch wenn ich die aus der Zeit, die ich mit meinem früheren Mann verbrachte, nur allzugut kenne!«

Also, daher hatte sie ihren Hau weg, offenbar eine Überreaktion auf den Guten, der sie (den sie?) verlassen hatte.

»Jetzt übertreib nicht, so arg ist das gar nicht bei uns am Boot. Natürlich reagiert jeder ein bisschen anders, wenn er endlich einmal dem täglichen Joch entkommt, der eine hört plötzlich auf, sich zu rasieren, harmlos genug, der Nächste wäscht sich nicht mehr. Das sind dann die Unangenehmen. Weil du mit ihnen auf engstem Raum leben musst. Aber du kannst mir nicht erzählen, dass dich allgemein übliche Worte, zwanglos in die Rede gestreut, seelisch verletzen. Dann müsstest du zu Hause im Elfenbeinturm leben, verdammt zu lebenslanger Einsamkeit, denn harmloser, als wir reden, drückt sich dort auch niemand aus. Und du kannst mir nicht erzählen, dass du ausschließlich im Sacher verkehrst, deine Lebensmittel telefonisch beim Wild am Neuen Markt bestellst, und den Petersil bei Fleurop. Denn, wenn das so wäre, dann wärst du jetzt nicht hier. Nicht, dass mir das leid tut, ganz im Gegenteil, aber die Tussi, die du hier spielst, die wäre garantiert nicht da. Das musst du doch zugeben!«

»Siehst du, das Wort Tussi gehört nun sicher nicht zu meinem Sprachschatz!«

»Bestenfalls nicht zum aktiven, alle Mal aber zum passiven!«

»Natürlich hört man so allerlei, wenn man mit offenen Ohren durch die Welt geht, aber das bedeutet wahrlich nicht, dass man es goutiert!«

Es war hoffnungslos, man musste sie einfach so nehmen, wie sie war, sie konnte offenbar wirklich nicht anders.

»Schön, dann mach dich landfein, und zieh dir bitte Schuhe an, die etwas aushalten. Die Schieferplättchen schneiden dir jeden Turnschuh auf.«

»Besteht die Insel etwa aus kristallinem Schiefer?«

»Was weiß ich. Ich bin schließlich kein Geologe. Jedenfalls ist das Zeug, aus dem sie besteht, ganz schön scharf. So, jetzt schwing die Hufe!«

Sie rümpfte die Nase, und da tat sich was, bei der Nase. Eine Geste, die offensichtlich ihre Missbilligung ob meiner Wortwahl ausdrücken sollte, aber sie brachte mich nur zum Grinsen. Eine kleine Weile später, hätte sie wohl gesagt, stiefelten wir fröhlich durch die winkeligen Gässchen der Altstadt, über altes Katzenbuckelpflaster oder glatte Steinplatten, die in eine Art Zement eingelassen waren, vorbei an verwahrlosten Ziegelmauern und uralten Steinbauten, bis wir endlich, vorbei an den Touristenfallen mit ihren Pergolen, auf die schräge Straße zum Kirchplatz gelangten.

»Mein Gott, welch eine Aussicht!«

Sie war gut bei Stimme, ich schnaufte ein bisschen. Aber das Bild, das sich uns bot, war wirklich traumhaft, denn rechter Hand sah man fast die ganze Insel unter den changierenden Schatten der frühen Schönwetterwolken, vor uns und zur Linken den malerischen Hafen. Hinter uns die alte Kirche auf dem baumschattigen gepflasterten Platz strahlte Ruhe und Würde aus, aus dem offenen Tor drangen die getragenen Töne eines liturgischen Chorgesanges. Tiefer Frieden lag über dem ganzen Bild. Weiter ging es durch die jetzt dünner stehenden Häuser, hinauf zum Hügelkamm. Dort wurde ich für die ganze Schwitzerei mit einer kühlenden Brise und dem Anblick des Meeres zwischen den Inseln belohnt. Kleine Schaumkrönchen überall, schattenblau im Dunst Pag und schräg dahinter Rab. Herrliches Segelwetter. Plötzlich hatte ich es eilig. Sicher, wir lagen gut in der Zeit, aber es wäre ein Verbrechen gewesen, einen solchen Tag nicht auszunützen. Während ich Blaublütlein wieder talwärts schob, erklärte ich ihr hastig und etwas außer Atem die Situation.

»Ich garantiere dir noch jede Menge pittoresker Bilder, schöner als das, was du hier siehst, und mehr Inseln, als du für möglich hältst. Aber ich bin nicht sicher, dass wir mit dem Wetter immer so einen Fang machen werden wie gestern und heute. Und deshalb spute dich, teure Gefährtin unbezahlbarer Stunden, und gürte die Lenden, auf dass wir eilends zum Nachen gelangen mögen, damit er uns entführe in das Reich der alten Inselgötter!«

»Du sollst mich nicht verarschen!« – Hoppla, das klang ja ganz normal!

Am Weg zum Boot trafen wir auf irgendeine patriotische Veranstaltung, hundert Männer oder mehr folgten im dröhnenden Gleichschritt der Fahne des jungen Staates, dabei skandierten sie mit rauen Stimmen Unverständliches, aber eindeutig Vaterländisches. Wenn es etwas gab, das geeignet war, meine Reiselust noch weiter anzufachen, dann das. Bei der Zurschaustellung kollektiver und noch dazu paramilitärischer Begeisterung befällt mich nämlich immer Unbehagen. Sogar zu Hause, zum Beispiel am ersten Mai, wo es völlig harmlos hergeht und ich die Parolen verstehen kann. Das hier klang einwandfrei nicht harmlos, und wir wurden auch nicht sehr freundlich gemustert, wie wir da standen, Fremdkörper schon vom Äußeren her, um den Zug vorbeizulassen. Ich war heilfroh, als wir wieder am Boot waren und legte so rasch wie möglich ab. Bald dieselten wir gegen den frischen Wind aus der Bucht, die ich so gut zu kennen glaubte, und die mir plötzlich so fremd war. Ernstl schlief noch immer wie erschlagen. Na gut, dann war halt ich jetzt der Wichtigmacher. Was machte das schon aus. Diesmal vergaß ich nicht einmal das Logbuch.

Von Losinj nach Hvar

Bulltaljen und Seglerehre − Lauter Inseln! −
Kein Glück in Zadar − Die Bucht − Gastfreundschaft
und Dauerfeuer − Piratenstreich um Mitternacht −
Schwere Gedanken − Starigrad

Das Segelsetzen mit Martina war ganz einfach, denn unser Burg-
fräulein war ja kein Segelneuling und auch nicht schwer von
Begriff, außerdem stark wie eine Löwin − kein Wunder bei ihrem
Sternzeichen, wie sie meinte. Jedenfalls hatten wir die Wäsche
blitzartig oben, während das Boot mit dem Autopiloten in den
Wind dieselte. Vielleicht nicht die eleganteste Form dieses Manö-
vers, aber alle Mal gescheiter, als einen Neuling alleine wursteln
zu lassen und dann die Wuhling aufzuklaren. Natürlich hätte ich
die Dame ans Rad stellen können und die Segel alleine setzen,
aber da hätte sie nichts davon gehabt und ich auch nicht. Warum
schwitzen, wenn man zu zweit die halbe Arbeit hat? So kam zur
Befriedigung meiner angeborenen Faulheit auch noch der
unzweifelhafte Lerneffekt der aktiven Mitarbeit. − Ich mag es einfach, wenn meine negativen Eigenschaften positive Effekte haben.

Nachdem wir das Boot auf Kurs gebracht hatten, klarten wir
das Cockpit auf, bis alle Leinen sauber aufgeschossen an ihren
Plätzen lagen. Erst danach stellte ich die Maschine ab, ein wenig
Ladung konnte den Batterien nicht schaden. Martina stellte ich
ans Ruder, weil das erstens die Tätigkeit ist, die allen am Anfang
den größten Spaß macht, und sie zweitens sowieso lernen musste,
nach dem Kompass zu fahren, ohne dabei mit den Augen übertrieben an der Windrose kleben zu bleiben und den Ausguck zu
vernachlässigen. Anfängern passiert das gern und sie neigen mit-
unter dazu, voller Stolz über den haargenau eingehaltenen Kurs
unbedeutende Objekte wie Fischerbojen oder kleine Boote,
manchmal auch ganze Inseln zu übersehen, während sie eifrig und
mit einem Satz roter Ohren die widerspenstige Schwimmscheibe

mit den komischen Zahlen darauf bändigen. Ernstl schlief trotz des Krachs, den wir zweifellos veranstaltet hatten, seelenruhig weiter. Das sprach für Gottvertrauen und absolute Erschöpfung zu etwa gleichen Teilen. Wegen des raumen Windes setzte ich eine Bulltalje, weil ich einfach keine Patenthalsen mag. Denn erstens heißt es Großbaum und nicht -sense und zweitens fliegt einem bei einem derartigen Manöver womöglich nicht nur das halbe Rigg, sondern auch noch der Kopf weg. Martina betrachtete meine Bemühungen mit umwölkter Stirn.

»Glaubst du eigentlich, dass ich den Kurs nicht halten kann? Das ist ja schon fast eine Beleidigung, was du da machst!«

Na, wenigstens hatte sie ohne lange Erklärungen erfasst, wozu das ganze Manöver gut war.

»Schau, wir fahren fast platt vorm Wind und ziemlich nahe der Küste, also im Bereich möglicher Verwirbelungen der Luftströmung. Eine blöde Bö, und das Groß kommt über. Ungebremst durch die Schot und mit der Gewalt von fast fünfzig Quadratmeter Segelfläche dahinter. Der Großbaum hier hat ein Vielfaches des Gewichtes der Bäume, die du kennst, und fährt mit rasanter Beschleunigung von einer Extremstellung in die andere. Unterwegs kann ihn sowieso nichts halten, und dann rammt er mit ein paar Tonnen Bewegungsenergie in die Schot. Da ist er dann kein Großbaum mehr, sondern eine Art Knickspant. Oder er reißt den Lümmelbeschlag ab, vielleicht sogar die Schiene des Schotwagens aus dem Deck. Und wenn er unterwegs einem Kopf begegnet, dann kommt das oft einer Hinrichtung gleich. Nur wenn der Ruck des backschlagenden Segels abgefangen wird, bevor der Baum viel Bewegung machen kann, ist die Chance gut, dass Boot und Besatzung heil bleiben. Und deshalb ist das, was ich getan habe, auch keine Beleidigung, sondern nur ganz normale Vorsicht. Wenn eine simple Talje Leben retten kann, und man spannt sie nicht, dann ist das kein Vertrauensbeweis, sondern Blödheit. Oder Ahnungslosigkeit. Aber die beiden Zustände ähneln sich sowieso aufs Haar und treten normalerweise sogar gemeinsam auf.«

Jetzt schaute sie eindeutig böse, und so beeilte ich mich, fortzufahren:»Natürlich kannst du das genauso wenig wissen, wie jeder andere, der zum ersten Mal auf einem größeren Boot ist, aber wir fahren hier nun mal kein Rennen, sondern bewegen eine Fahrtenyacht von A zu einem ziemlich weit entfernten B. Und es geht nicht um die Maximierung der Geschwindigkeit, sondern um die Minimierung des Risikos. Dazu gehören aber auch Maßnahmen, die eine erfahrene Regattafrau wie du vielleicht als lächerlich, möglicherweise sogar als beleidigend empfindet. Außerdem habe ich keine Ahnung von der österreichischen Regattaszene und weiß also nicht, was du wirklich kannst. Nimm das jetzt nicht persönlich, aber ich habe schon zu viele Großmäuler getroffen, die im Hafen oder im Beisl die ganze Welt umsegeln und dann auf der Alten Donau nicht einmal mit einem Piraten klarkommen. Natürlich liegt's dann nicht an ihnen, sondern am Boot, sie sind eben nicht an den Umgang mit so lächerlichen Nussschalen gewohnt. Also muss ich mir von jedem Mitsegler erst einmal selber ein Bild machen, bevor ich ihm auch nur so weit traue, wie ich ihn werfen kann. Was ich bisher von dir gesehen habe, beeindruckt mich sehr, aber bezieht sich nicht aufs Segeln, sondern mehr auf das allgemeine Management. Ob du deine Regatten am See gewonnen hast oder im Kopf, das muss sich erst herausstellen. Ich habe mich jedenfalls in Wien nicht danach erkundigt, weil es mich gar nicht interessiert. Für mich ist nur wichtig, was du hier tust oder eben nicht tust. Wenn einer eine Soling perfekt bewegen kann, heißt das schließlich noch lange nicht, dass er auch hier seinen Mann, in deinem Fall seine Frau steht. Weil, was machst du mit einem Solingmeister, der sich dann ununterbrochen ankotzt, weil er mit den Bewegungen einer Yacht am Meer nicht klarkommt?«

Endlich schaute sie wenigstens wieder halbwegs freundlich: »Ich versteh schon, was du meinst und ich konzediere dir sogar gute Absichten. Nichtsdestoweniger erscheinen mir deine Maßnahmen etwas weit hergeholt, ja übertrieben. Hoppla! Was ist das? Um Gottes willen, so tu doch was!«

Ich hatte den Böenstrich am Wasser auch erst im letzten Augenblick gesehen und war genauso unvorbereitet wie sie. Nur hatte ich derartige Erlebnisse eben schon hinter mir. Als die Genua mit einem bösartigen Knall backkam und sich, am halben Weg von der Schot gehalten, zwischen Vorstag und Mast zu einem mächtigen Sack blähte, begann das Rad unter ihren Händen ein unangenehmes Eigenleben zu entwickeln, weil das Ruder dem plötzlichen Wasserdruck von Backbord nach Steuerbord ausweichen wollte. Als Resultat wirbelte es ganz von allein im Uhrzeigersinn um seine Achse, und als Martina es mit Mühe und Not wieder gebändigt hatte, drehte das Boot erst recht nach rechts weiter, weil das Ruder jetzt eben so stand. Der fauchende Böenstrich war längst vorbei, als wir mit killenden Segeln dwars zur Windrichtung lagen.

»Um Himmels willen, was war das?« Martina war ziemlich blass. Ich kurbelte die Genuaschot dichter und rief ihr zu: »Abfallen! Los, abfallen und zurück auf Kurs!«

Das Boot nahm behäbig wieder Fahrt auf und bald füllte sich auch das Groß wieder.

»Das war eine Düse. Das Land steht den Luftmassen im Weg und lenkt sie ab, nach oben oder zur Seite. Weil, durch können sie ja nicht. Und so kommt es dicht unter Land zu Ablenkungen von Teilströmen bis zu neunzig Grad zur Hauptwindrichtung. Wenn dich so eine Turbulenz erwischt, dann wird ganz schön was geboten. Oft nur ein paar Sekunden lang, aber, wie du siehst, genügt das. Und jetzt stell dir vor, das Groß wäre nicht angebunden gewesen! Erst wäre es nach Steuerbord übergegangen, und dann, beim Anluven, gleich wieder zurück. Zweimal die Sense, zweimal die reelle Chance, das Rigg teilweise abzugeben!«

»Das hast du mit Absicht getan!«

»Sei nicht kindisch. Nur ein Vollidiot würde solche Sachen provozieren! Die Belastung der Genua, des Vorstags und des Mastes, der Schot und der Leitschiene, des Ruders und seiner Mechanik, traust du mir wirklich zu, dass ich das absichtlich inszeniere, nur damit du einen Schreck kriegst? Nein, so ist das halt einmal, so was kann jederzeit passieren, so knapp unter Land. Aber wir wollen da vorn bei der Huk nach links weg, zwischen die Inseln, und da wäre es kontraproduktiv, was weiß ich wie weit vom Land wegzufahren und dann den ganzen Weg wieder zurückzusegeln. Da geht's zwischen Ilovic und Silba Richtung Zadar. Das ist nämlich die nächste Station. Dort wollen wir fragen, wie die Lage weiter unten aussieht.« Bis hierher bestand ja keine Gefahr, das wussten wir, Dalmatien aber, das war ein anderes Thema.

Langsam machte ich mir Gedanken wegen Ernstl, denn das Manöver war von beträchtlicher Geräusch- und Lageentwicklung begleitet gewesen, und er rührte sich noch immer nicht. Aber wer schläft, sündigt nicht, und so ließ ich ihn in Ruhe. Wer weiß, wozu es gut war, wenn wenigstens einer von uns ausgeschlafen hatte. Bald rundeten wir Ilovic und gewannen den Blick auf Skrda und Maun, dahinter Pag. Martina schaute und schaute. Lauter Inseln! Rechts von uns das Häufchen, das Grujica heißt, dahinter Premuda, schräg vor uns Silba, dahinter, noch abgedeckt, Olib.

»Schau, da vorn sieht man das Festland!«

»Das Festland sieht man schon, im Hintergrund nämlich, aber die Küste, die du meinst, die gehört zu Pag, das ist auch eine Insel. Und vor Pag sind noch zwei kleinere, aber das läuft auf die Entfernung einfach zusammen, das kann man erst unterscheiden, wenn man näher kommt!«

»Und Zadar? Ist das auch eine Insel? Kann man es schon sehen?«

»Nein, Zadar ist eine Hafenstadt am Festland, und sehen kann man es noch nicht. Da haben wir noch ein paar Stunden hin. Ungefähr sechsunddreißig Seemeilen, wenn wir den direkten Weg nehmen.«

»Sag, wie lang ist so eine Seemeile eigentlich?«

»Tausendachthundertzweiundfünfzig Meter.«

»Na ja, nicht einmal zwei Kilometer. Das sind also knapp siebzig Kilometer. Da müsste man es doch eigentlich schon sehen können, wenn es nicht so dunstig wäre! Wenn ich auf dem Schneeberg stehe, dann sehe ich ja auch nach Wien!«

»Ja, da ist aber auch nichts dazwischen.«

»Na, da doch auch nicht!«

»Doch, da ist genug dazwischen. Weil Zadar nicht nur hinter Silba und Olib da drüben, sondern vor allem hinter der Erdkrümmung liegt.«

»Geh, pflanz mich nicht schon wieder! Wien liegt ja auch nicht hinter der Erdkrümmung, wenn ich am Schneeberg bin! Siebzig Kilometer! Erdkrümmung! Du hältst mich wohl für blöd!«

»Aber wo«, versuchte ich sie zu beruhigen, konnte mir aber ein breites Grinsen nicht verkneifen. »Du vergisst, dass der Schneeberg über zweitausend Meter hoch ist und das umgebende Gelände wesentlich niedriger. Wien liegt auf zirka hundertfünfundachtzig Meter über dem Meer, zumindest der Flughafen Schwechat tut es, und das ganze Gebiet dazwischen ist ja ziemlich flach. Und über die Wienerwaldberge sieht man eben drüber. Aber kommen wir einmal zurück hierher. Wir sind einen halben Meter über dem Meer, dazu kommt dann noch die Körpergröße, und sonst nichts. Wir haben hier einen ganz flachen Blickwinkel, und da macht sich die Erdkrümmung erheblich bemerkbar. Unser Horizont ist nicht einmal zehn Meilen weit weg. Das Land kann man viel weiter sehen, wenn es hoch genug ist, aber nicht das ganze Wasser dazwischen. Hügel, Bäume, hochgelegene Städte, das alles sieht man schon lang, aber es kommt kaum näher, sondern wird nur höher, weil man eben nach und nach auch die Teile vom Land sieht, die sich hinter der Krümmung der Wasseroberfläche verstecken. Und erst ganz zum Schluss sieht man die Küste.«

»Wirklich?«

»Aber klar doch. Du hast doch schon gesehen, wie ein Dampfer über den Horizont aufsteigt? Da sieht man erst die Masten, dann die Aufbauten und zu guter Letzt den Rumpf. Wenn also dort einer im Mast hockt, sieht er uns viel früher, als wenn er auf der Brücke oder gar an Deck steht. Logisch?«

»Ja.«

»Siehst du, deswegen haben sie früher die Krähennester im Masttopp gehabt. Je höher du stehst, umso weiter siehst du. Und wir stehen gar nicht hoch. Also müsstest du auch dann noch auf Zadar warten, wenn es nicht hinter den Inseln läge.«

»Und, wann werden wir dort sein?«

»Also, weggefahren sind wir knapp nach zehn Uhr, die ganze Strecke beträgt ungefähr fünfzig Meilen, ich schätze einmal, so um sieben am Abend herum!«

»Fast ein ganzer Tag für neunzig Kilometer!«

»Naja, dafür segeln wir aber. Eilig darfst du es nicht haben dabei, dafür ist es schön. Der Weg ist das Ziel! Citroen!«

»Laotse!«

»Die Automarke kenn' ich nicht!«

»Du sollst mich nicht dauernd verarschen!«

Eine Zeit lang genossen wir schweigend den Wind, den schönen, warmen Tag und die ständig wechselnden Bilder des Meeres um uns, dann fing sie wieder an:»Du wärst eigentlich ein prima Lehrer geworden!«

»Um Gottes Willen, auf keinen Fall!«

»Na, du weißt eine Menge, und du kannst es sehr anschaulich erklären!«

»Das genügt nicht. Für einen Lehrer bin ich viel zu ungeduldig! Ich wäre eine Katastrophe! Wir hatten eine Zeit lang einen in Altgriechisch, der hieß Berger. Möglicherweise ein brauchbarer Altphilologe, wer will das aus der Froschperspektive des Schülers schon beurteilen, aber ganz sicher ein boshaftes, zynisches Schwein. Ein kleines, kugelrundes Männchen, immer picobello im dreiteiligen Anzug mit sorgfältig darauf abgestimmter Krawatte, über dem makellosen Weiß des Kragens ein rosiges Gesichtlein wie von einer alternden Putte, allerdings mit stets geringschätzig verzogenem Mündchen. Sorgsam maniküre fette Patschhändchen, gezierte Bewegungen, manchmal aber auch der nassforsche Schwung verlorener Jugend. Dahinter verbarg sich ein gnadenloser Diktator, der sich über die Schüler ärgerte und seinen Zorn dann an ihnen ausließ. Und das mit der scheinbar gelassenen Überlegenheit, die ihm aus seinen Jahren erwuchs. Wehe dem Tschapperl, das ihm in die Quere kam! Und das waren so ziemlich alle, die größer waren als er. Also bei Fünfzehnjährigen die Regel. Da gab es nur eines: ducken und auf Knien rutschen. Der hätte allenfalls an der Universität unterrichten dürfen, aber dazu hat's halt nicht gereicht mit der Gelehrsamkeit. Niemals hätte man den auf Pubertierende loslassen dürfen, ihn, der selbst nie erwachsen geworden war. Dann hatten wir noch einen Altgriechen, den Krause. Der war eine Seele von einem Menschen und hat uns später nicht nur die Sprache beigebracht, sondern noch viel mehr fürs Leben, einfach dadurch, dass er so war, wie er eben war. Das war ein Lehrer! Der andere war nur ein Schwamm, aus dem unregelmäßige Verben und sein Analkomplex troffen. Nein, nein, ein Lehrer braucht viel mehr als nur Wissen, er braucht eine Engelsgeduld und viel Verständnis auch für die, die andere Interessen haben als er. Beides geht mir völlig ab, und daher ist es ein Glück für mich und alle Schüler, die ich nicht gehabt habe, dass ich kein Lehrer geworden bin. Ich wäre nicht so geworden wie der, den ich da eben beschrieben habe, weil ich im Prinzip ein gutartiger Mensch bin. Aber womöglich genauso unglücklich wie er in einem Beruf, der mir nicht liegt.«

»Was sind das für Kanister, die da überall schwimmen? Die mit den kleinen, schwarzen Fähnchen?«

»Da sind Langustenfallen. Und damit sie der Fischer auch wieder findet, sind Bojen mit Fähnchen daran.«

»Langusten im Mittelmeer? Du verarscht mich ja schon wieder!«

»Abwarten. Vielleicht kann ich welche kaufen!«

»Wir brauchen ja nur eine heraufholen!«

»Und dann haben wir die Kroaten auch noch am Hals! Das ist Diebstahl und wird streng bestraft!«

»Wie kann man etwas stehlen, was allen gehört? Schließlich darfst du hier auch fischen!«

»Mit Einschränkungen ja. Mit einer Angel, nicht mit dem Netz. Aber so wenig, wie ich einem anderen den Fisch von der Angel nehmen darf, darf ich die Hummerkörbe eines Fischers plündern. Und schon gar nicht eigene ausbringen.«

Wie der Geist aus der Flasche tauchte plötzlich der Kopf von Ernstl aus dem Niedergang auf. Mit noch schlafkleinen Augen sah er sich um, die Haare, soweit sie dazu noch im Stande waren, zerstrubbelt, und gähnte herzhaft.

»Allerseits einen schönen, guten Morgen. Wie spät is es eigentlich, und wo sind wir?«

»Es ist zwei Uhr Nachmittag, oh Gebieter, und wir stehen zwischen Olib und Skrda. Kurs eins-vier-null Grad, ETA Zadar Viertelsieben, Zivilistenzeit, Euer Co-Skipperheit.«

»Wieso habe ich so lange geschlafen?«

»Das ist eine blöde Frage. Schließlich warst du die ganze letzte Nacht auf, und vorher hattest du das mühsame Abenteuer mit dem alten Seeräuber! Geh runter und mach dich frisch, du schaust aus wie dein eigener Vater!«

»Mein Vater ist schon lange tot.«

»Sag ich ja, hau ab und wasch dir wenigstens die Augen. Aber du kannst auch duschen, wir brauchen nur die Maschine zu starten!«

»Also, eine Dusche wäre jetzt nicht schlecht. Vielleicht kann auch wer Kaffee kochen in der Zwischenzeit. Das wäre überhaupt Spitze!«

Sprach's und verschwand. Da sieht man wieder, kaum hat einer das Sagen, lässt er sich auch schon bedienen.

Martina ging Wasser für den Kaffee aufsetzen, und ich glühte den Diesel vor. Eine Zeit lang orgelte der Motor am Starter, aber er zündete nicht. Schon wieder ein Defekt? Ich malte mir schon aus, wie ich den ganzen Niedergang abbauen musste, um an die verfluchte Maschine heranzukommen, da fiel es mir wieder ein und ich bekam einen roten Kopf. Neben dem Niedergang, hatte die EOS einen Dekompressionszug zum Abstellen des Motors und so lang der nicht zu war, bekam die Maschine zwar Sprit, konnte aber keinen Druck aufbauen.

»Martina, drück' bitte das komische Stangerl neben der Stiege bis zum Knopf in die Wand hinein!«

»Meinst du den Bowdenzug vom Dekohebel für den Motor?«

»Ja, den!« Na also, wer wurde hier verarscht?

»Kommt nicht bald warmes Wasser?« Natürlich, der heilige Ernstl musste auch noch seinen Senf dazugeben.

Die Maschine sprang jetzt klaglos an, und ich gab ihr im Leerlauf achtzehnhundert Umdrehungen, damit das Wasser bald warm wurde.

Nachdem seine Lordschaft gebadet hatten, tranken wir alle Kaffee im Cockpit. Ernstl sah sich zufrieden um und seufzte vernehmlich: »Wenn ich daran denke, dass ich jetzt eigentlich in Wien sein sollte...«

»Ja, beides probiert, kein Vergleich! Aber, man gönnt sich ja sonst nichts...«

»Sagt einmal, ihr beiden Clowns, wenn ich schon wieder am Ruder stehen muss, wollt ihr dann nicht wenigstens ein bisserl mit dem Sextanten üben? Eure gestrigen Leistungen waren ja nicht sehr überzeugend!«

»Erstens musst du nicht am Ruder stehen, sondern hast dich förmlich darum gerissen. Eigentlich wollte ich dort meinen Schä-

del auslüften, aber Madame waren schneller. Aber weißt du«, drehte Ernstl sich herum und wandte sich an mich, »so Unrecht hat sie gar nicht. Geh, hol den Sextanten und die Uhr herauf!«
»Sofort, Euer Merkwürden. Master Robinson sprechen, Freitag laufen. Geh, hol den Sextanten! Wie heißt das kleine Zauberwort mit den zwei T?«
»Flott!«

Ich gab es auf, mich um einen gepflegteren Umgangston an Bord zu bemühen, das war sowieso eher Martinas Revier, und kroch in die Nav-Ecke, um das Verlangte herbeizuschaffen. Was doch ein bisschen Hierarchie aus Leuten macht! Wo war sein Heiligenschein geblieben? Das Einzige, was jetzt leuchtete auf seinem Schädel, war seine zu spät geölte Glatze, auf der sich ein bemerkenswerter Sonnenbrand niedergelassen hatte. Den hatte er sich scheinbar gestern zugezogen, als er den armen, alten Mann erst terrorisierte und dann auch noch beraubte. Ich erschrak: Just das hätte uns wohl ein slowenischer Richter vorgeworfen! Na, Ende gut, alles gut. Wir würden eben in der nächsten Zeit entweder in Italien oder Kroatien chartern müssen. Es würde uns nicht schwer fallen, die paar Meter Küste auszulassen, die slowenisch waren. Sicher ist sicher. Ich erklomm den Niedergang und reichte dem Kommandanten das Gerät. Capt'n Bligh begann sofort, daran herumzuschrauben und klappte diverse Filter hinund her. Nach einem Probeblick durch das Rohr entschloss er sich dann doch, den Horizont nicht zu filtern und Majestät sprachen: »Achtung!«

Ich sah auf die Uhr und rückte den Block auf meinen Knien zurecht. »Sonne – Null!« Ich notierte die Zeit und dann den Winkel, den er mir angab. Das wiederholten wir dann im Abstand von ein paar Minuten fünfmal.
»Was treibt ihr da eigentlich genau?«
»Wir messen die Sonnenhöhe, indem Ernstl den Unterrand der Sonne auf den Horizont herunterspiegelt, und ich notiere die Zeiten und die Winkel, damit wir die Werte dann mitteln können, dann wandeln wir die Zeit in UTC um und nehmen die Korrekturen aus dem Nautischen Almanach, um schließlich...«, setzte Ernstl zu einer längeren Erklärung an.

»Hör auf, das hört sich ganz schön kompliziert an!«, unterbrach ihn Martina.

»Na, glaubst du, wenn es einfach wäre, hätten wir gestern so einen Stuss zusammengeschustert?«

Ich fand dieses »wir« empörend, denn er hatte und nicht ich. Aber so ist es halt, wenn einer einen Blödsinn macht, sind es immer »wir«, macht er wider Erwarten einmal alles richtig, dann heißt es »ich«. Und so war es auch. Als nach endlos erscheinender Zeit der Schiffsort feststand und nicht nur in der Adria lag, was allein schon ein entscheidender Durchbruch gewesen wäre, sondern sogar nur eine Meile vom Ort des Satnavs entfernt war, da kannte der Jubel keine Grenzen:

»Ich hab's geschafft! Ich hab's geschafft! Wir haben gestern den Fehler gemacht, alles allein machen zu wollen. Das geht nicht, einer muss messen und einer die Zeiten stoppen und schreiben!«

»Wisch dir das Kinn ab! Wir haben uns angespuckt!«

Mittlerweile sah man Zadar wirklich schon und Martina wurde ganz nervös.

»Soll ich schon die Festmacher herausholen und die Fender vorbereiten?«

»Lass dir Zeit. Bis zum Hafen sind es noch ein ein viertel Stunden!«

»Unmöglich!«, ungläubig schüttelte sie den Kopf, »Ich kann schon alles ganz genau sehen!«

»Erstens siehst du noch nicht viel, weil die Einfahrt sich nach Westen öffnet, und zweitens gewöhn dir bitte dieses ›unmöglich‹ und ›du willst mich verarschen‹ ab, hier ist alles ein bisschen anders als auf einem See, und nichts ist unmöglich.«

»Aber, das ist doch alles zum Greifen nahe!«

»Ja, wenn man acht Meilen lange Arme hat!«

Ich zeigte ihr in der Karte, wo wir waren, und sie griffelte die Strecke ordentlich mit dem Zirkel ab. Dann machte sie ein langes Gesicht.

»Wo finde ich jetzt die Entfernungsangaben? Auf der Karte ist ja nicht einmal ein ordentlicher Maßstab!«

»Oh, doch. Du brauchst nur am Rand die Meilen zwischen den Zirkelspitzen zählen.«

»Das ist ja unglaublich einfach!«
»Ja, alles ist einfach, wenn man es weiß.«
»Du, das sind aber keine acht Meilen, das sind noch zwölf!«
»Unmöglich, so weit sieht man von unserem Deck aus nicht!
Lass einmal schauen!« Ich ermittelte die Strecke mit sieben Meilen.
»Ja, da! Aber hier unten, da sind es zwölf!«
»Du musst die Seitenränder benutzen, nie den oberen oder unteren Rand!«
»Wieso? Da sind doch auch Gradangaben!«
»Schau, das führt jetzt zu weit. Merk dir, es gibt keine genaue Karte, weil man eine Kugel nicht plattquetschen kann. Diese Karte ist winkeltreu, das heißt, ich kann sie ohne Weiteres zur Ermittlung eines Kurses benutzen, aber sie ist nicht flächentreu, das aber hat wieder die Konsequenz, dass man Entfernungen nur seitlich abnehmen kann, und zwar auf ungefähr der Höhe, wo ich die zu messende Strecke habe. Wenn du willst, können wir das gern einmal durchgehen, aber jetzt mag ich nicht, es ist viel zu schön draußen.«

Sie nickte, aber als ich dann am Bug saß und dem Spritzwasser zusah, hörte ich hinten Ernstl schon über Zylinder- und Kegelprojektionen referieren. Bei der Mercatorprojektion redete er sich in einen Wirbel, und es wäre Zeit gewesen, einzugreifen. Aber, wie gesagt, es war viel zu schön, also blieb ich, wo ich war.

In Zadar legten wir uns sofort an die Tankpier. Kein Mensch da. Wir tankten Wasser, bis das Deck schwamm, und hatten schon wieder alles aufgeklart, als der Tankwart doch noch daherkam.
»Diesel, voll, bitte.«
»Wenn geht nach mir, Sie kriegen überhaupt nix, weil Kroatien braucht Sprit wichtiger als Esterreicher machen Urlaub. Aber, geht nix nach mir, also machen schnell, ich nix Lust, hier meine Zeit verplempern.«
»Mir scheint, Sie haben einen Vogel! Geben Sie mir den Schlauch und ersparen Sie mir Ihr fremdenfeindliches Gesülze!«
War das wirklich unser Skipper, der da sprach?
»Ha, fremdenfeindlich! Jetzt paßt Schuh auf anderen Fuß, nicht? Ich gearbeitet fünf Jahre in Esterreich, und immer war Tschusch! Dann ich bin wieder heimgekommen und war Trottel

für Kommunisten in eigene Land. Jetzt ich bin endlich Kroat', jetzt wird besser, weil schlimmer kann nicht werden! Nix mehr Tschusch. Jetzt ihr seid Kimmeltirken und wenn ich eich nix mag, dann bin fremdenfeindlich! Was sad's denn ihr? Warum soll jetzt sein freindlich zu eich, wenn kommt und nehmt weg mit Scheißschilling Sachen, die wir brauchen fir uns selber? Schilling bleibt mir sowieso nicht, kriegt jetzt Tudjmann. Aber Diesel brauchen ma fir eigene Schiff', wenn vertreiben Scheißserben aus Kroatien. So, wenn geht nach mir, kriegt's nix!«

»Sind Sie besoffen, Mann? Übergeben Sie jetzt sofort den Schlauch!«

»B'soffen, ja! B'soffen von blede Rederei von eichere Politiker! Wollen erhalten Frieden in Jugoslawien! Ha! Jetzt habt's Schiss, wenn Volk steht auf, nach so viele Jahre Unterdrickung von Serben und eiropäischer Großmachtpolitik. Jetzt, wo Kommunismus weg, waß keiner, was strömt nach in Vakuum! Aber einziges, was strömt bis jetzt, ist unser Diesel in eure Scheißtanks! Damit kennen herumfahren und gehen baden, derweil wir hungern!«

In die Tanks rann eine ganze Menge von seinem Sprit, und er grollte immer lauter. Endlich waren sie voll, und er knallte den Schlauch in die Halterung: »Zahlen, schnell! Und dann fahrt's ab, mir kommt Speiben, wenn ich eich seh'!«

»Geben Sie mir eine ordentliche Rechnung und sparen Sie sich Ihr Gewäsch! Haben Sie keinen Frisör, den Sie anlabern können?«

Der Mann murrte immer noch, aber er schrieb jetzt die geforderte Rechnung, Ernstl zahlte und gab ihm sogar ein Trinkgeld. Der Tankwart zählte das Geld und gab dann auf den Groschen genau zurück:

»Pfeif' auf euer Geld, mich könnt's nix kaufen! Muss geben Sprit, muss nehmen Schilling, aber muss nicht nehmen Almosen! Schaut's, daß verschwind't's. Los, macht's schon!«

Und zornig warf er die Festmacher auf unser Boot, aber so, dass sie auf der anderen Seite ins Wasser klatschten. Wir nahmen sie schweigend an Bord, Ernstl startete die Maschine und tuckerte aus dem Hafen.

»He, was ist los, ich hab' geglaubt, wir bleiben hier!«, rief ich verdattert.

82

»Nicht bei dem Klima! Ich hab' richtig Angst gekriegt!«, erkärte er.

»Na, dafür warst du aber ganz schön goschert!«

»Das war der einzige Ausweg! Was glaubst du, wie sich der erst aufgeführt hätte, wenn er mitgekriegt hätte, dass seine Masche bei uns zieht?«

Martina, die in die Kajüte geflüchtet war, tauchte recht blass aus dem Niedergang.

»Ich bin auch dafür, weiterzufahren. Das ist ja beängstigend! Dabei haben wir dem doch nichts getan!«

»Der ist jetzt sauer auf die ganze Welt, und wenn wir ehrlich sind, müssen wir zugeben, dass wir die Jugoslawen bei uns zu Haus ja wirklich nicht sehr fein behandeln. Sie kriegen alle Arbeiten, die die Österreicher nicht selber machen wollen, und dann werden sie auch noch als Menschen zweiter Klasse behandelt, besonders von denen, die eigentlich selber der letzte Dreck sind. Und das dürfen jetzt halt alle ausbaden. – Na, jedenfalls war das unser letztes Abenteuer mit einem kroatischen Hafen! Wir haben genug Lebensmittel, genug Sprit und, wenn wir sparen, auch genug Wasser bis Korfu, anlegen werden wir eben nur mehr in stillen Buchten und auf einsamen Inseln!«

»Einsame Inseln?«, wunderte sich Martina. »Gibt's hier wirklich einsame Inseln?«

»Aber ja, wir kommen jetzt in die Kornaten, das sind ein paar Inseln, die vor vielen Jahren völlig abgebrannt sind. Jetzt ist das ein Nationalpark, dort ist kein Mensch weit und breit. In der Saison gibt es ein paar Buden, wo man Getränke, Fische und so weiter kaufen kann, aber so, wie die Verhältnisse heuer sind, werden die gar nicht aufsperren! Das ist überhaupt die Idee! Wir fahren heute noch in die Kornaten, legen dort irgendwo an, wo es schön ist, und dann machen wir uns morgen einen gemütlichen Vormittag!«

»Aber es ist schon acht Uhr, und es wird bald dunkel! Vor eins, zwei in der Früh' sind wir nicht dort«, protestierte ich.

»Na, bleibst du vielleicht lieber da, bei diesen gastfreundlichen Menschen?«

»Mitten in der Nacht durch dieses Inselgewirr ist auch nicht lustig!«

»Wozu haben wir unser Radar, das Echolot und den Satnav? Gemma, gemma, Herr Navigator! Schwing die Hufe! Ich will endlich einen Kurs haben!«

»Wahnwitziger Tandler! Kurs hundertachtunddreißig Grad! Glaubst du, ich habe die ganze Zeit geschlafen? Alle Kurse längst berechnet, alle Waypoints eingegeben, ich hab' nur nicht gewusst, dass wir das heute noch machen werden!«

»Gut denn, gehen wir's an! Übrigens möcht' ich jetzt wieder einmal mit dem Sextanten spielen!«

»Was, jetzt, wo es noch hell ist?«

»Na klar, die ersten Planeten kann man ja schon sehen!«

»Also ich kenn' einen Planeten nicht einmal dann, wenn er mich beißt. Ich weiß, dass um die Jahreszeit die Venus noch der Abendstern ist, und ich glaube sogar, das da drüben ist sie. Aber was dann? Wo nehmen wir die anderen Messungen her? Warten wir lieber auf die nautische Abenddämmerung, wo man die ersten Fixsterne bekommt«, versuchte ich seinen Eifer zu bremsen.

»Ach geh, irgend einen schönen, hellen Stern wird man doch finden! Sirius im Großen Hund, Capella im Fuhrmann, oder Arcturus im Bärenhüter...«

»Großer Hund, Fuhrmann, Bärenhüter! Warum nicht Alter Hut, Knurrhahn oder Bärenhintern? Was glaubst du eigentlich, wer du bist, Kopernikus? Zeig' mir nur einen davon, wenn du kannst.«

Doch so sehr sich mein lieber Ernstl auch anstrengte, er konnte keinen einzigen brauchbaren Stern finden. Mißmutig sah er den Sextanten in seiner Hand an, wie ein Kind, dem man gerade erklärt hatte, daß es gar keinen Weihnachtsmann gibt. Das war meine Chance.

»Mach nicht so ein trauriges Gesicht, Papa Hannes hat an alles gedacht. Schau, was ich da hab!«

»Einen runden Pappendeckel! Willst du damit diskuswerfen?«

»Das ist eine drehbare Sternenkarte, da stelle ich mir jetzt das Datum und die Uhrzeit ein und dann suche ich mir schon die richtigen Sterne!«

Ich drehte die Daten ein und starrte dann verzweifelt nach Süden, wo wenigstens Teile der Kimm erkennbar waren und verglich die erscheinenden Sterne mit der Karte. Mist, so einfach war das alles nicht. Hat sich was mit »an alles gedacht«! Erst als sich mir vor Wut schon die Zehennägel aufrollten, weil Ernstl heitere Gespräche mit Martina begonnen hatte (»Ist das Wega, Mr. Spock?« – »Drehen Sie doch selbst an Ihrer Karte, Capt'n Kirk!« – »Beam ihn rauf, Scottie!«) und die auch noch albern dazu kicherte, kam ich drauf, dass auf der Scheibe Osten und Westen wie in der Realität erschienen, also Osten links, weil ich quasi von oben, also aus Norden draufschaute, was man mit einer Karte normalerweise nur bei den Pfadfindern macht. Jetzt fand ich endlich meine arglistig vorbereiteten Sterne auch am Himmel. Arcturus konnte ich vergessen, der stand über dem Land. Deneb war hinter den Inselschatten und wahrscheinlich auch noch hinter der Kimm, wenn der Karte zu trauen war. Sirius blinkte höhnisch über einer Insel, aber Capella hatte eine Kimm! Hastig erklärte ich die Zusammenhänge. Eile tat Not, denn weder war die Kimm breit, noch würde man sie noch lange genau ausmachen können.

»Gemma, gemma, Vizekapitän, schieß Capella, Schwachsinn reden kannst du nachher auch noch.«

»Was regst du dich eigentlich so auf? Von uns ist doch sowieso keiner im Stande, einen Fixstern zu schießen!«

»Ja, und wenn wir so weitermachen, dann werden wir es auch nie lernen! Also, los, Capella!«

»Capella... Null! Aber mit einem Mal ist hier nichts getan, wir brauchen auch noch eine zweite Standlinie!«

»Na, wie wär's denn mit dem Polarstern, Euer Merkwürden? Der glänzen momentan auch über den Wassern!«

»Na, da hast du ausnahmsweise sogar recht, aber das gibt wieder die blödsinnige Rechnerei um die Breite!«

»Falsch. Hier geht's um den Schnittpunkt zweier Standlinien! Du hast ja noch nicht einmal das Prinzip begriffen.«

»Red nicht dauernd obergescheit daher, jetzt bist du dran!«

»Und dann Schuld, wenn nichts dabei herauskommt. Aber meinetwegen, gib schon her. Da hast du die Stoppuhr. Also, Polaris... äh, hm, also, äh... Null!«

– Versuchen Sie einmal, den unteren Rand eines Sternes über den Horizont zu ziehen, glauben Sie mir, es ist nicht leicht! Das

Punkterl hüpft unter den Horizont, dann wieder darüber, nur richtig anlegen lässt es sich anfangs kaum. Man wackelt mit dem Instrument, wie man es mit der Sonne gelernt hat, aber alles dreht sich, alles bewegt sich. Und dann, wenn man völlig konfus ist, dann fragt der verständnislose Messpartner ungeduldig, ob er nicht bald die Beleuchtung der Uhr abdrehen kann, sonst ist womöglich die Batterie aus, bevor die Messung beendet ist, und Sie wollen ihm mit dem Sextanten das Gebiss sanieren. Doch irgendwann kommt der Moment, wo alles so halbwegs paßt und Sie sagen dem ungeduldigen Idioten endlich seinen Winkel. Wir hatten jetzt zwei Winkel und die dazugehörigen Zeiten, viel zu wenig für eine auch nur halbwegs exakte Ortsbestimmung, aber jetzt würde sich endlich herausstellen, ob wir wenigstens vom Prinzip her begriffen hatten, wie der Hase lief! Nach lähmender Sucherei und Rechnerei zeichnete ich zwei Standlinien in die Karte. Und, schau an, die Dinger trafen sich in der Adria! Kaum mehr als drei Meilen neben dem WO des Satnavs zum Zeitpunkt der Messung! Da darf man schon zufrieden sein, wenn man endlich weiß, wo man vor einer halben Stunde war... Wirklich, Ernstl hat gestern bloß den Fehler gemacht, alles allein machen zu wollen. Natürlich war uns klar, dass die Genauigkeit reiner Zufall war, dass wir fünf, sechs Standlinien gebraucht hätten, wenn wir wirklich von unserer Astronavigation abhängig gewesen wären. Doch Deneb, Kochab, Fomalhaut und wie sie alle heißen, lassen sich nur schwer einfangen und noch schwerer berechnen. Mit den bequemen Vollsichtsextanten, wie wir sie im Kurs benützt hatten, braucht man es nicht einmal probieren, die schlucken zu viel Licht. Zudem sollte man bei jedem einzelnen Glied des Standlinienbündels einer Ortsbestimmung in der Karte auch die dazugehörigen Azimutpfeile anbringen (das verhindert das Übersehen falscher), damit dann den konstanten Fehler ermitteln, das kann der bloße Indexfehler sein oder ein fragwürdiger Horizont spielt einem einen Streich, es gibt dafür verzweifelt viele Ursachen. Bei unseren depperten zwei Standlinien fiel das natürlich alles weg, trotzdem gackerten wir wie zwei Hennen, und das, obwohl wir gemeinsam ein Ei gelegt hatten. Und erst Planeten!

»Planeten flimmern nicht.«

Der Nautical Almanach enthält sogar einen Abschnitt »Do not confuse«, der verhindern soll, dass man Planeten verwechselt, wenn sie nahe beieinander stehen. Ich wurde schon konfus, wenn ich das Diagramm über den Lauf der Planeten bloß sah. Außerdem flimmerte bei mir alles, wenn ich den Sextanten nach Sonnenuntergang auch nur anschaute. Was soll's, aller Anfang ist schwer. Mit den guten Ratschlägen aus dem Kurs war es jedenfalls in der Praxis nicht weit her. Im Unterricht gibt es nie einen miesen Horizont, alle Sternlein sind immer da und es hat im Lehrsaal auch wenig Spritzwasser, sieht man einmal von der feuchten Aussprache des Vortragenden ab, und gar keine Wolken. In der Praxis standen die paar Sterne, die ich nach langen Forschungen zu erkennen glaubte, immer genau über einer Insel oder über dem Festland, und die berühmte Schüssel Wasser, in der man den Stern dann spiegeln soll, weil das den Horizont ersetzt, purzelte durchs Cockpit und entleerte sich über meine Hose (nie in die Stiefel, weil den Blödsinn versucht man sowieso nur bei ruhiger See). Oder der Winkel wurde damit so groß, dass er mit dem Sextanten nicht mehr zu messen war. Ich wollte, ich könnte sie dem Idioten, der uns den Tipp gegeben hat, über den Schädel ziehen. Der hatte das auch nur aus einem Buch! Hätte er jemals versucht, so etwas auf einem fahrenden Boot zu machen, er hätte sich nie getraut, den Schwachsinn zu verzapfen. Aber so ersparte ich mir wenigstens, den Winkel des Schüsselsternes auch noch zu halbieren. Wer weiß, vielleicht hatte unser Nav-Genie seinen Sextanten vom Flohmarkt und das, was er uns beibrachte, noch nie in der Praxis probiert. Das hätte so manches erklärt. Jetzt werden einige Experten einwenden, ein Sextant sei gar nicht dazu da, um damit in Landnähe zu navigieren. Dazu gäbe es schließlich die terrestrische Navigation. Und das Problem mit dem Horizont habe man nur in der Nähe fester Hindernisse. Schon wahr, aber wo soll man es üben? Anlässlich der ersten Atlantikquerung?

Der Schatten Ungljans lag bereits hinter uns und das neben uns war eindeutig Pasman. An Backbord lag der Strang kleiner Inseln, der die Passage fast verstopft, aber was auf der Karte aussieht wie ein Nadelöhr, wirkte in der Realität fast wie offenes Meer: Ich war beschämt über meine Selbstzweifel, als wir da so mühelos durchfuhren. Der zunehmende Mond schien so hell, dass er geisterhafte, tiefschwarze Schatten warf, die Welt hatte sich in eine zweifarbige verwandelt. Ein ganzes Universum aus Silber und Schwarz! Wunderbar anzusehen, aber was mochte bloß hinter den hellen Balken des Lichtes im Nachtdunkel des Ungewissen lauern? Hier in Lee gab es auch kaum Brandung, und das schroffe Land, das uns sonst bei jeder Gelegenheit seine schaumig umspülten Zähne zeigte, verschloss in der Finsternis trotzig seine Lippen. Aber es war da! Nur, wo genau? Auch der Nordwest, der uns bisher die Treue gehalten hatte, sprang hier ständig um, was Wunder bei den vielen Hindernissen, die in seinem Weg lagen. Jedenfalls war ich ständig unten beim Radar, um mich zu versichern, dass keine unsichtbaren Fallen auf unserem Weg lauerten, und im Cockpit ratschten ununterbrochen die Winschen, um die Segel neu zu trimmen. Der schwarze Schatten vor uns war jedenfalls schon Kornat, von den reflektierten Mikrowellen seiner Geheimnisse beraubt. Schon schön, so ein überausgerüstetes Boot!

Eigenartig war, dass wir offenbar die Einzigen in der ganzen Gegend waren. Nicht ein Reflex von einem anderen Wasserfahrzeug am Schirm. Die werden die Gegend doch nicht vermint haben?! Unsinn, reine Paranoia! Aber unheimlich war es schon, weil man sonst in der Nacht immer wieder einmal auf ein anderes Schiff trifft. Ich griff mir den Atlas, in dem die Schifffahrtslinien eingezeichnet waren, und da fand ich des Rätsels Lösung. Die rote Linie von Split nach Zadar verlief ganz nah am Festland und hier vor Kornat war nichts. Erst zwischen Dugi Otok und Ugljan gab es wieder Linien, gestrichelte, die Routen wurden offenbar nicht regelmäßig befahren. Das hier war einfach eine tote Ecke. Trotzdem eigenartig, dass es nicht einmal Fischer gab. Na, schön, dann waren wir eben allein da.

Ich hatte jetzt Wichtigeres zu tun, als mich meinem Verfolgungswahn hinzugeben: Ich musste langsam daran denken, mir eine Insel mit einer geschützten Bucht für den Landfall auszusuchen. Mal sehen. Am Südende von Kornat gab es eine Bucht, die sich nach Süden öffnete. Die war mir aber zu seicht. Aber hier! Smokvica, gleich anschließend, hatte auch so eine Bucht, und die

war tief genug. Wir mussten nur vermeiden, zu nahe an der Ostküste entlangzusegeln, dort waren Untiefen. Also, in einem weiten Bogen um die Insel herum und Anfahrt von Süden. Das
Leuchtfeuer auf Smokvica Vela war in Betrieb, also gab es keine
Probleme. Rote Einzelblitze in drei Sekunden Abstand. Probleme
gab es höchstens mit Lojena, der kleinen Ansiedlung am hintersten
Ende der Bucht, aber die war nur in der Saison bewohnt, von ein
paar Händlern, einem Wirten und einigen Fischern, die eher Gäste
als Bewohner waren. Heuer würden die paar Häuser wahrscheinlich sowieso leer sein, denn Urlaub machte hier keiner mehr. Nur
ein paar Verrückte, so wie wir, brachten noch Boote aus dem Krisengebiet in stillere Gegenden. Smokvica Vela ist die kleine Insel
am Südende von Kornat, die aussieht wie ein Stockzahn. Zwischen
den Wurzeln dieses Zahnes öffnet sich eine kleine, recht enge
Bucht, an deren Ende ein winziger Hafen liegt: Zwei Betonmolen
hintereinander, die Poller ebenfalls aus Beton, einfach mit den
Kübeln als Formen in die noch nasse Masse hineingestülpt. Man
kann die Kübelformen noch perfekt erkennen. Bei der Ansteuerung muss man auf die kleine Vorinsel Smokvica Mali aufpassen, die wie eine Fistel an der östlichen Wurzel liegt: Es ist dort
sehr seicht. Daher muss man mit einem Segelboot ziemlich genau
von Süden anlaufen. Nema problema.

Wie erwartet, war der kleine Betonsteg leer, als wir ankamen.
Trotzdem legten wir nicht an, sondern ließen ungefähr fünfzig
Meter davor den Anker fallen. Die Segel waren schon versorgt,
denn in die Bucht waren wir unter Maschine gefahren, zum einen,
weil der Wind fast völlig eingeschlafen war, zum anderen, um bei
den geringsten Anzeichen von Feindseligkeiten die Flucht ergrei-
fen zu können. Aber wir waren offenbar allein. Ernstl streute ein
paar große Reißnägel ins Cockpit, das hatte er bei Slocum gelesen. Schließlich könne man in diesen Zeiten gar nicht vorsichtig
genug sein, fand er. Die Spitzen glitzerten tückisch im Mondlicht.
Wehe dem, der da drauftrat! Auf jeden Fall würden wir das
Schmerz- und Wutgeheul eines Enterers hören und dem Spitzbu-
ben mit den Winschkurbeln den Rest geben, wenn er einbeinig
durchs Cockpit tanzte. In der Kajüte lehnte gleich hinter dem
Niedergang auch noch der Bootshaken, und in der Bestecklade gab

es bösartig scharf geschliffene Küchenmesser aus bestem Stahl, Gruß aus Solingen.

Obwohl wir den ganzen Tag außer dem Frühstück nichts gegessen hatten, beschlossen wir, uns in die Kojen zu verziehen. Also versperrten wir den Niedergang und legten uns beruhigt nieder. doch irgendwie konnte ich nicht einschlafen. Der Tag ging mir durch den Kopf, und außerdem plagte mich ein Mordshunger, seit wir vom Essen geredet hatten. Dazu kam jetzt noch der Durst. Der Käse fiel mir ein, den ich gekauft hatte, und der Rotwein, der im Schapp stand. Ich schmeckte förmlich das Aroma des ersten Happens mit etwas Salz und Pfeffer auf dem appetitlich glänzenden Gelb, und ließe im Geiste dazu einen herben Schluck aus der Pulle auf der Zunge zuergehen, der im Abgang den Geschmack der dicken, schon leicht runzeligen Trauben hatte. Trocken schluckte ich, dann setzte ich mich entschlossen auf. Warum sollte ich mich hier kasteien, wo es einen Meter neben mir doch alles gab, was mein Herz begehrte? Ganz vorsichtig öffnete ich die Kabinentür und hörte im gleichen Augenblick ein gedämpftes »Plopp«, dem ein gluckerndes Geräusch und ein unterdrücktes »Ahh« folgten. Aha, Ernstl hatte die gleiche Idee gehabt. Ich erkannte den Schatten seiner massigen Gestalt im spärlichen Licht, das aus dem offenen Niedergang kam. Offener Niedergang? Wir hatten das Schiff doch abgesperrt! Also doch nicht Ernstl! Das war ein Einbrecher! Und gar kein kleiner. Es hätte ja auch ein klabautermannartiger Gnom sein können, den man locker mit einer Hand bändigen kann, aber bei meinem Glück war der Kerl natürlich so groß wie ein Bär. Meine Sinne waren plötzlich aufs Äußerste gespannt. Weiß der Teufel, wie der an den Reißzwecken vorbeigekommen war. Sehnsüchtig dachte ich an die Winschkurbel neben meinem Polster, aber es gab fast keine Chance, unbemerkt dorthin zu kommen, denn der Eindringling verhielt sich jetzt vollkommen still. Irgendwas musste geschehen! Entschlossen sprang ich zu der schwach sichtbaren Gestalt und warf den rechten Arm um das, was hoffentlich ein Hals war. Die Linke flog hoch zum Hinterkopf, da spürte ich die Wärme der rechten Handfläche in der Ellenbogenkuhle der linken: Es war der gefürchtete Würgegriff der Ranger. Ich spannte die Armmuskulatur zum tödlichen Ruck, aber da biss mich das Schwein doch glatt in den rechten Unterarm. Aus meinem Mund löste sich der Kampfschrei der österreichischen Elitetruppen, der schon manchem Feind das kalte Grauen eingejagt hatte:»Au, du Arschloch!«

Licht flammte auf, und ich betrachtete meinen geschundenen Unterarm mit den blauen Bissmarken, die käseverschmiert besonders unappetitlich wirkten. Martina stand in der vorderen Kajüttür und brüllte. Brüllte vor Lachen. Wir müssen aber auch komisch ausgesehen haben, Ernstl und ich, er mit blauer Birne und käseverschmiertem Mund, und ich, wie ich da meine Schäden begutachtete.

»Und alle zwei splitternackt!«, keuchte das liebe Mädchen zwischen zwei erstickten Lachanfällen.

»Was für ein Glück, dass wenigstens du korrekt angezogen bist«, brummte ich, plötzlich wieder vergnügt, und der schweinchenrosa Spross des alten Adels, barfuß bis zum Hals, entfloh quiekend. Jetzt lachten wir schallend. Dann drehten wir uns wie auf Verabredung um und gingen uns noch einmal anziehen. Kurze Zeit später saßen wir einträchtig um den Tisch, um das versäumte Essen nachzuholen.

»Wieso ist eigentlich der Niedergang offen?«

»Na, erstens musste ich für kleine Buben, und zweitens wollte ich kein Licht machen, um euch nicht zu stören. Und dann springt mich plötzlich was aus dem Finsteren an, rammt mir den Käse bis zum Gaumenzäpfchen und beginnt, mein Gesicht zu quetschen. Na, und da habe ich eben zugebissen. Ein Glück, dass ich vorher pinkeln war!«

»Ein Glück auch, dass es das Gesicht war und nicht der Hals. Wir sollten lieber ein bisschen vorsichtiger sein, in Zeiten wie diesen. Außerdem sollten wir das Licht löschen, wozu habe ich denn die schöne Petroleumfunzel gekauft? Batteriesparen ist angesagt.«

»Die hängt draußen als Ankerlicht unter der Saling. Nicht ganz korrekt, aber besser als nichts«, informierte mich Ernstl zwischen zwei Happen.

»Ankerlicht? Willst du nicht gleich über Funk bekannt geben, wo wir sind?«, sprang ich auf.

»Na, immerhin sind wir nicht bei den Hottentotten, und soweit ich mich entsinne, gilt die Seestraßenordnung auch hier noch!«, verteidigte er sich.

»Also, ich halte das für leichtsinnig. Wer weiß, wer sich da alles herumtreibt! Außerdem hätte ich die Lampe lieber hier herinnen. Da scheint sie sowieso durch die Vorhänge, aber man sieht sie eben nicht so weit. Und wenn wirklich einer in die Bucht kommt, genügt auch das bisschen Licht aus der Kajüte.«

»Gut, meinetwegen! Überredet.«

Bald saßen wir im heimeligen Licht der Laterne, und es verbreitete sich der Geruch brennenden Petroleums, den ich außerordentlich liebe. Irgendwann gingen wir wieder schlafen, proppenvoll satt und ohne Ankerlicht. Ernstl blies die Lampe aus, und es kehrte wieder Ruhe ein.

»Also, entweder verholen wir zum Steg, oder wir blasen den Schlaucher auf. Ich will mir die Beine vertreten.«

»Dann lieber zum Steg, das erspart uns eine halbe Stunde Arbeit, und den Radierer brauchen wir sowieso erst in Griechenland wieder. Ich denke nicht im Traum daran, das sperrige Ding oben anzuzurren, wo es ständig im Weg liegt und womöglich auch noch Beine bekommt, wenn wir doch noch irgendwo anlegen sollten!«

Es war schon später Vormittag, als wir endlich aufstanden. Ernstl hatte seine Reißnägel wieder eingesammelt, und wir hatten ein reichliches Frühstück im Magen. Es stimmt schon, je mehr man am Abend beziehungsweise in der Nacht isst, umso früher ist man wieder hungrig. Wir legten das Boot vor Buganker mit dem Heck zur Pier und schauten uns die Augen aus nach eventuellen Bewohnern, aber alles blieb ruhig, und die Häuser waren fest verrammelt. Wir gingen an Land und erklommen den rechten der beiden Inselgipfel. Ich hatte in der Seekarte nachgeschaut, es waren nicht einmal zwei Kilometer bis dorthin, und der Höhenunterschied knapp hundert Meter. Trotzdem waren wir in Schweiß gebadet, als wir ankamen, und benebelt vom schweren Geruch der Kräuter. Ich fand Salbei und Oregano, weiter unten sprossen riesige Liebstöckelbüsche. Von Süden herauf zogen gekrümmte Zirrhen, bei uns daheim nennt man das »Regenwurzen«. Der Luftdruck sank langsam, aber beständig. Nicht unbedingt die besten

Vorzeichen. Na, mal abwarten, was der Wetterfunk dazu wusste. Ändern konnten wir es sowieso nicht. Langsam machten wir uns auf den Rückweg. Im Schiff verbreitete sich der satte Duft der Gewürze, die ich an Bindfäden im Salon aufhängte.

»Schau einmal, da kommt einer!« Ernstl war richtig verdattert.

»Und er trägt ein Gewehr!« Martina klang ängstlich.

Ich stellte die Gewürztrocknung ein und sauste hinauf. Wirklich, da kam einer, eine uralte, rostige Flinte im Jagdanschlag, und er sah gar nicht freundlich aus. Der Kerl war schon recht betagt, um seinen Kopf blähte sich ein dichter, weißer Schopf wie eine Krone, aus der die dunkelbraune Halbkugel des Schädels aufragte. Er wirkte fit und muskulös, nur die Haut an den Armen, die die Waffe hielten, war alterswelk. Irgendwie beeindruckend, diese gerade Gestalt mit der ungebändigten Mähne und den weißen Stoppeln um das Kinn. Plötzlich ging ein Strahlen über das energische Gesicht und die Flinte senkte sich.

»Ah, Esterreicher! Das ist schen! Hob ich lange keine Landsleit mehr gesehen! Kommen heier nicht. Ka Wunder, so wie's ausschaut: de bleden Buben werden wieder Krieg machen. Hob ich schon ein paar Mal erlebt. Ist nie was Gutes herausgekommen dabei. Aber immer wieder tun sie's. Ich war noch junger Soldat unterm Kaiser, da war Krieg schon fast vorbei. Grad noch lang genug für Kugel im Arsch. Aber war gute Zeit, und im Herzen bin ich immer noch Esterreicher! Nachher ist dann der ganze Dreck gekommen, ununterbrochen, bis jetzt. Willkommen, Freinde, heite ist guter Tag.«

Er legte seine Flinte auf den Steg und fragte: »Ist gestattet, kommen an Bord?«

»Ja, ja, selbstverständlich, ko-kommen Sie nur«, stotterte Ernstl, und der Alte setzte mit einem Sprung über die Heckplanke. Dann wandte er sich nach hinten und salutierte vor der österreichischen Flagge.

Dann grüßte er ernst, indem er strammstand und ruckartig nickte: »Janos heiß' ich, Großvater war Ungar!«

»Willkommen an Bord, Janos, das ist Martina, dort steht Hannes und ich bin der Ernstl. Aber sag, warum schleppst du die Flinte herum und hast zuerst so bös geschaut?«

»Na, erst habe geglaubt, kommt wieder diebischer Dreck aus Zadar, stehlen unsere Sachen! Kommen in der Nacht, montieren ab alles, was nicht angeschweißt, Generator fir Strom, Lampen, alles, sogar Fenster und Türen. Gesindel kann alles brauchen, aber nix bezahlen. Nix Arbeit, gehen lieber stehlen. Aber dann ich sehe Flagge und weiß, ich bin besucht von Freinde. Kommt zu mir in mein Haus, wollen essen und trinken! Nehmt mit schene Freilein, nix passieren Boot, wo Janos paßt auf!«

Wir folgten dem Veteranen der Kriege eines ganzen Jahrhunderts über den Steg zu einem der kleinen Steinhäuser, wo er erst einmal seine vorsintflutliche Flinte entlud.

»Interessante Patronen, das! Wieso hast du sie mit Isolierband verklebt?«

»No, bin ich net bled, schießen mit Blei auf Leute! Aber, schießen muss, sonst die Ludern haben kane Respekt. Und deswegen machen auf, leeren Kugerln aus und stopfen voll mit Salzbrocken. Dann picken zu, fertig. Wenn kriegste so ane Ladung auf Arsch, schlafen eine Woche auf Bauch, aber bist nicht hin.«

»Aber was ist, wenn die zurückschießen?«

»No, dann hert sich Spaß auf. Ist bis jetzt nicht passiert, aber wer weiß, was noch kommt in Zeiten wie diese. Dafir habe noch andere Waffe, seit zweite Krieg war versteckt, aber jetzt habe da!« Er zog den Mantel, der hinter der Tür an einem rostigen Nagel hing, etwas zur Seite, und da schimmerte brünierter Stahl bösartig im Halbdunkel. Ich kannte das Ding, wir hatten es beim österreichischen Heer immer noch: eine alte russische MP. Komplett mit Trommelmagazin. Mich schauderte.

»Deck das wieder zu, ich mag's nicht einmal sehen.«

»Na, kommt drauf an, wo man steht. Von hinten schaut nicht schlecht aus, aber von vorn, kaner mag sehen!« Er breitete den Mantel wieder über die Waffe und hängte die Flinte über den Nagel. »Schnaperl gefällig?«

»Naja, eigentlich ist es noch zu früh, so auf leeren Magen...«

»Wird nix bleiben leer. Kommen bitte alle mit zu Steg, zeigen, was essen!« Und er schleppte uns wieder zum Boot, löste einen Strick von einem der Poller und zog ächzend einen Holzkasten aus dem Wasser. Wir halfen ihm, das triefende Trumm herauszuheben, und er klappte den Deckel auf. Drinnen krochen riesige, grüngraue Krebse herum. Martina würde doch noch zu einer Languste kommen. Janos zauberte einen alten Sack aus dem Nichts, dann stopfte er acht der Riesenviecher hinein.

»Jetzt werden grillen, wenn gefällig!«

Ich holte Weißwein aus den Vorräten des Eigners vom Boot, und Janos schnalzte mit der Zunge: »Esterreichischer Wein! Hob schon lange nicht mehr getrunken.«

Wir trugen unsere Schätze zur Hütte, Janos kramte ein schwarz verkrustetes Baustahlgitter aus dem kleinen Schuppen daneben und vier mächtige Hohlziegel. Die stellte er auf den steinigen Platz dahinter, wo eine angesengte Stelle von vergangenen Feuern kündete. Zwischen die Steine schichtete er einen riesigen Haufen Reisig, besprengte ihn aus einem Kanister und sagte, als er den wieder weggetragen hatte: »Jetzt treten zurück, ich zünde an!«

Dann warf er ein Streichholz in den Haufen. Ein dumpfes »Womm«, und für Sekundenbruchteile standen wir in einem seichten See aus blauen Flammen. Der Wahnsinnige hatte sein Grillfeuer mit Benzin gezündet!

»Mocht nix, ist kalte Flamme und tut nicht weh! Dafir brennen gleich und bald fertig fir Grillen!«

Martina war schon wieder ganz blass, und Ernstl ließ seinen Atem pfeifend entweichen: »Bin schon gespannt, wie es weitergeht! Womöglich erschießt er jetzt die Langusten mit der MP!«, raunte er mir zu. Und wirklich wurde jetzt der zappelnde Sack ausgeleert. Mit einem sauberen Stich erledigte Janos die Krebse und begann, die Panzer an der Unterseite mit einer Drahtschere aufzuschneiden.

»Mog arme Viecher nicht in kochendes Wasser schmeißen! Wenn schon missen sterben, soll gehen schnell und nicht kochen tot!«

Martina war jetzt eindeutig grün im Gesicht. Vielleicht würde mir dadurch ein Stückchen ihrer Langusten zufallen...? Momentan sah es jedenfalls nicht so aus, als hätte sie viel Appetit. Janos schälte und zerdrückte jetzt Knoblauchzehen mit seinem ziemlich rostigen Messer, mischte sie mit Salz und Öl, dann schmierte er die Masse in den klaffenden Spalt an der Unterseite der Langusten. Von Martina kam ein würgendes Geräusch, und eilig lief sie zum Steg. Wahrscheinlich hatte sie etwas am Boot vergessen. Inzwischen schnitt unser Koch einen eindeutig nicht mehr jugendlichen Laib Brot auf und tränkte die Scheiben mit dem Ölgemisch.

»Wird wieder wie neu, schmeckt ganz gut!«

Dann kam das Gitter auf den hellauf lodernden Haufen und begann sofort zu brennen.

»Wird so ganz sauber, Feier brennt weg altes Öl und alles, was ist noch auf Gitter!«

Es folgte ein langer, gluckernder Zug aus einer Flasche. Deutlich erfrischt wischte er sich die Tropfen aus dem Bart und hielt mir die Flasche hin.

»Kochen wird erst schen durch Durst! Los, probieren!«

Die Flüssigkeit in der Flasche war hell und roch eigentlich nach nichts. Aber vielleicht hatte ich auch noch den Benzingeruch von vorher in der Nase. Ich nahm einen sehr vorsichtigen Schluck. Holla, das schmeckte ja vorzüglich! Ich nahm gleich noch ein Schlückchen. Slibowitz, aber ein ganz milder. Man konnte die Zwetschken förmlich noch beißen. Nachdem auch Ernstl sich bedient hatte, wobei auf seinem Gesicht alle Regungen von tiefem Misstrauen bis zur hellen Begeisterung abzulesen waren, setzte Janos die Flasche noch einmal an, und wieder verschwand ein langer, langer Schluck. Unglaublich, der hatte jetzt ungefähr einen Viertelliter intus, dabei war er über neunzig, nach dem, was er uns erzählt hatte.

»Ist sich richtiges Lebenselexier, macht Alte wieder jung und Kranke gesund!«

Musste wohl so sein. Apropos Kranke. Ich schüttete einen Schluck in ein Wasserglas, das eigentlich für den Wein gedacht war, und brachte es Martina, die allein am Steg saß und Trübsal blies.

»Komm, trink das, dann wird dir gleich besser!«

Gedankenverloren nahm sie das Glas und trank es aus. Dann schüttelte sie sich: »Was war das? Das ist doch Schnaps!«

»Nein, das ist Medizin. Frag Janos!« Und wirklich, sie bekam schon wieder ein bisschen Farbe.

»Ich hab geglaubt, ich muss mich übergeben. Das ist ja unmenschlich, wie der die armen Tiere abgestochen hat!«

»Na, er hat's wenigstens schnell gemacht. So ist das Leben halt. Beruhigend, wenn man an der Spitze der Nahrungskette steht. Da kriegt man zwar die meisten Umweltgifte ab, hat aber trotzdem die höchste Lebenserwartung!«

»Ja, vielleicht. Aber brutal bleibt es!«

»Na glaubst du, wenn du ein Schnitzel isst, ist das Schwein an Liebeskummer gestorben?«

»Erstens ist ein Wiener Schnitzel immer noch aus Kalbfleisch, und zweitens muss ich da nicht zuschauen.«

»Kalbswiener schmecken fad, da ist mir ein Schweinderl schon lieber, und dann denk' doch an das Kalb! Die großen, feuchten Augen! Die langen Wimpern!«

»Bitte, hör auf. Ich glaub, mir wird schon wieder schlecht!«

»Dann brauchst du noch Medizin! Komm, gehen wir wieder zurück, es ist ja alles vorbei!« Widerwillig erhob sie sich. Am Feuer wartete schon Janos, der der Widerstrebenden noch einen großen Schluck eintrichterte.

»Na, schau, wieder alles gut! Ist normal. Leben heißt sterben! Heite Langust', dann morgen ich. Besser Langust', glaub' nicht, dass ich noch schmecke so gut!«

Das Feuer war herabgebrannt, und Janos lud die Krebse auf das Gitter, Rücken nach unten. Es begann zu knacken und zu brutzeln, und kleine Flammen schossen aus der Glut. Die Panzer verloren ihre grüne Farbe und leuchteten bald orangerot. Gleichzeitig fing es an, unwahrscheinlich gut zu riechen. Die Langusten wurden gewendet, ein lautes Zischen, und das Feuer loderte kurz hoch auf. Wie das duftete! Jetzt kam auch noch das Brot auf das Gitter, ganz an den Rand, wo es weniger heiß war. Kleine Pfützen bildeten sich auf unseren Zungen.

»Muss machen ganz langsam, sonst nicht durch. Aber auch nicht zu langsam, sonst nix saftig. Ist richtige Wissenschaft, aber jetzt kennen bald essen! Kapitän, bitte machen auf Wein, ist gerade recht, wenn nehmen vorher noch Schluckerl! In eine oder zwei Schluckerl kennen essen.« Er grinste breit und nahm noch einen Zug von seiner »Medizin«. Dann griff er nach einem Glas Wein und nahm kennerisch den ersten Schluck, rollte ihn auf der Zunge, ließ ihn ein wenig von Wange zu Wange plätschern und schließlich kündete ein kleines Hüpfen seines Adamsapfels vom Ende der Prozedur.

»Ah, Gumpoldskirchner, griner Veltliner, waß ich noch, wie wenn gewesen gestern. Ja, esterreichischer Wein, da geht nix driber!« Sprachs und leerte den Rest des Glases in einem Zug.

Dann hielt er es mir zum Nachschenken hin, was ich prompt und zu seiner Zufriedenheit erledigte, wobei ich mich bemühte, die Flasche so zu halten, dass man das Etikett nicht sehen konnte, denn da stand groß und deutlich »Chablis«. Allerdings hatte ich die Rechnung ohne den Wirt gemacht, denn kaum stand die Flasche wieder am Boden, nahm er sie auf und hielt sie mit gestrecktem Arm von sich, wobei er die Augen spalteng zusammenkniff.

»Ja, Wein aus Wachau, aus Gumpoldskirchen!«

Abgesehen davon, dass ich von der Wachau nach Gumpoldskirchen nicht zu Fuß gehen mag, weil das locker hundertfünfzig Kilometer sind, war es immer noch Chablis. Entweder war er extrem weitsichtig, was ihm altersmäßig durchaus zustand, oder er konnte überhaupt nicht lesen. Dafür verstand er sich umso besser auf die wesentlichen Dinge des Lebens, denn die Langusten schmeckten hervorragend, und das Knoblauchbrot war die vollkommene Ergänzung dazu. Martina hatte sich inzwischen erholt, sodass meine Aussichten auf ihre Langusten wie eine Seifenblase zerplatzten.

Obwohl keiner von uns dreien viel getrunken hatte, waren wir mittlerweile bei der vierten Flasche Wein angelangt, und Janos war nicht mehr zu bremsen. Plötzlich riss er sich das Hemd vom Leib und lief zum Steg. Dort entledigte er sich auch noch seiner Hosen und stürzte sich mit einem platschenden Kopfsprung in das eiskalte Wasser. Schwamm prustend und strampelnd eine Runde und zog sich schwungvoll wieder auf den sonnenbleichen Beton. Schlüpfte überraschend gelenkig in seine Hosen und kam zurückgelaufen, den sehnigen, bronzefarbenen Oberkörper voller Wassertropfen. Rieb sich mit dem Hemd trocken und zog es dann wieder an. Trommelte sich auf die Brust wie Tarzan und brüllte, dass es in der Bucht wiederhallte.

»Na bitte, was sagen jetzt? Geher ich noch lang nix zu alte Eisen! Kraft wie Biffel, Augen wie Adler!« Und er marschierte fast gerade zur Hütte und kehrte mit der MP wieder.

»Um Gottes Willen, was will er mit dem Ding?« Nervös sah mich Martina an, aber ich wusste es selber nicht. Ich wusste nur, dass mir die letzte Wendung der Dinge außerordentlich missfiel. Doch da spie die MP auch schon unter ohrenbetäubendem Peitschen einen blitzenden Bogen Hülsen, und in der Bucht lief eine lange Linie kleiner Wasserfontänen auf ein paar Möwen zu, die sich dort um irgendwas balgten.

»Die Möwen!« Die Möwen waren mir vollkommen egal, ich beobachtete fasziniert, wie die Wassereruptionen hinter unser Boot zu laufen begannen. Im nächsten Moment würde der Wahnsinnige saubere kleine Löcher in den Bug stanzen. Wie sich das fürs Boot auswirkte, daran wollte ich gar nicht denken. Aber da war auch schon Schluss, lediglich die Echos der Salve rollten durch die Bucht. Der Alte ließ die rauchende Waffe fallen und begann, wie ein Bär zu tanzen. »Total besoffen!« Ich lief zu der Waffe und hob sie auf. Hebelte das leere Magazin ab und trat es hinter einen Busch. Dann entfernte ich das Verschlussstück und schmiss es der Trommel nach. Die heißgeschossene Waffe ließ ich achtlos wieder fallen und packte Janos beim Genick:

»Genug Blödsinn für heute. Geh jetzt schlafen!«, und schleppte den Protestierenden zur Hütte, über die Schwelle und zum Bett. Dort ließ ich ihn los, und schwer sackte er auf das Lager.

»War doch großer Spaß«, lallte er. »Bin gleich zwanzig Jahre jünger, wenn trinke Wein!«

»Dann wärst du immer noch siebzig und solltest nicht so viel saufen!« Er murmelte noch etwas Unverständliches und begann fast sofort zu schnarchen. Ich drehte ihn zur Seite und deckte ihn zu. Dann ging ich wieder zu den anderen.

»Er hätte um ein Haar die armen Möwen erschossen«, meinte Martina fassungslos.

»Er hätte um ein Haar unser Boot versenkt«, entgegnete ich grimmig.

»Schau, Besuch!« Ernstl deutete nach Süden, wo eilig ein Fischerboot einlief.

»Um Gottes Willen, hoffentlich kein Polizeiboot!« Martina war ganz zappelig.

»Erstens haben nicht wir geschossen, sondern Janos, also haben wir nicht den mindesten Grund, uns vor der Polizei zu fürchten, und zweitens ist das ganz deutlich kein Patrouillenboot. Die sind weiß oder grau und führen Blaulicht, wie bei uns auch. Das ist ein Fischer. Bin gespannt was der will!«

Das Boot legte bereits an, und während es noch vertäut wurde, sprang schon ein junger Mann auf den Steg und lief, ohne uns zu beachten, zur Hütte. Dann kam er wieder heraus, lief zur hinteren Mole und zog die Langustenkiste an Land. Er öffnete den Deckel, sah nachdenklich hinein, dann warf er ihn zornig wieder zu und kam zu uns. Mit den Händen in den Taschen seiner verwaschenen Jeans, der Zigarette im Mundwinkel und den wirren schwarzen Haaren sah er aus wie ein levantinischer James Dean. Er musterte uns ziemlich ungnädig, spuckte dann den Stummel aus und herrschte uns dann in fehlerfreiem Deutsch an:

»Habt ihr dem alten Trottel Wein gegeben?«

»Erstens ist er kein Trottel, sondern ein bemerkenswerter Mann, und zweitens kann ich mich nicht erinnern, mit Ihnen Schweine gehütet zu haben, also duzen Sie uns nicht!«

Ein stählerner Unterton hatte sich in Ernstls Stimme geschlichen, während er einen Schritt auf den erstaunten Jungen zutrat.

»Ich weiß schon, dass er ein beeindruckender Kerl ist, schließlich ist er ja mein Großvater. Und dass ich Sie in der ersten Aufregung geduzt und dadurch beleidigt habe, tut mir leid. Aber ich habe mir Sorgen gemacht, als wir die Schüsse hörten. Dann sah ich ihre Yacht am Steg und die österreichische Flagge am Heck, und als ich dann auch noch unseren geplünderten Fang sah, da war mir alles klar. Aber wenigstens haben Sie ihm die Waffe weggenommen und ihn ins Bett gebracht. Das letzte Mal, als er dieses Theater veranstaltete, haben Landsleute von Ihnen versucht, mit der MP zu flüchten, und wir mussten sie fast rammen, bevor sie sie wieder hergaben. Er macht das nämlich jedes Mal, wenn er Wein bekommt. Slibowitz kann er trinken, so viel er will, der schadet ihm nicht. Aber kaum trinkt er ein paar Gläser Wein, dreht er durch. Schon gut, das haben Sie ja nicht wissen können. Wo ist denn überhaupt die verdammte Puschka?«

Ich deutete auf das Gebüsch.

»Die edlen Teile liegen da drinnen, der Rest dort im Sand!«

»Na, da hat er morgen wenigstens was zu tun, wenn er seinen Rausch ausgeschlafen hat. Soll er sich das Zeug doch selbst aus den Stacheln klauben!« Er deutete mit dem Kinn auf den Verschluss, der an seiner Federstange am Holzdämpfer in einer Astgabel schaukelte. »Ich werde mir jedenfalls die Hände nicht zerstechen.«

»Warum nehmen Sie ihm das Ding nicht einfach weg, wenn er damit herumballert?«

»Völlig sinnlos. Hab ich schon dreimal gemacht und die Waffen ins Meer geschmissen, aber er hat irgendwo ein ganzes Lager davon und ist völlig unbeeindruckt, wenn ich ihm eine wegnehme.«

»Die Langusten zahlen wir Ihnen natürlich, wir haben geglaubt, sie gehören ihm, und wir hätten auch ihm Geld dagelassen«, mischte sich Ernstl ein. Nun klang er wieder, als könnte er kein Wässerlein trüben.

»Nein, schon in Ordnung, wo die her sind, da gib es noch mehr davon! Sie waren seine Gäste, und er ist mein Großvater. Nur, tun Sie mir einen Gefallen, lassen Sie ihm keinen Wein da!«

»Natürlich nicht. Wieso sprechen Sie übrigens so hervorragend Deutsch?«

»Ja, wissen Sie, ich bin nach der Schule drei Jahre in Deutschland gewesen, um Fremdenverkehrswesen zu studieren. In der Schule hab ich auch schon Deutsch gehabt, dazu drei Jahre Übung, da bleibt schon was hängen. Außerdem bin ich mit einer Deutschen verheiratet. Ihre Eltern kommen auch aus Zadar, aber sie ist in Deutschland geboren und aufgewachsen. Ich habe sie während des Studiums kennen gelernt. Sie ist Diplomdolmetscherin.«

»Und wie kommen Sie mit dieser Ausbildung auf das Fischerboot?«

Er seufzte. »Kaum waren wir wieder in Jugoslawien, ging das Polittheater mit der Teilung des Landes los. Da gab es keine Posten für Leute, die aus dem Ausland zurückkamen. In den Positionen, die ich angestrebt habe, sitzen jetzt Nationalisten, die zwar keine Ahnung, aber dafür gute Beziehungen haben. Das ist doch überall gleich. Also spiele ich hier den Fischer und hoffe, dass ich nicht zur Armee eingezogen werde. Meinen Wehrdienst habe ich noch vor dem Studium erledigt, aber sie ziehen jetzt auch schon Reservisten ein. So betrachtet ist es ein Glück, dass ich nicht Mechaniker bin oder Koch. Fremdenverkehrsfachleute brauchen sie zumindest jetzt noch nicht. Nicht in der Armee und auch nicht in der Verwaltung. Zu Hause herumsitzen mag ich auch nicht, meine Frau ist schwanger, und von irgendwas müssen wir ja leben. Geld sehe ich dieser Tage kaum, aber wir tauschen halt Fisch gegen Gemüse und alles, was wir sonst brauchen. Fisch unterliegt wenigstens nicht der Inflation!«

Na, der hatte genug zu tragen. Ich drängte ihm ein paar hundert Schilling auf, und er ließ sich nicht lumpen: Wir erbten den Rest der Langusten, immerhin noch neun Stück, und er brachte sie bereits ausgenommen zum Boot, was speziell Martina, aber auch mich dankbar stimmte, weil irgendwer sie ja doch hätte umbringen müssen, und das bleibt traditionell am Tierarzt hängen. Wahrscheinlich hätte ich sie frei gelassen und mich dann über die entgangenen Genüsse geärgert. Irgendwie ist so was schizophren, aber so bin ich halt. Tierliebe und Verfressenheit streiten mit wechselndem Erfolg in meiner Brust. Hier war mir die Entscheidung abgenommen worden. Ich war recht froh darüber und fror die Dinger sofort ein.

Eine kleine Weile später tuckerten wir durch die Bucht. Wir hatten uns dafür entschieden, Starigrad doch noch einen kurzen Besuch abzustatten. Denn Starigrad ist erstens eine sehr schöne Stadt auf Hvar und zweitens habe ich dort Bekannte. Ein deutsches Ehepaar und einen undefinierbaren Hund. Vielleicht erinnern Sie sich noch an die Geschichte, die ich am Prüfungstörn erzählen musste und die Peter dann so übertrieben ergänzte. Jedenfalls wollten wir dort noch ein letztes Mal anlegen, um die Lage zu sondieren und eventuell noch einmal unsere Vorräte zu ergänzen. Bisher waren wir jedenfalls ohne unsere Konserven ausgekommen, und vielleicht hatten wir ja auch weiterhin Glück?

Der Wind kam jetzt aus Südwest, und es wehte sich ein. Der Himmel war bedeckt, es war zu warm für die Jahreszeit. Das sah verdammt nach einem Jugo aus, dem unangenehmen Südsturm, der hier öfter sein Unwesen treibt. Vorderhand konnten wir den Kurs nach Starigrad jedenfalls mühelos und unter vollen Segeln anliegen, wie wir gleich nach Verlassen der Bucht erleichtert feststellten. Der Tag neigte sich bereits dem Abend zu, und wir hatten alle einen ziemlichen Sonnenbrand. Bis Starigrad waren es ziemlich genau siebenundfünfzig Meilen, bei dem herrschenden Wetter ungefähr zehn Stunden reine Fahrzeit. Das heißt Ankunftszeit ungefähr vier Uhr in der Früh, Kompasskurs 125°, da lagen wir sicher von Land ab. Später mussten wir vielleicht ein Stück nach Osten korrigieren, aber der direkte Kurs hätte uns ungemütlich dicht unter die Küste gebracht. Kein Problem mit Radar, aber wer wusste schon, was dort los war? Immerhin stand bei Movar ein Funkfeuer für die Luftfahrt, das wusste ich aus der Karte. Sicherlich bewacht. Wahrscheinlich von hysterischen Jungsoldaten voller vaterländischer Ideale und spätpubertärer Indianerromantik. Da wollte ich nicht mit einer Kabellänge Abstand mitten in der Nacht vorbeischippern. Die Reichweite einer Kalaschnikow ist unter Umständen größer als der Horizont des Schützen.

Einen kleinen Umweg war mir unsere Sicherheit allemal wert. Und wer konnte sagen, was aus dem Wetter wurde? Es gelang mir jedenfalls nicht, Split Radio zu empfangen. Irgendeine fast unverständliche Station meldete eine Tiefdruckstörung, das einzige Wort, das ich sicher verstand, war »gale«, und das reichte, um aus mir einen sehr vorsichtigen Navigator zu machen. Und solche halten sich nun einmal fern vom Land, speziell, wenn die Möglichkeit besteht, dass es zum Legerwall wird. Bleiben konnten wir nicht, unsere Bucht bot aufgrund ihrer Lage nicht den mindesten Schutz gegen einen Südsturm. Zurück nach Zadar wollte ich um nichts in der Welt, und irgendwo anlegen konnten wir später immer noch, wenn es haarig wurde. Zwischen Sibenik und Trogir gibt es schließlich genug Häfen. Bis Korfu hatten wir noch ein ziemliches Stück Weg, und obwohl wir auch weiterhin gut in der Zeit lagen, konnte uns das Wetter durchaus noch ein Schnippchen schlagen. Immerhin hatten wir schon Dienstag abend und wurden Samstag nachmittag auf Korfu erwartet. Ein Südsturm konnte uns das noch ziemlich sauer machen.

Endlich hatte ich meine Aufgaben gemacht und schloss das Logbuch. Ernstl stand am Ruder, Martina hatte sich nach der ganzen Aufregung niedergelegt, und ich streckte mich auf der Salonbank aus, voll angezogen und mit einer Festmacherleine um das linke Handgelenk, deren anderes Ende an der Steuersäule angesteckt war. Wenn Ernstl daran zog, weckte mich das zuverlässig. Bald war ich tief und fest eingeschlafen.

Um Mitternacht erwachte ich vom Piepsen meiner Uhr, torkelte schlaftrunken zur Pantry und setzte Kaffeewasser auf. Dann setzte ich mich in die Nav-Ecke und schaltete das Radar ein. An Backbord erkannte ich die Silhouetten von Drvenik Mali und Drvenik Veli. Das war sehr gut, wir waren optimal unterwegs. Von Drvenik Veli näherte sich ein Echo unserem Boot, das unseren Kurs kreuzen würde. Auf den zweiten Blick sah ich, daß es unangenehm nahe kreuzen würde. Ich tappte nach dem Fernglas und wollte hinaufgehen, als ich mit meiner blödsinnigen Signalleine irgendwo hängen blieb. Der Ruck hätte mir fast das Glas aus der Hand gerissen. Im Halbschlaf hatte ich total vergessen, dass ich ja an der Leine hing. Unfreundliches murmelnd band ich mich los und stieg aus der warmen Gruft des Salons in die finstere Kälte des Cockpits. Es hatte zu regnen begonnen. Wir lagen hart am Wind und der unerschütterliche Schatten Ernstls am Rad hob sich nur schwach vom diffusen Glimmen der Hecklaterne ab, die ja in die andere Richtung strahlte. Es war finster wie im sprichwörtlichen Bärenarsch.

»Was, schon Mitternacht«, murmelte mein Co-Skipper, »wie schnell doch die Zeit vergeht, wenn man glücklich ist!«

Besonders fröhlich klang er aber nicht, eher ein wenig lustlos. Ich spähte angestrengt nach backbord voraus, aber dort, wo das andere Fahrzeug sein hätte müssen, war es pechschwarz, und ich sah gar nichts. Ich sauste noch einmal hinunter: Wieder dieses Leuchtpünktchen am Schirm, und immer noch auf Kollisionskurs. Ich schnappte mir den Restlichtverstärker und war zwei Sekunden später auch schon wieder oben. Nichts. Eigentlich kein

Wunder, denn über zweihundert Meter reichte der Schein des Infrarotscheinwerfers am Gerät nicht, und in dieser schwarzen Nacht genügte das Restlicht allein eben nicht.

»Ernstl, wir kriegen Besuch. Da kommt einer ohne Positionslampen genau auf uns zu.«

»Wahrscheinlich ein Küstenwachboot«, murmelte er müde.

»Ohne Licht? Wozu sollte das gut sein? Nein, ich glaube, die haben keine guten Absichten! Ich denke, wir sollten unsere Positionslichter auch aus schalten und kräftig den Kurs wechseln!«

»Und wenn die auch Radar haben?« Plötzlich war er merklich munterer.

»Das werden wir schon merken. Fischer ist es jedenfalls keiner, dazu ist er viel zu rasch unterwegs.«

»Also doch Küstenschutz? Oder Zoll oder Polizei?«

»Oder die freiwillige Feuerwehr. Die hätten doch alle Licht und würden sich nicht im Finstern anschleichen. Ich geh jetzt hinunter und drehe unsere Festbeleuchtung ab. Dann wenden wir und schauen, was sie tun.«

»Ist mir recht, wenn es nur bald Kaffee gibt!«

»Wasser ist schon heiß, aber jetzt gehen wır's erst mal an!«

In nunmehr totaler Finsternis wendeten wir, und als das Boot westwärts zog, stieg ich wieder hinunter. Das andere Fahrzeug hatte den Kurs gewechselt und hielt unter hoher Fahrt auf den Punkt zu, wo wir die Navigatioslampen gelöscht hatten. Ein bleicher Finger tastete über das Meer.

»Du, die suchen uns wirklich!« Ernstl klang erschrocken.

»Das habe ich befürchtet. Schnell die Segel runter, sonst sehen sie uns auf jeden Fall!«

Der Diesel sprang an. Wir bargen hastig die Segel und liefen unter Maschine nach Süden, genau gegen den Wind. Der Regen war jetzt stärker. Von unten konnte ich mich mit Ernstl nur verständigen, wenn ich den Kopf in den Niedergang steckte und schrie.

»Jetzt laufen sie hinter uns durch, vielleicht hundert Meter entfernt!«

Ich packte den Restlichtverstärker und wirklich, jetzt konnte ich das andere Schiff erkennen. Es war ein gedrungenes Motorboot. Im Cockpit tummelten sich mindestens fünf Gestalten, und im Schein des Infrarotscheinwerfers glänzten Waffenläufe. Ich drehte das Nachtsichtgerät ab, damit niemand den kleinen, dunkelrot glimmenden Punkt sehen konnte, und setzte das Gerät ab. Dann erschrak ich. Das Nachleuchten der Verstärkerröhre zeichnete zwei hellgrüne Punkte auf mein Ölzeug. Rasch verstaute ich das verräterische Ding und sah am Radarschirm, dass das Boot jetzt zwar westlich von uns, aber noch immer ungemütlich nahe begann, Suchmäander zu fahren. Gott sei Dank suchten sie nur in westlicher Richtung. Dann kehrten sie um, und das gleiche Spiel begann in östlicher Richtung. Kein Zweifel, sie hatten es auf uns abgesehen. Radar hatten sie aber keines. Nach einer endlosen halben Stunde, die sie noch zweimal in unsere Nähe brachte, drehten sie wieder nach Drvenik Veli ab und führten plötzlich Navigationslichter.

»Das wäre fast ins Auge gegangen! Wenn du nicht zufällig gerade heraufgekommen wärest und nicht das Radar eingeschaltet hättest, dann hätte ich die Bande erst bemerkt, wenn sie uns bereits geentert hätte. Dann würden wir jetzt auf einem ausgeplünderten Boot sitzen oder als Fischfutter im Meer treiben. Herrgott, das ist ja lebensgefährlich. Entweder wir fahren ab jetzt immer zu zweit, oder wir verzichten generell auf Nachtfahrten!«

»Die Nacht war unsere einzige Chance. Bei Tag hätten sie uns auf jeden Fall gehabt. Und ich glaube nicht, dass sich solche Kerle vom Tageslicht abhalten lassen. Sicher, du kannst über Funk um Hilfe schreien, aber selbst wenn dich wirklich wer hört und reagiert, ist alles längst vorbei, wenn die Rettung dann kommt. Da sind die Piraten schon lange wieder weg. Und du kannst nicht jedes Mal, wenn sich dir ein Boot nähert, um Hilfe funken. Bei Tag hätten sie ihre Waffen sicher erst gezeigt, wenn es zu spät gewesen wäre, irgendwas zu unternehmen, und wenn wir dann gefunkt hätten, hätten sie es sicherlich mitgehört und sofort geschossen. Nein, wir müssen so rasch wie möglich weg hier, weit weg von der Küste, und dann auf dem kürzesten Weg nach Griechenland. Mitten im Meer sind wir sicher, da tut uns keiner was!«

»Jedenfalls legen wir in Starigrad an und erstatten Anzeige!«, bestimmte unser Skipper.

»Anlegen ja, aber bevor ich zum Hafenmeister gehe, rede ich mit meinen Bekannten dort und frage sie, was sie davon halten«, hielt ich dagegen.

»Langsam habe ich die Schnauze voll von diesem Törn!«, polterte Ernstl nun. »Von Anfang an nichts als Schwierigkeiten! Erst der vertrottelte Ami, dann der betrügerische Alte, der hinterhältige Versuch Birgits, uns zu diskreditieren und den Törn zu verhindern, fast hätte sie es ja geschafft, der blanke Hass in Zadar, der schießwütige Narr gestern, und jetzt ein klarer Akt versuchter Piraterie! Ja, geht denn die ganze Welt zum Teufel? Hat man nirgends mehr seine Ruhe?«

»Hier jedenfalls nicht«, stimmte ich ihm zu. »Da werden uralte Probleme hochgespült, da regiert jetzt der Hass. Ich glaube nicht, dass das ohne größeren Konflikt abgehen wird. Die meisten versuchen ja noch, den Frieden zu bewahren, den sie schon lang verloren haben, aber es kommen halt auch schon die Wölfe aus dem Wald und machen sich die Hilflosigkeit und Trägheit der ordnenden Elemente für ihr Treiben zu Nutze. Das Einzige, was wir tun können, ist abhauen. Weg von hier und ab nach Korfu! Aber auch das wird kein Spaß. Das Wetter ist gegen uns. So, wie's ausschaut, wird das ein ausgewachsener Jugo, das heißt, wir haben ein paar lustige Tage vor uns mit Starkwind aus Süden, hohen, langen Wellen genau auf die Schnauze und dazu noch Regen.«

»Na, mit dem Wetter muss man immer rechnen, aber auf den Rest kann ich ohne Weiteres verzichten«, brummelte Ernstl.

»Verniedliche das Wetter nicht. Wir sind nur zu zweit, Martina ist zwar gut und auch zu jeder Schandtat bereit, aber du kannst sie unmöglich allein Wache gehen lassen. Das wird noch ein ganz schöner Schlauch!«

Wir banden das erste Reff ein und zogen die Segel wieder hoch. Als ich hinunterging, um den Motor abzudrehen, bekam ich den nächsten Schreck: Es roch nach heißem Metall, und der Topfboden des Wasserhäfens glühte. In der Aufregung hatte ich das Kaffeewasser total vergessen. Rasch drehte ich die Herdflammen ab und dankte meinem Schöpfer, dass der heiße Topf nichts in Brand gesetzt hatte. Dann begann ich, vorsichtig Wasser hineinzuschütten. Der Boden war so heiß, dass die Tropfen, die ich vorsichtig hinein goss, förmlich explodierten. Es krachte richtig, wenn das kalte Wasser den Topf berührte, und dann glitten die Wasserlachen unter infernalischem Zischen wie Quecksilberfladen im Gefäß herum, um alsbald zu Dampf zu werden. Endlich hatte ich den Topf so weit abgekühlt, dass ich ihn wieder füllen konnte, gleich an Ort und Stelle, denn anfassen wollte ich ihn dann doch nicht. Irgendwann gab es endlich Kaffee, und ich brachte ihn in einer Thermosflasche nebst zwei Bechern zu meinem grübelnden Skipper.

»Täterätetä, Kaffee für müde Segler!«

»Also, müde bin ich eigentlich nicht mehr, eher angefressen. Der Iglo kann sich was anhören, wenn wir überhaupt jemals nach Korfu kommen!«

»Der Iglo hat das alles genauso wenig gewollt wie wir. Er ist halt sparsam, und als sich die Gelegenheit zu einem billigen Törn ergab, da hat er zugegriffen. Wir hätten uns ja nicht darauf einlassen brauchen. Und wenn die politische Lage hier stabil wäre, hätten wir so ein Angebot überhaupt nicht bekommen. Da hätten wir für die Überstellung noch zahlen müssen. Die Zeiten sind vorbei, wo du ein Schiff gratis überstellen konntest, es sei denn, du holst es aus Südamerika. Gib also nicht Iglo die Schuld. Wir sind erwachsen und haben gewusst, was uns blühen kann. Da darf man nicht meckern, wenn es wirklich dick kommt. Immerhin ist bis jetzt alles gut gegangen, und langweilig war es keine Minute. Ich glaub, wenn wir uns jetzt zusammenreißen, dann wird es schon gehen. Du geh jetzt einmal schlafen, in ein paar Stunden schaut die Welt wieder anders aus!«

»Nein, nein, bis Starigrad bleib ich heroben. Ich kann jetzt sicher nicht schlafen!«

»Mich hast du ins Bett geschickt, jetzt gehst du! Du bist erschöpft, und in dem Zustand kann ich dich sowieso nicht brauchen. Geh schlafen, dass du wieder was taugst, wenn wirklich Not am Mann ist. Häng dir auch das Schnürl um und leg dich in den Salon. Wenn ich dich brauche, dann zupf ich daran. Los jetzt, hau ab. Das ist meine Wache!«

Er maulte noch ein bisschen, während er seinen Kaffee trank, dann kramte er unten herum, wahrscheinlich schrieb er das Logbuch. Schließlich erlosch das Licht, und kurz darauf schnarchte er so laut, dass ich es selbst am Ruder noch hören konnte. Erst recht hören konnte es Martina, die daraufhin aufstand, sich dick einpackte und heraufkommen wollte. Leider verhedderte sie sich in unsere Alarmanlage und stolperte unter von ihr recht untypischen Äußerungen halbgefesselt auf die Salonbank, also auf Ernstl. Damit waren wieder alle wach. Ernstl erzählte ihr, was sie verschlafen hatte, dann kam sie endlich herauf, und unten ging wieder das Licht aus.

»Das ist ja furchtbar, was er da erzählt hat! Übertreibt er vielleicht ein wenig?« Sie hatte sich und ihren Wortschatz wieder voll im Griff.

»Nein, so kann man das nicht sagen. Er ist übermüdet und sieht daher die Dinge in ihrem schlechtesten Licht. Er wird schon wieder, lassen wir ihn jetzt einmal in Ruhe schlafen!«

»Aber wenn das stimmt, was er mir berichtet hat, dann schwebten wir doch in großer Gefahr. Und ich schlief wie ein Kind!« *Berichtet! Schwebten in Gefahr! Wie ein Kind! Und sie redet auch noch in der Mitvergangenheit! Das tut doch sonst niemand bei uns zu Hause! Warum schlief sie eigentlich? Sie hätte ja auch in Morpheus' Armen liegen können! Puh!*

»Jedenfalls waren wir schlauer als die anderen, und sie haben unverrichteter Dinge wieder heimfahren müssen.« *Weil ich sie durch puren Zufall rechtzeitig entdeckt habe.*

»Ja, weil sie zum falschen Zeitpunkt kamen! Fünf Minuten früher hast du noch geschlafen, und fünf Minuten später hättest du das Radar wieder abgedreht, weil du wusstest, wo wir waren!« Vormachen konnte man ihr nichts.

»Schwamm drüber. Kismet. Es stand nicht im Buch geschrieben, dass sie uns erwischen sollten.«

»Ich glaube nicht, dass das der Zeitpunkt ist für eine fatalistische Weltsicht!«

»Ja, und schon gar nicht für euer ängstliches Gelaber. Wir stecken bis über die Ohren drinnen, also ziehen wir uns am eigenen Schopf wieder heraus, wie weiland der Baron Münchhausen. Sonst können wir gleich wieder heimfliegen. Noch fliegen ein paar Linien Split an. Was dann mit dem Boot passiert, ist allerdings fraglich. Und fraglich ist auch, was der Eigner dazu sagt, wenn wir die Schüssel vom relativ sicheren Norden mitten in das wahrscheinliche Kriegsgebiet bringen und dann genau dort stehen lassen, wo es mit Sicherheit zuerst kracht! Reißt euch jetzt endlich am Riemen, das meiste haben wir schon hinter uns. Von Hvar weg sind wir mitten in der Adria, dort findet uns keiner.«

»Und das Wetter? Wie willst du mit drei Leuten zwei Wachen voll besetzen? Wann sollen wir denn schlafen?«

»Das hätten wir uns in Wien überlegen müssen. Das Wetter ist unberechenbar, und immerhin haben wir fast die halbe Strecke schon geschafft. So ein Jugo dauert doch nicht ewig.«

»Ewig nicht, aber in der Regel immerhin drei, vier Tage, hab ich gelesen. Das wäre für uns schon fatal.«

»Ja, Herrgott, dann kommen wir halt ein, zwei Tage später an. Das hier ist schließlich kein Liniendampfer. Sicher, unangenehm wär's, aber davon geht die Welt nicht unter! Ihr habt mir noch gefehlt, mit euren defätistischen Reden. Es ist, wie es ist, und wir werden das Beste daraus machen. Ich mach mir auch Gedanken, aber ich lasse nicht zu, dass sie mich fertigmachen. Die Jammerei bringt uns jedenfalls nicht weiter!«

Grimmig starrte ich auf den Kompass und dann auf die Uhr.

»In zwei Stunden wird es hell, da sind wir schon in Starigrad. Dort lege ich mich hin, bis die Geschäfte aufmachen. Dann schauen wir, was wir kriegen können und hauen sofort wieder ab. Wenn du herobenbleiben willst, bitte. Nur hör' auf, mir die Ohren vollzusingen. Sicher, wir haben ein Problem. Kommt Zeit, kommt Rat. Wir werden es schon schaffen! Aber nur, wenn wir es auch wirklich wollen. Und damit könntest du langsam anfangen!«

»Womit anfangen?«

»Es zu wollen. Es zuzulassen. Anfangen, positiv zu denken. Aufhören zu zweifeln!«

»Na gut, ist einen Versuch wert!« Aber sie sah weiter skeptisch drein.

»Was drückt dich noch?«

»Naja, Ernstl hat auch gesagt...«

»Ernstl war einfach zu lange auf. Und zu lange allein, bei dem Sch..wetter und mitten in der Nacht. Ich hätte den Armen viel früher ablösen müssen. Wenn du bei dem Wetter, in der Nacht und nach so einem Tag ganz allein am Ruder stehst, stundenlang, dann wirst du unter Umständen richtig depressiv, wenn die Gedanken immer wieder in die gleiche Schiene fallen. Wirst sehen, morgen, das heißt heute, schaut er wieder ganz anders aus.«

Damit hatte ich bis zum Anlegen das letzte Wort gehabt. Um halb fünf schrieb ich ins Logbuch: 0420 landfest an Muring mit Heck an Mole Starigrad. Regen, böiger Wind, fast umlaufend (Landabdeckung) Barometer 980 hpa. Boot hängt an Landstrom. Besatzung schläft (hoffentlich bald). Dann kroch ich in meine Koje und zumindest meine letzte Hoffnung ging sofort in Erfüllung.

Von Hvar nach Korfu

*Der Miesmachertrick – Geentert – Überraschender
Zuwachs – Whisky für harte Männer, Wein für alte
Weiber – Astronavigation für Volksschüler –
Steaks und Wiener Schnitzel – Die Verhaftung,
Birgits Rache (2) – Ende gut, alles gut*

Starigrad im Regen. Eigentlich paßte das Wetter ganz gut zu der Stimmung auf dem Boot. Meinen Versuchen, vorsichtigen Optimismus zu verbreiten, war kein großer Erfolg beschieden, und es war eine eher lustlose Crew, die sich schließlich aufmachte, um die Schiffsvorräte zu ergänzen. Nicht einmal die Tatsache, dass wir alles bekamen, was wir aufgeschrieben hatten, vermochte den Blues aus den Mienen meiner Mitstreiter zu verscheuchen. Drei Leute, das sei zu wenig für eine ununterbrochene Tour von drei Tagen, wir würden an Übermüdung und den Wetterverhältnissen zu leiden haben, der Jugo habe uns gerade noch gefehlt, nach Vieste oder gar nach Bari sei es furchtbar weit, mit einem Wort, die Depression beschränkte sich nicht nur auf den Luftdruck. Die Bar der Deutschen, von der ich so geschwärmt hatte, war mit Brettern verrammelt. Winterpause. Missmutig gingen wir zurück zum Boot. Auf dem Weg zur Mole sah ich plötzlich den Hund, den ich Jahre zuvor von der Himmelstür, an die er schon geklopft hatte, zurückgeholt hatte. Das Vieh war einmalig, ein Irrtum ausgeschlossen. Da ich es für unwahrscheinlich hielt, dass ihn die Besitzer zurückgelassen hatten, überredete ich die anderen, ihm nachzugehen, und tatsächlich führte er uns zu seinem Frauchen, die ebenfalls gerade zu Einkäufen unterwegs war. Sie erkannte mich sofort, aber nach einer kurzen, überschwänglichen Begrüßung ging die Lamentiererei erst recht los. Die Touristen blieben aus, kein Wunder bei der politischen Lage, jeder redete von Krieg, sie wüssten nicht, wie es weitergehen sollte, standen vor den Trümmern ihrer Existenz, die sie sich im fremden Land so mühevoll aufgebaut hatten. Das hatte mir noch gefehlt. Ich wartete nur noch darauf, dass wir im Hafen feststellen mussten, dass auf der EOS jemand die Bodenventile geöffnet hatte und der Kahn abgesoffen war. Doch das Schiff schwamm noch. Immerhin.

»Jetzt mache ich uns ein kräftiges Frühstück, à la carte, ihr braucht nur zu sagen, was euer Herz begehrt!«

»Ach, weißt du, ich habe eigentlich gar keinen Appetit.«

»Ich trinke höchstens einen Kaffee, ohne Milch und Zucker, ich bin so furchtbar müde, mir fallen die Augen schon im Stehen zu.«

Am liebsten hätte ich geschrien und irgendwelche Sachen zerschlagen, am besten solche, die beim Zerspringen furchtbaren Krach machen. Der Törn war vorbei, bevor er noch richtig angefangen hatte. Ich sah uns schon von Split aus heimfliegen, das Boot seinem Schicksal überlassen und Iglo gleich vom Flughafen aus anrufen, damit er alles stornierte und die anderen nicht sinnlos nach Korfu flogen. Die Odyssee war abgeblasen. Jetzt erfuhr ich am eigenen Leib, wie rasch eine Crew zerfällt und wie unaufhaltsam sich ein Steinchen zum anderen fügt, bis das Bild des Desasters komplett ist. Ich hatte liebe, verlässliche Gefährten, aber sie waren ausgehöhlt und verdrossen durch die fortgesetzten Rückschläge, denen wir bisher ausgesetzt gewesen waren. Wir waren zwar gut weitergekommen auf unserem Weg nach Korfu, aber jeder der Zwischenfälle, die uns betroffen hatten, hatte ein Stück Begeisterung gekostet, bis eben nichts mehr übrig war. Und die wahren Schwierigkeiten lagen noch vor uns. Denn es war sicherlich richtig, dass der Rest des Weges ziemlich unangenehm werden und jede Bequemlichkeit missen lassen würde.

Scheißwetter! Das war der Tropfen, der das Fass zum Überlaufen gebracht hatte. Ich erinnerte mich an einen anderen Törn, der ebenfalls unter einem Unstern gestanden hatte. Alles, aber auch wirklich alles war damals schief gegangen. In meinem Seefahrtbuch ist er unter »Katastrophentörn« eingetragen, denn ich taufe alle meine Fahrten, wenn sie zu Ende sind. Es war wirklich ein einziges Malheur gewesen, vom Anfang bis zum Ende, alles hatte sich gegen uns verschworen gehabt, nichts, aber auch wirklich gar nichts hatte geklappt, das Boot war hin, das Wetter unter aller Kritik, und zu allem Überfluss hatten wir einen Raunzer an Bord, der miese Stimmung um sich verbreitete wie eine schwarze Wolke. Dennoch waren wir angekommen. Der Skipper hatte nämlich... Halt, das war die Lösung! Zumindest war es einen Versuch wert! Fast hätte ich durch die Zähne gepfiffen, ließ es aber bleiben, denn Wind hatten wir wahrlich schon genug. Leise und vergnügt vor mich hin brummelnd stellte ich mich an den Herd und kochte eine Mischung aus Kaffee, Kakao und Tubenmilch zusammen, die ich dann schwungvoll mit etwas Cognac und reichlich Wodka verzierte. Schmecken tat das Zeug hervorragend, süß, sämig und nach einem Hauch von Luxus, dazu noch völlig harmlos, ich musste nur darauf achten, dass niemand zu viel davon erwischte. So viel zur Chemie. Den Raunzer musste ich improvisieren, er war schließlich die Hauptzutat des Anschlags auf meine lieben Mitreisenden. Nein, ohne Raunzen ging da nichts mehr. Ich kredenzte die Teufelsmischung im Salon, wo man sich aus purem Mitleid mit mir dazu herbeiließ, das Trübsalblasen kurz zu unterbrechen und einen Schluck zu nehmen. Die erste Tasse kam gut an, und Ernstl griff nach der Kanne, um uns nachzuschenken. Irgendwie waren seine Bewegungen schon schwungvoller als alles, was er bisher getan hatte an diesem trüben Tag. Auch Martina wirkte lebhafter. Ich spürte einen heißen Strom im Bauch und beschloss, dass es Zeit wäre, die zweite Stufe des Plans anlaufen zu lassen.

»Da wären wir also. Wir haben nichts als Zores und Iglo sitzt in Ruhe zu Hause und lässt den Herrgott einen guten Mann sein. Ob sie uns den Hintern abschießen, ausrauben oder sogar zu den Fischen schicken, ist ihm völlig wurscht, Hauptsache, er kann gemütlich nach Korfu fliegen und spaziert dann an Bord, wo er sich als Kapitän feiern lassen kann. Wahrscheinlich hätten sowieso wir die Arbeit gehabt und er hätte nur herumgemotzt und uns angetrieben. Ihm ist nur wichtig, dass er vor seiner Frau gut dasteht, richtig mithelfen kann er sowieso nicht, weil er vom Segeln keine Ahnung hat! Dann wird's halt nichts damit. Recht geschieht ihm. Wir sollen die Kastanien aus dem Feuer holen, damit er sich dann einen guten Tag machen kann! Soweit kommt's noch. Und der Hofrat! Lehnt wahrscheinlich in seinem Chefsessel im Amt, lässt sich von der Sekretärin einen Kaffee bringen und liest dazu die Zeitung, weil ihn interessiert, ob schon was drinnensteht von österreichischen Seglern, die irgendwo in Kroatien im Gefängnis sitzen oder an den Strand gespült worden sind. Leid tut mir nur die Irma! Die kann sich jetzt von den anderen anhören, was wir für Versager sind.«

Ernstls Ohren zuckten schon und so legte ich noch ein Schäuferl nach:»Wetten, die haben gleich gewusst, dass wir es nicht schaffen? Ich kann Minni direkt hören, wie sie Iglo vorhält, er hätte wieder einmal Mist gebaut, wie immer, und sie hätte gleich gesagt, mit der blasierten Vorschotbraut würden wir nicht weit kommen.«

Jetzt röteten sich auch die adeligen Öhrchen vom Andrang blauen Blutes. Doch ich fuhr grimmig fort:»Na, uns kann's egal sein, was die von uns halten, wenn sie es besser können, dann dürfen sie es ruhig probieren. Wir haben jedenfalls unser Bestes gegeben, Ernstl ist ein guter und auch verantwortungsbewusster Skipper, und Irma wird einsehen, dass wir unter den herrschenden Umständen nicht mehr erreichen konnten. Das mit den Möchtegernpiraten von gestern wird uns zwar niemand abnehmen, aber wir haben schließlich auch so noch genug mitgemacht. Wir sind unwirsch behandelt worden, dann hat man uns blöd angeredet, und zu guter Letzt hat uns ein Besoffener erschreckt. Regnen tut's auch noch. War halt nichts. Okay. Ich geh jetzt jedenfalls meine Sachen packen. Eine Bitte hätte ich noch, Ernstl. Ich glaube, das Boot lassen wir besser hier, in Starigrad, da ist es weiter vom Schuss als in Split, wir können ja die Fähre nehmen.«

»Jetzt renn' doch nicht davon! Wegen ein paar Kleinigkeiten geben wir doch nicht gleich auf! Außerdem glaub ich nicht, dass die anderen so denken würden. Du siehst das viel zu schwarz!«

»Na, ich weiß nicht, der Minni trau ich so manches zu. Schon allein, um dem armen Iglo eins auszuwischen, könnte sie sich versucht fühlen, unsere Bemühungen zu verunglimpfen!«, mischte sich auch Martina ins Gespräch. *Versucht fühlen! Verunglimpfen! Gute Güte, wie hochgestochen! Aber, hurra, es klappt! Sie ziehen wieder an einem Strang!*

Ernstl setzte sich schnaubend in die Navigationsecke, Martina verstaute unseren Einkauf und ich gedachte fast mit Dankbarkeit der Kreatur, die mir einen ganzen Törn vermiest hatte. Der hatte mit seinem ewigen Jammern zuverlässig immer das Gegenteil von dem erreicht, was er wollte.

»Also, raus aus der Bucht, dann Kurs Palagruza, oder meinetwegen auch gleich noch südlicher. Auf nach Vieste. Geh'n wir's an, wir haben noch ganz schön weit!«

Ich sprang förmlich auf die Beine.

»Jawohl, mein Herr und Gebieter, dein treuer Sklave macht sich gleich an die Arbeit. Doch schön, wenn etwas weitergeht!«

Er musterte mich sinnend und so etwas wie ein Verdacht glomm in seinen Augen. Ich bewegte mich gleich langsamer. Nur nicht übertreiben. Leute manipulieren, gut. Tun schließlich alle. Dabei erwischt werden, blöd. Dann passen sie das nächste Mal nämlich besser auf.

Mittags liefen wir wieder aus. Wir hatten nicht einmal für den Landstrom bezahlt, denn es war kein Mensch da gewesen in der Hafenmeisterei. War uns auch recht, wir nahmen es als Vergütung für gehabte Zores. Wir motorten aus der langen Bucht, weil der Wind ununterbrochen umsprang. Erst hinter Pakleni Otoci gab es so was wie eine konstante Windrichtung, und flugs waren wir wieder ein Segelboot. Aus Süden zogen hohe, aber gleichmäßige Wogen heran. Manche brachen mit Schaum auf den Kämmen. Gischt wehte dann im heftigen, steten Wind über das Boot, aber das machte auch keinen Unterschied mehr, denn es regnete sowieso ununterbrochen weiter. Im Großen und Ganzen konnten wir den Kurs recht gut halten, und die Bootsbewegungen waren keineswegs so unangenehm, wie ich befürchtet hatte. Bald zog an Steuerbord die Silhouette von Vis vorbei. Als Österreicher kann ich nicht umhin, festzustellen, dass das die Insel ist, die früher Lissa hieß und dass hier die berühmte Seeschlacht geschlagen wurde, derer ich immer gedenke, wenn ich den Riesenkreisverkehr in Wien, den Praterstern, umfahre, denn dort steht das Denkmal Admiral Tegethoffs, des einzigen bekannteren österreichischen Seehelden. Ich meine, Seehelden haben wir mehr gehabt, aber er war der Einzige von ihnen, der auch gewonnen hat. Und das macht halt einen Mordsunterschied. Fallen für Gott, Kaiser und Vaterland, schön, das war ein Ding. Was aber wirklich zählte, das war gewinnen. Und da war er eben der Eine. Die anderen hielten es mehr mit der undankbaren Beschäftigung des pflichtbewussten Absaufens. Das gab bestenfalls ein paar Zeilen in einem Geschichtsbuch und unter Umständen eine Witwenrente, aber niemals ein Denkmal. Schlagender wurde nie bewiesen, dass Dabeisein eben nicht zählt und schon gar nicht alles ist. Da knistert der olympische Gedanke leise, weil er halt nur auf dem Papier steht. Andererseits beruhigend, diese Beschränkung auf Sieger, sonst wäre kein Weiterkommen auf der Straße vor lauter Denkmälern. Na, jedenfalls schaukelten wir an Vis-Lissa vorbei, ausnahmsweise mit mir am Ruder, weil Ernstl gerade die Windeln wechselte, denn er hatte vergessen, sich rechtzeitig mit einem Schal oben herum abzudichten, und in der Folge hatte sich sein Pullover wie ein Schwamm schön langsam vollgesogen. Bemerkt hatte er es erst, als die Feuchtigkeit begann, seine unteren Regionen aufs Unangenehmste zu erforschen. Jetzt steckte er den Kopf aus dem Niedergang und schaute verwundert. Das wieder beunruhigte mich, denn heroben gab es überhaupt nichts Neues. Also mußte der Grund unten liegen, und die Vermutung lag nahe, dass es nichts Angenehmes war.

»Geh, schau dir einmal das Radar an. Ich hab's Martina erklärt, und dabei ist mir was Komisches aufgefallen. Wart, ich lös dich wieder ab.«

Wahrscheinlich ein paar Regenböen, bei dem Wind und bei der Welle war unsere Anlage viel zu niedrig montiert, um irgendwas Verlässliches zu liefern. Aber meinetwegen, schaute ich mir's halt an, heroben war es sowieso ungemütlich. Wir tauschten die Plätze, und ich ging hinunter. Erst mal legte ich den Südwester ab und dann die Ölzeugjacke. Schon viel besser. Dann sah ich mir den Schirm an. Wie ich erwartet hatte, war alles voller Echos, die wie D-Züge über das Bild fuhrwerkten. Ich spielte eine Weile mit den Dämpfungen, aber das Ergebnis blieb unbefriedigend. Aber schließlich sah ich es auch. Jedes Mal, wenn wir auf einem Wellenberg ritten, gab es ein paar deutliche Echos am oberen Bildrand, also genau in Fahrtrichtung. Ich kontrollierte die Einstellung für die Reichweite. Maximum. Rechts, jetzt schon hinter der Bildmitte, die Insel Vis, überall die Regen- und Wellenechos, die andauernd den Platz wechselten und so eine Art Schneegestöber am Schirm auslösten, nur vor uns, immer am gleichen Ort, die ständig wieder auftauchenden Punkte. Da war wirklich was. Das mussten Schiffe sein, denn sonst gab es da vorn nichts, außer der Insel Susac. Deren Echo war zwar auch zu sehen, aber es bewegte sich nicht. Das haben Inseln nun einmal so an sich. Die anderen aber strebten langsam, aber unaufhörlich in Richtung Italien. Nun kann man am Radar die Entfernung anhand der konzentrischen Kreise recht leicht bestimmen. Die Echos waren zwischen dreizehn und zwanzig Meilen von uns entfernt, Susac siebzehn. Noch etwas fiel mir auf: Die Echos bildeten eine Pfeilspitze in die Richtung, in der sie liefen. In der Mitte des Pfeils gab es zwei einzelne Lichtpunkterln, das Ganze erinnerte irgendwie an einen Flug Wildgänse, sah man einmal vom irregulären Innenleben ab. Vom Mittelecho, das seltsamerweise nach Süden lief, quer zur Hauptfahrrichtung, lösten sich hie und da winzige, schnelle Pünktchen, die aber unheimlich rasch wieder verschwanden. Plötzlich barst ich fast vor Aufregung. Das musste ein Flugzeugträger sein, der gerade seine Schützlinge in die Luft katapultierte, samt seinen Begleitschiffen. Wahrscheinlich ein amerikanischer Konvoi, eventuell auch ein russischer. Eher unwahrscheinlich, denn die Russen traten seit der Auflösung der Sowjetunion recht selten in Erscheinung, weil der Rubel seit geraumer Zeit in die falsche Richtung rollte, nämlich talwärts. Und eine derartige Show auf die Straße bringen, das kostet was. Nein, das waren sicher Amis. Ein amerikanischer Trägerverband in der Adria! In der Mitte der Protagonist mit seinen furchtbaren Waffen, aber sonst recht empfindlich, und das ebenfalls eher hilflose Tankschiff. Die politische Lage musste noch wesentlich kritischer sein, als ich gedacht hatte, denn auch die Amerikaner schöpften längst nicht mehr aus dem Vollen. Ihre Anwesenheit im Mittelmeer war ein offenes Geheimnis, aber für gewöhnlich trieben sie sich eher vor Israel oder Libyen herum. Dass sie jetzt in der Adria waren, war kein beruhigendes Signal.

»Na, sag schon, was siehst du? Erst rennt Ernstl hinauf, wie von der wilden Hummel gestochen, dann versinkst du in Trance. Will mir nicht endlich wer sagen, was los ist?«

Ich hatte Martina völlig vergessen.

»Offensichtlich ist der Bär los, das ist ein amerikanischer Trägerverband!«

»Und, was trägt er?«

»Kampfflugzeuge vom Jäger bis zum Bomber, Hubschrauber, jede Menge Raketen, A-Waffen, lauter wenig schöne Sachen, die ich mir hier bestimmt nicht wünsche. Dazu jede Menge Begleitschiffe, vom Raketenkreuzer über Zerstörer bis zu den Schnellbooten, vielleicht ein paar U-Bootjäger, was weiß ich. Da draußen schwimmt ein Arsenal herum, mit dem man ganz Exjugoslawien in die Steinzeit zurückschießen kann.«

»Na, dann werden sie wenigstens einen Krieg verhindern, schon allein durch ihre bloße Anwesenheit!«

»Mach dir nichts vor. Das Einzige, was sie verhindern wollen ist, dass sich die Russen einmischen. Weil die nämlich am liebsten mit den Serben mitspielen würden. Gleichgewicht des Schreckens, gestern, heute, morgen.«

»Gott, am liebsten wäre ich jetzt zu Hause!«

»Dort ist die Situation auch nicht anders, wenn es kracht. Nur sieht man aus der Nähe mehr. Das ist der ganze Unterschied. Vergiss es und freu dich auf Griechenland. Wir haben's bald hinter uns. Schließlich gibt es Krisen, seit wir auf der Welt sind. Der einzige Unterschied ist, dass das da draußen nicht Fernsehen ist, sondern die ungefilterte Realität. Hier sieht man mit den eigenen Augen und macht sich seine Gedanken, statt sie vom Kommentator vorgekaut zu bekommen. Und man kann sich nicht mehr vormachen, dass einen das alles nichts angeht. Alles, was uns von unserem normalen Zustand der Bewusstlosigkeit trennt, ist die unmittelbare Sichtweite. Dabei ist es in Wirklichkeit völlig egal, wie weit man von einem Konflikt weg ist, solange er beschränkt bleibt und man nicht unmittelbar drinnen ist. Und bleibt er nicht beschränkt, dann ist es erst recht wurscht.«

»Das ist ein ziemlich unerfreulicher Gedanke.«

»Ja, aber du kannst nichts daran ändern, nicht durch das Absingen von Protestliedern und auch nicht durch Flowerpower. Das lässt sich nur verdrängen. Und im Verdrängen sind wir sowieso alle Weltmeister. Ich freue mich jetzt schon auf Iglo und Ithaka, in der Zwischenzeit schaue ich halt weg. Nicht, weil ich es nicht gern ändern würde, sondern weil ich sowieso nicht den mindesten Einfluss habe. Schließlich bin ich nicht die NATO und auch nicht die EU, sondern nur ein kleines Menschlein, das sein Leben so ruhig und glücklich wie möglich führen möchte. Immerhin habe ich nur das eine, und wenn ich es vergrüble, ist es irgendwann genauso vorbei, wie wenn ich versuche, es zu genießen. Ich werde helfen, wo ich kann, aber dort, wo ich das nicht kann, mache ich einfach die Augen zu. Ich muss nicht alles sehen, ich will nicht alles wissen. Und ich kehre lieber vor meiner eigenen Tür, da gibt es genug Dreck, als vor der von anderen. Sogar wenn mir einer sagt, dass Christus auch für mich gestorben ist, für gewöhnlich sind das sowieso aggressive Selbstbeweihräucherer, ist das Einzige, was mir dazu einfällt, dass ich viel lieber in einer Welt leben würde, wo niemand für irgendjemanden stirbt, wenn schon überhaupt gestorben werden muss. Komm, hören wir auf damit, sonst kommt's mir hoch! Ich gehe jetzt hinauf zu Ernstl, der muss ja schon glauben, dass ich mich verlaufen habe.«

In der Plicht schaute mir mein Co-Skipper gespannt entgegen: »Hab ich Recht?«

»Ja, leider.«

»Na, ändern können wir es sowieso nicht, also weiter im Text!«

»Meine Rede. Was hältst du von einem heißen Tee?«

»Ja, also, bevor ich mich schlagen lasse...«

Ich wollte mich hinunterhangeln, aber Martina, die mitgehorcht hatte, stand schon am hüpfenden Herd.

»Verbrenn dich nicht! Das ist ziemlich schwierig.«

»Hast du schon einmal ein Kind geboren?«

»Blöde Frage, natürlich nicht.«

»Siehst du, das ist auch ziemlich schwierig.«

Wenig später saßen wir alle im Cockpit und versuchten, uns nicht den Mund zu verbrennen und auch nicht allzu viel auszuschütten. Der Tee war großartig und die Flotte vor uns wieder etwas geschrumpft. Allerdings bekamen wir bald danach Besuch. Und zwar von einem Schnellboot, das wohl schauen wollte, ob wir nicht heimlich ein Attentat auf den Verband planten. Wir wurden eher barsch gefragt, woher und wohin des Weges, und ich antwortete ebenso barsch, dass wir hier in internationalen Gewässern seien und mit gutem Recht täten, was immer wir wollten. Das hatte der Frager nicht hören wollen und er beharrte auf einer Antwort. Daher vertrat ich in fragwürdigem Englisch, aber im Brustton der Überzeugung meine Ansicht, es ginge ihn einen Schmarrn an, was wir hier täten, wir ließen ihn schließlich in Ruhe, er möge das mit uns gefälligst auch tun. Irgendwie schien es mir, als wäre das keine sehr glückliche Wortwahl gewesen, als ich plötzlich in zwei ziemlich große Löcher schaute, die das Ende von etwas darstellten, was man auf einer Lafette drehen konnte. Und wieder ein paar Sekunden später wimmelte es auf dem Boot von Leuten aus dem Nichts, die alle ziemlich unfreundlich wirkten.

»Du und dein großes Maul«, seufzte Ernstl, und Martina nickte dazu trübe. Aber ich bekam jetzt erst richtig Wut, und alles, was mir die letzten Tage widerfahren war, kam auf einmal hoch.

»So that's the way you save the world! The great shield and armour against the Lord of the Dark! Terror and acts of violence against harmless sailors in the Mediterranian Sea? You're far away from home, gents, so it would be nice, if you tried to behave yourselves a little bit like human beings. We hardly can be a menace for your ships, not even for the smallest one, so be nice and leave us alone. Fuck off and eat your guts!«

Einer der Marines sprang auf mich zu und hob seine Waffe, um mich damit zu schlagen. Eine scharfe Stimme gebot ihm Einhalt, ein bulliger Mann mit den Eisenbahnschienen eines Captains am Kragen trat vor und musterte mich interessiert, wie man ein seltenes Insekt betrachtet. Eigentlich schaute er ganz freundlich drein, man sah ihm an, dass er gern lachte, und überhaupt wirkte er ganz sympathisch, wie ich mir widerwillig eingestehen musste. Die folgende Diskussion gebe ich auf Deutsch wieder, auch wenn sie in Englisch geführt wurde.

»Wir haben ein ziemlich großes Maul, nicht?«

»Jedenfalls plagt mich nicht die Paranoia, die Sie zu haben scheinen. Wir haben das gleiche Recht, hier zu sein, wie Sie. Sie können unmöglich glauben, dass unser Boot eine Gefahrenquelle für ihren Verband darstellt. Wir bewegen uns mit der unglaublichen Geschwindigkeit von fünf Knoten mühsam durch die

Gegend, aber Sie halten es offenbar trotzdem für unumgänglich, uns zu sekkieren. Was glauben Sie eigentlich, mit wem Sie es zu tun haben? Fürchten Sie, dass wir bis zum Deck voller Dynamit stecken? Wir könnten Sie ja noch nicht einmal einholen! Oder glauben Sie, dass der KGB jetzt Segelyachten einsetzt, um Sie auszuspähen?«

»Jetzt halten Sie doch endlich den Mund! Wir tun schließlich nur unsere Pflicht!«

Sehr gut, wenn er begann, sich zu verteidigen, dann hatte er nicht das beste Gewissen. Ich wäre mir an seiner Stelle auch lächerlich vorgekommen.

»Schön, wenn es Ihre Pflicht ist, harmlose Leute zu schrecken, dann ist Ihre Mission erfüllt.«

»Gar so geschreckt kommen Sie mir gar nicht vor.«

»Ja, aber nur, weil ich immer noch zu der Ansicht neige, dass Ihr Volk zu den zivilisierten zu rechnen ist. Auch, wenn's momentan eher nicht so aussieht. Was ist denn zum Beispiel mit Ihrer viel gerühmten Freiheit der Rede, wenn Sie das Sagen nur für sich in Anspruch nehmen? Wir haben Ihnen nichts getan, wir könnten es ja nicht einmal, wenn wir wollten. Aber Sie kommen hier an, bewaffnet bis an die Zähne, jedenfalls im Vergleich zu uns, entern uns und führen sich überhaupt auf, als wären wir erbitterte Feinde Ihres Landes. Dabei haben wir auch ohne Sie schon genug Probleme!«

Er runzelte die Stirn: »Probleme? Welche? Ich meine, außer denen, die Sie sich mit Ihrer großen Lippe einhandeln?«

»Vielleicht wäre die Lippe nicht gar so groß, wenn wir nicht seit Tagen ununterbrochen Ärger hätten!«

»Na, dann schießen Sie einmal los, erzählen Sie Daddy Bill, was Ihnen über die Leber gelaufen ist!«

Und ich erzählte ihm die ganze Geschichte. Er wirkte ziemlich erheitert, bis ich zu den Piraten kam. Sein Gesicht verschloss sich, und er nickte mehrmals gedankenvoll.

»Also kriechen schon die Ratten aus ihren Löchern! Dann wird es nicht mehr lange dauern, bis es hier losgeht. Wenn einmal die zivilen Ordnungskräfte versagen, dann ist es meist so weit. Dann bekommt das Gesindel Oberhand und beginnt völlig ungeniert, in aller Öffentlichkeit zu rauben und zu plündern. Weiß Gott, ich habe das schon zu oft erlebt!«

»Naja, und dann noch das Wetter. Wir haben den Wind genau auf die Schnauze und nicht mehr viel Zeit. Die Lady, die wir an Bord haben, ist zwar tüchtig, aber noch ganz neu auf See. Damit bleiben nur dieser Stumme da drüben und ich. Viel schlafen werden wir nicht in den nächsten Tagen!«

»Lassen Sie mich überlegen. Vielleicht kann ich den ersten Eindruck, den Sie von uns haben, etwas korrigieren.« *Wie denn, willst du uns nach Korfu beamen? An der Entfernung wird die ganze amerikanische Flotte nicht rütteln können, auch nicht am Wetter. Was also gibt es nachzudenken?* Der Captain sprach längere Zeit in das Funkgerät, das einer seiner Männer trug. Dann wandte er sich mit breitem Grinsen an mich: »Würden Sie eventuell zwei weitere Crewmitglieder bis Korfu akzeptieren, Käpt'n? Einer davon spricht perfekt Deutsch, beide haben ab sofort Urlaub, und beide sind alte Segler, die schon zu lange auf einer Sardinenbüchse Dienst tun. Verpflegung wird gestellt, allerdings nur K-Rations. Ihnen ist damit gedient, und wir hätten auch unseren Spaß.«

»Also, ich bin überwältigt. Sie schickt der Himmel. Allerdings bin nicht ich der Skipper, sondern der da mit dem offenen Mund. Aber soweit ich das seinem Geschau entnehmen kann, ist er einverstanden. Oder?«

Ernstl nickte mehrmals enthusiastisch, brachte aber immer noch keinen Ton heraus. Plötzlich begann er schallend zu lachen. Er schlug sich auf die Schenkel, die Tränen rannen ihm herunter, und er konnte kein Ende finden.

Ich grinste verlegen zu dem amerikanischen Offizier hin. »Das hat er manchmal, der arme Kerl. Aber bis jetzt ist es immer noch vorbeigegangen. Jedenfalls sind Sie hoch willkommen an Bord. Das hätte ich nie geglaubt, so wie Sie bei uns hereingeplatzt sind.« Dann drehte ich mich zu unserem Käpt'n um: »Ernstl, beherrsch dich!«

Aber der schrie weiter vor Vergnügen, auch wenn er inzwischen schon mehr keuchte. Captain Bill musterte ihn neugierig.

»Eigentlich müßte er langsam blau anlaufen!«

Ernstl sah ihn groß an, dann prustete er wieder los.

»Okay, der braucht noch ein Weilchen. Wir verlassen Sie jetzt, aber ich komme mit John wieder, wenn wir uns umgezogen haben. So in einer Stunde oder eineinhalb. Unsere Zivilsachen sind nämlich auf einem anderen Schiff.« Er drohte mit dem Finger. »Laufen Sie nicht weg, ich freue mich schon auf die Fahrt!«

Ein kurzer, scharfer Befehl, und wir waren wieder allein. Trotz des Seegangs, trotz des Regens waren sie wie weggeblasen. Binnen zehn Sekunden war der ganze Spuk verschwunden, die Bordwaffe schwenkte von uns weg und mit einem tiefen Grollen nahm das Patrouillenboot Fahrt auf. Bald war es in Gischt und Regen verschwunden. Ernstl beruhigte sich allmählich.

»Entschuldige, das waren die Nerven. Ich seh' dich schon hinter Gittern, ohne Zähne, und dann stellt sich plötzlich heraus, dass du zwei Mann angeworben hast. Das war in dem Moment so komisch, dass ich einfach lachen musste. Na, und dann habe ich einfach nicht mehr aufhören können.«

Also kletterte ich wieder einmal nach unten, um mein Zeug in Ernstls Kabine zu schaffen, denn wir mussten unsere Verstärkung schließlich irgendwo unterbringen. Dabei bemerkte ich, nachdenklich und nur so für mich, wie unkonventionell diese Amerikaner doch waren. Zwei, drei Worte am Funk, und zwei Marines bekamen tagelang Urlaub, um ein paar unbekannten Seglern zu helfen. Aber nicht nur das, sie mussten schließlich wieder zurück zu ihrem Verband, irgendwer musste sie ja auf Korfu wieder abholen! Das kostete Zeit und Geld. Und doch war die Sache in nicht einmal fünf Minuten entschieden worden. Wenn ich mir vorstellte, was geschehen wäre, hätte ich einmal meinem Bataillonskommandanten einen ähnlichen Vorschlag gemacht, wurde mir schwindlig. Der hätte mich wahrscheinlich psychiatrieren lassen. Einmal abgesehen davon, dass er solche Extratouren sowieso nicht auf Ebene des Bataillons genehmigen hätte können, ohne mit ernsten Konsequenzen rechnen zu müssen, wenn dabei etwas geschah, und das war keineswegs auszuschließen. Als ich wieder oben ankam, war das Boot der Amerikaner erneut in Sicht. Es rauschte in einer Wolke stiebenden Wassers heran und warf quasi im Vorbeifahren Bill und John ab, dazu einen Haufen wasserdicht verpackter Bündel.

»Nix K-Rations. Der Smut hat ein Herz für uns gehabt, ich darf gar nicht daran denken, was er dafür an Gegenleistungen erwarten wird. Verhungern werden wir jedenfalls nicht.«

John stellte sich in fließendem bayrisch gefärbtem Deutsch mit ein paar drolligen Amerikanismen vor. Er war Sergeant bei den Marines, und, wie auch Bill, in Zivil. Bis auf den überkorrekten Haarschnitt wären die beiden ohne Weiteres als Studenten durchgegangen. Was sie aus jeder Menge gleichaltriger Männer allerdings sofort hervorgehoben hätte, waren die sparsamen, absolut beherrschten Bewegungen und die drahtige Figur. Drahtig, ja, das war der richtige Ausdruck dafür. Da war nichts von den wogenden Muskelbergen diverser Kraftsportarten oder gar den überquellenden Fleischwülsten, wie sie Bodybuilder mit sich herumschleppen, und doch sprach aus jeder Bewegung der beiden verhaltene Kraft und die Eleganz großer Katzen. Martina bekam sofort große Augen, aber alles, was recht ist, ich konnte das durchaus verstehen. Neben den zwei Soldaten kam ich mir vor wie eine Qualle. Wir schleppten das ganze Zeug erst einmal in den Salon, wo sie mit dem Auspacken begannen. Neben der persönlichen Ausrüstung wie Ölzeug, Pullovern und so weiter gab es jede Menge Fressalien. Der Küchenbulle hatte sich wahrlich nicht lumpen lassen. Sie hatten sogar eine Flasche Whisky mitgebracht, die sie nur kaufen durften, weil sie Urlaub hatten. Sonst sind die Gebräuche bei den Marines, was Alkohol betrifft, eher rigoros. Auf den Schiffen gibt es nichts Stärkeres als Bier, und selbst das ist streng rationiert. Außerhalb der Häfen führen die Jungs ein eher mönchisches Leben. Aber anders wäre die Disziplin wohl nicht aufrecht zu erhalten. Man stelle sich vor, ein derartiger Verband von Kampfschiffen mit beduselten Besatzungen!

Bill und John fügten sich mühelos in das Bordleben ein, waren kompetente und in Sachen Sicherheit kompromisslose Segler. Und obwohl das keineswegs zur Ausbildung der Marines gehört, bewies John im Laufe des Nachmittags, als sich kurz die Sonne zeigte, dass er ein Meister im Umgang mit dem Sextanten war. Irgendwie schaffte er es sogar, mit der unruhigen und selten zu sehenden Kimm auszukommen, sein Wahrer Ort fiel mit dem des GPS fast zusammen. Noch lange, nachdem die Sonne wieder verschwunden war, spiegelten wir unter seiner Anleitung irgendwelche Wolkenränder auf den Horizont herunter und verglichen die Werte. Er war ein geduldiger Lehrer, der sich seine diesbezüglichen Fähigkeiten auf international besetzten Langfahrten angeeignet hatte.

»Am besten macht ihr euer Besteck zu Mittag. Da geht es am leichtesten, und ihr habt ohne großen Aufwand Länge und Breite. Für beides braucht ihr den Kulminationspunkt der Sonne, für die Breite den Höhenwinkel, für die Länge den genauen Zeitpunkt. Den mittelt man aus zwei Beobachtungen, eine davor und eine danach. Die Zeit zwischen den Messungen mit gleichem Winkel halbiert man einfach... Nein, Hannes, mit einer Messung geht es nicht! Du vergisst, dass die Sonne einige Minuten unter dem gleichen Winkel erscheint. Und hier ist der genaue Moment gefragt. So, und jetzt zeige ich euch, wie einfach die Rechnungen

sind, wenn man einmal auf den ganzen Klimbim verzichtet...«
Und er zeigte uns ein watscheneinfaches Verfahren zur Berechnung des Wahren Ortes.

Bill hingegen erwies sich sowohl als beherzter Vorschiffgorilla, als auch als begnadeter Smut selbst unter den herrschenden widrigen Wetterbedingungen. Während wir begeistert die Volksschulvariante des Mittagsortes durchspielten, zauberte er ein typisch amerikanisches Mahl mit dicken, texanischen Steaks, dazu Kartoffelpüree (aus frischen Kartoffeln!) und dem unvermeidlichen Zuckermais. Erstaunlicherweise aber weder Ketchup, noch Tabasco. Dafür jede Menge gebratene Zwiebelringe, die er zuvor mit einer Art Bierteig überzogen hatte, eine Spezialität aus seiner Heimat Idaho, wie er sagte. Wir fraßen wie die Ausgehungerten und hatten nachher fürchterliche Blähungen. Aber so schlimm war's nicht, dadurch saßen wir noch lange im Cockpit zusammen. Ununterbrochen mussten wir Geschichten aus dem alten Wien der Kaiserzeit erzählen, unsere Gäste (und Gastgeber) konnten gar nicht genug davon kriegen. Gott sei Dank hatte Martina einen nicht enden wollenden Schatz davon, und John kam aus dem Übersetzen nicht mehr heraus, denn Martina spricht zwar fließend Französisch, aber ihr Englisch ist noch dürftiger als meines. Dann schauten wir uns gemeinsam die Karte an und beschlossen, Vieste zugunsten der Diretissima fallen zu lassen. Wir steckten den neuen Kurs ab, und ich übernahm mit Bill die erste Wache. Die anderen verschwanden gähnend. Von Whisky war noch nicht einmal gesprochen worden, dafür ununterbrochen vom Heurigen. Und doch hatten die beiden jeden Schluck Wein standhaft abgelehnt.

»Trinkt ihr überhaupt keinen Alkohol?«
Bill musterte mich so verwundert wie ich ihn.
»Nicht vor einer Wache! Höchstens einen Schluck vor dem Zubettgehen. Wieso, trinkt ihr während der Fahrt?«
Er sah jetzt ausgesprochen misstrauisch aus und ich beeilte mich, ihm zu versichern, dass auch wir ziemlich abstinente Fahrensleute seien, aber bei einem Schlückchen zum Essen oder zu einem guten, langen Gespräch, überhaupt, wenn es dauernd vom Wein handelte, eigentlich nicht so viel fänden.

»Am Ende einer Wache, ja, meinetwegen, da sage ich auch nicht nein dazu, aber niemals vor dem Dienst!«

Ich war etwas beschämt, zumindest solange, bis ich sah, was John unten trieb. Er hatte neugierig eine Bouteille Rheinriesling geöffnet und trank den Wein jetzt in langen, durstigen Zügen direkt aus der Flasche.

»Vorsicht, der ist ganz schön stark«, warnte ich ihn, aber er winkte gelangweilt ab und schüttete sich schnell auch noch den Rest hinein. Dann wischte er sich den Mund ab und sagte:

»Nix haut an amerikanischen Marine um! Glei goa net an Bayrischen! Jetzt geh' ich einmal für kloane Buben und dann leg' i mi aufs Ohr!«

Zielstrebig entfernte er sich in Richtung Bugkabine, wo er aber sofort wieder hinausflog. Vorsichtig geworden, beschlich er die Tür des achteren Nassraumes wie ein alter Indianer, riss sie auf und spähte blitzartig um die Ecke. Dann verschwand er mit einem erleichterten Seufzer. Er erschien erst nach recht langer Zeit wieder, musterte ungläubig und höchst misstrauisch die unschuldige Weinflasche, murmelte etwas Unverständliches und verschwand in der Backbordkabine, wo er alsbald unglaublich zu schnarchen begann. Also doch keine Heiligen. Und schon gar keine Weintrinker. Ich gesellte mich wieder zu Bill und begann, ihn auszufragen. Er weigerte sich standhaft, über die laufende Mission zu reden, obwohl deren Zweck ja klar auf der Hand lag, plauderte aber amüsant und bereitwillig über den Alltag an Bord und über sein Leben bei den Marines. Er war verheiratet, hatte einen kleinen Sohn und freute sich schon auf den nächsten Heimaturlaub, der allerdings, wie er seufzend meinte, noch recht lang auf sich warten lassen konnte.

»Weißt du, ein paar Tage Urlaub außer der Reihe zu bekommen, das ist gar kein so großes Problem, wenn es die Lage erlaubt. Aber heim in die Staaten, das ist etwas ganz anderes. Deshalb sind die meisten von uns auch gar nicht verheiratet, und viele von denen, die es doch waren, schon wieder geschieden. Es stimmt schon, unsere Heimat ist das Corps, und ich möchte es auch gar nicht anders, aber manchmal ist es nicht leicht, denn viele Frauen halten den Stress einfach nicht aus, immer im Ungewissen zu sein über den Aufenthalt und das Schicksal des Mannes. Aber meine Betty ist eine echte Navygöre, und da sind ja auch noch die Frauen der Kameraden, es wird schon gut gehen. Nur, es tut verdammt weh, wenn du nach Hause kommst, und dein kleiner Bub schaut dich an wie einen Fremden. Aber ich bin nun einmal Berufssoldat, und da kannst du es dir eben nicht aussuchen. Außerdem hat sie gewusst, auf was sie sich da einlässt, und ich auch. Nur manchmal, wenn ich so sehe, wie ihr zum Beispiel lebt, da fällt mir der Unterschied auf. Ihr seid froh, wenn ihr einmal für ein paar Tage von zu Hause wegkommt, und unsereiner ist glücklich, wenn er einmal ein paar ungestörte Wochen mit der Familie hat. Aber in ein paar Monaten bin ich Major, dann gibt es sowieso eine andere Verwendung für mich, vielleicht kann ich endlich öfter mit Betty und dem Kleinen zusammen sein, vielleicht können sie sogar zu mir kommen. Solange das Kind noch nicht zur Schule muss, kein Problem, schlimm wird es erst, wenn sie dich hin- und herschicken und der Kleine muss ständig neue Kameraden kennen lernen und ist immer der Fremdkörper in seiner Klasse. Ich weiß, wovon ich rede, ich bin auch so ein kleiner Außenseiter gewesen, der ununterbrochen seine Freunde verlassen musste, kaum, dass er sich eingelebt hatte.«

»Aber wenn das so schlimm ist, dann kannst du doch deinen Abschied nehmen und bei deiner Familie bleiben! Ich habe gehört, dass ehemalige Offiziere der Marines kaum Probleme haben, zivile Stellungen zu bekommen.«

»Stimmt schon einerseits, andererseits aber auch wieder nicht. Denn du vergisst, dass die meisten von uns mit Leib und Seele Soldaten sind. Wir sind eine verschworene Gemeinschaft. Und wir sind stolz darauf. Aber das kann ein Zivilist wie du nicht verstehen. Auch daheim in den Staaten nicht. Ganz im Gegenteil, ich muss mich zu Hause oft direkt rechtfertigen für meinen Beruf. Seit Vietnam haben wir kein besonderes Ansehen in der Bevölkerung, dabei sind wir es, die dafür garantieren, dass die anderen in Ruhe auf uns herabblicken und die Penner ungefährdet ihre Friedensmärsche planen können. Die würden schön schauen, wie es um ihren Frieden bestellt wäre, würden nicht Männer wie wir mit unserem Blut dafür einstehen!«

Ich fand, es war Zeit, das Thema zu wechseln. »Was hältst du von der Idee, die anderen mit einer Tasse Kaffee zu überraschen?« »Großartig!« Und er übergab mir das Rad. Mir kam es so vor, als hätte der Wind, der wütend an den gerefften Segeln zerrte, ein wenig von seiner Wucht verloren. Die Wellenberge aus Süden rollten allerdings nach wie vor aus dem Finsteren heran. Vielleicht erschien mir die Macht der Elemente aber auch nur deswegen weniger bedrohlich, weil ich wusste, dass wir nun Gefährten hatten, auf die Verlass war, und dadurch das Gespenst der Übermüdung gebannt war.

Aus dem Boot drangen die typischen Geräusche eines Wachwechsels samt ausführlicher Zwischenmahlzeit, und nach einer Weile tauchte Ernstl in Ölzeug und Stiefeln auf.

»Bis jetzt habe ich geglaubt, wir fressen ununterbrochen. In Wirklichkeit sind wir die reinsten Asketen gegen diese Amis. Ich möchte wissen, wie die so schlank bleiben bei den Unmengen, die sie verdrücken! Du brauchst dich gar nicht zu tummeln mit dem Hinuntergehen, der Bill hat für eine ganze Kompanie ausgehungerte Flüchtlinge das gemacht, was er einen kleinen Imbiss nennt. Und jetzt sitzen sie unten und schaufeln das Zeug in sich hinein, als werde das Essen demnächst abgeschafft und sie wollten noch rasch die letzte Gelegenheit nutzen. Ich habe gehen müssen, sonst wäre mir schlecht geworden. Zum Teufel, wir haben doch gerade gegessen, und nicht gerade wenig! Wie machen die das bloß?«

Neugierig sauste ich hinunter, und während ich mich noch aus meinem dicken Pullover schälte, sah ich bereits, dass Ernstl keineswegs übertrieben hatte. Gut, mit Kaffee und Ham and Eggs war zu rechnen gewesen, aber da gab es noch Waffeln mit dem unvermeidlichen Ahornsirup, den wir hier kaum kennen, und Peanutbutter, »chunk-style«, dann Unmengen von dem roten Zeug, das sie »baked beans« nennen, und alles wanderte langsam, aber unerbittlich in die Mägen unserer neuen Freunde. Das war kein Frühstück, das war ein Klischee! Abgesehen von der Menge und der Zusammensetzung dieser Mahlzeit wunderte ich mich auch über den Zeitfaktor. Bill war gar nicht lange unten gewesen. Er musste beide Herdflammen und das Backrohr gleichzeitig benutzt haben, und selbst dann blieb es ein Wunder, wie er das alles in dieser kurzen Zeit geschafft hatte. Denn die Waffeln waren heiß und die Bohnen frisch geröstet, mit Zwiebel und Tomaten. Nur aus der Dose kam das nicht, ich sah die Zwiebelschalen im Mistsackerl und das tomatenrote Schneidbrett im Waschbecken. Ernstl hatte Recht: der Anblick der beiden Männer, die das alles kunterbunt und wild durcheinander in sich hineinschlangen, war ein bisschen überwältigend. John wirkte etwas zerknittert, er trank zu seiner Mahlzeit Unmengen Mineralwasser und streifte die Weinflasche hie und da mit ungläubigen Blicken. Er musste Bill von seinen Erfahrungen erzählt haben, denn der bot ihm immer wieder mit grimmig belustigter Miene einen Schluck Wein an, aber John schüttelte sich bloß und aß weiter. Wenn ich einen Kater habe, habe ich alles, nur keinen Appetit. Bei John traf offenbar das Gegenteil zu.

Endlich hatten wir alles verputzt, und John zog sich an, um seine Wache anzutreten. Der Captain der Marines übernahm den Abwasch, ich trocknete das Geschirr ab und verstaute es. Das war nun sowieso weit davon entfernt, meine Lieblingsbeschäftigung zu sein, und durch die Tatsache, dass ich es unter erschwerten Bedingungen tun musste, wurde es auch nicht gerade schöner. Die Serie von Amwindschlägen, die uns mühsam Richtung Süden brachte, beutelte das Boot ununterbrochen über die mehrere Meter hohen Wellen. Auf Steuerbordbug konnte man sich mit etwas Mühe gerade noch so freihändig bewegen, aber natürlich wendeten wir gerade nach Backbord, sodass ich mich mich mit jedem Stück wie ein Affe zu dem entsprechenden Schapp hangelte. Dabei musste ich verflucht aufpassen, um nichts zu zerbrechen. Flache Dinge wie Teller oder Besteck konnte man ruhig auf den Salontisch legen, denn dort hatten wir eines jener Tücher gespannt, auf denen das Zeug nicht rutscht. Die Dinger sind wirklich gut und ermöglichen auch bei relativ schwerem Seegang noch ungestörtes Essen. Also eignen sie sich auch zur Zwischenlagerung getrockneten Geschirrs, solange es breiter ist als hoch. Ganz anders verhält es sich mit Gläsern, Kannen oder Häferln. Die kann man nur mit den Halteringen an der Flucht hindern. Also hatte ich ein System entwickelt, bei dem ich die bereits saubere Gerätschaft auf dem Tisch staute, bis mir wieder ein höheres Trumm zwischen die Finger kam, das ich dann gleichzeitig mit den Dingen auf dem Tisch abräumte. So weit, so gut, nur hätte ich dabei mehr Hände gebraucht, als sie der durchschnittliche Mensch hat. Kaum wollte ich ein paar Löffel in eine Schublade legen, war dort keine Lade mehr. Mit einer Hand hielt ich mich fest, in der anderen hatte ich das saubere Besteck, und kaum hatte ich die Lade draußen, rutschte sie auch schon wieder zurück. Geschlossen konnte man sie fixieren, offen aber nicht. Bei diesem Eiertanz konnte Bill einfach nicht ernst bleiben, selbst als er alles, was ich auf den Boden warf, wieder abwaschen musste, lachte er noch. Auch als die oben wendeten und er plötzlich von oben bis unten nass war, weil das Spülbecken überschwappte, hat er seinen Frohsinn nicht verloren. Dafür war das aber der Moment, wo ich meine gute Laune wiederfand, denn mittlerweile war ich durch meinen unentwegten Kampf mit den Tücken der unbeseelten Materie ziemlich verdrossen. Beim Anblick von Bills Hose mit den interessanten Mustern aus Ei und Bohnen und dem Gesicht, das er dazu machte, vergaß ich aber meine Probleme, und als wir endlich fertig waren, zwitscherten wir einträchtig einen mittelgroßen Whisky, bevor wir schlafen gingen. Den Wein wollte Bill ein andermal probieren:

»Muss ja ein Teufelszeug sein, so wie John ausschaut. Dabei habe ich den schon alles trinken gesehen bis auf Nitroglycerin. Aber noch nie war er nachher so verkatert.«

»Nein, nein, der Wein ist schon in Ordnung! Aber man trinkt ihn schluckweise und nicht literweise aus der Flasche. Nur weil er im Hals nicht brennt, ist er noch lange keine Limonade. Wein ist ein Genussmittel, kein Durstlöscher. Ich verstehe das nicht, ihr habt doch auch Wein, sogar hervorragenden, zum Beispiel in Kalifornien!«

»Das ist doch was für alte Ladys und die Weicheier, die den ganzen Tag in ihren Kanzleien und Büros hocken, ein Getränk für Sesselfurzer! Was ein Kerl ist, der greift sowas gar nicht an!« Na, da schau' her, John Wayne reitet also doch noch! Man kriegt ohne Weiteres einen Mann heraus aus Parris Island, dem Ausbildungszentrum der Marines, aber man kriegt Parris Island nie wieder aus ihm heraus.

»Weißt du, Bill, im Prinzip ist Alkohol Alkohol. Aber im Verein mit dem Zucker im Wein geht er halt rasch ins Blut. Und weil der Geschmack völlig harmlos ist, macht er unvorsichtig. Aber die Wirkung bleibt die gleiche. Merkt der Neuling einmal, dass doch Alkohol drinnen ist, dann ist es längst zu spät. Dann hat er schon genug davon im Bauch für einen Ausflug nach Entenhausen, auch wenn er das Trinken sofort einstellt. Im Gegensatz zu Schnaps und Bier wirkt Wein eher schleichend, nur irgendwann kommt es zu einer Art Lawineneffekt. Aber eigentlich trinkt man ihn auch nicht gegen den Durst, sondern wegen des Geschmacks. Und wenn man das nicht respektiert, muss man eben die Folgen tragen. Beim nächsten Mal ist man dann vorsichtiger. Bei deinem Whisky genießt du doch auch den rauchigen Geschmack und lässt jedes Tröpfchen auf der Zunge zergehen! Genauso musst du es mit dem Wein machen. Dann tut er dir nichts. Alles Gewohnheit. Weißt du, wir haben in Wien eine lange Tradition mit dem Weintrinken. Und es ist jedes Mal wieder überraschend, wenn dann so ein John zu einem Heurigen kommt und das Zeug literweise in sich hineinschüttet, als wäre es Wasser. Ich meine, er sieht doch, wie es die anderen machen. Glaubt er, dass die alle krank sind, oder meinetwegen Weicheier und Sesselfurzer? Ist es nicht viel mehr eine Art Überheblichkeit von ihm, wenn er glaubt, schlauer oder von mir aus härter zu sein als der Rest der Menschheit? Was würdest du sagen, wenn ich jetzt den Whisky auf einen Zug austränke und dir das Glas gleich wieder zum Nachfüllen hinhielte? Du würdest mich für einen Alkoholiker halten oder für einen Trottel. Und eines von beiden wäre ich auch. Keinesfalls ein echter Kerl. Weil, was hat Saufen mit Männlichkeit zu tun? Harte Drinks für harte Männer? Wein ist was für alte Weiber? Das sind Klischees, die man einmal überdenken sollte. Du bist doch ein Vollprofi. Beherrscht deinen Job aus dem Handgelenk, samt der ganzen komplizierten Logistik, die dazugehört. Bist ein kompetenter Mannschaftsführer. Wobei die dir Anvertrauten eine Elite sind, die härtesten Burschen, die man sich vorstellen kann. Keine Kleinigkeit, mit derartigen Menschen fertigzuwerden! Und dann sagst du Sachen, die zu Ronny Reagen in einem B-Movie passen. Das enttäuscht mich. Wein ist der Alkohol der Alten Welt. Mit einer

Jahrtausende langen Geschichte. Eigentlich ist es egal, ob du mich und die anderen, die Wein gerne trinken, für Jammerlappen hältst, aber ich finde, du solltest deinen Standpunkt bei Gelegenheit überdenken. Weil du, und gerade du, durch deinen Beruf ständig mit Menschen verschiedenster Kulturen konfrontiert wirst, und ich kann mir nicht vorstellen, dass Vorurteile dabei hilfreich sind.« Irgendwie hatte ich mich da in einen richtigen Vortrag hineingesteigert.

»Zum Teufel, so hab ich das nicht gemeint!«, wiegelte Bill ab. »Gerade weil ich bei dir keinen kulturellen Unterschied feststellen kann, habe ich frei von der Leber weg gesprochen. Ich wollte weder dich, noch deinen Wein beleidigen. Aber eines ist richtig. Ich habe dabei nicht nachgedacht. Irgendwie bleiben doch viele vorgefasste Meinungen in einem Menschen hängen, und wenn es ein Nebenthema ist, dann denkt man auch nie wieder darüber nach und blamiert sich bei der ersten Gelegenheit. Ich habe in Japan rohen Fisch gegessen, und ihn sogar gemocht, ich habe in einem Araberzelt Pilav mit Hammelaugen hinuntergewürgt und musste dazu auch noch ein erfreutes Gesicht machen, weil es höchste Anerkennung bedeutet, wenn dir der Scheich selbst das Zeug in die Schüssel schaufelt, mit seinen bloßen Fingern, die er davor Gott weiß wo hatte, aber jetzt habe ich nicht nachgedacht über das, was ich sagte. Komm, gib mir einen Schluck Wein, und Schwamm darüber!«

»Nein, nein, ich bin nicht beleidigt, und ich rate dir auch davon ab, sogar dringend, jetzt Wein zu trinken. Aber ich würde mich freuen, wenn du ihn einmal zum Essen probieren würdest. Ich persönlich werde mich jetzt hinlegen und versuchen, eine Mütze Schlaf zu kriegen, denn in ein paar Stunden sind wir wieder dran. Cheerio!«

Ich schluckte den letzten Tropfen aus meinem Glas, stellte es in die Spüle, winkte dem Captain zum Abschied zu und schloff in meine, also Ernstls, Kabine. Obwohl ich heillos überfressen war, schlief ich sofort ein.

Als mich Ernstl stupste, war ich noch wie erschlagen. »Wie spät ist es?«

»Schon sechs Uhr, ich habe mich mit John verquatscht. Los, steh' auf, das Frühstück ist fertig!« Plötzlich hatte ich einen Bärenhunger. Die alte Geschichte. Je mehr man isst, umso früher ist man wieder hungrig. Unter der Dusche fiel mir auf, dass die Bewegungen des Bootes eindeutig nachgelassen hatten, ich musste mich fast nicht mehr festhalten. Also machte ich es mir auf dem Lokus bequem, das hat den Vorteil, dass man mit dem Hintern feststeckt und die Hände frei hat, und wusch hingebungsvoll meine Füße. Als ich sie liebevoll Zehe für Zehe trocknete, plärrte John draußen: »Alle Mann!«

Erschrocken ließ ich das Handtuch fallen und schoss aus der Nasszelle. Bis auf Bill saßen alle um den Tisch und lachten sich bei meinem Anblick schief, während John seinen Satz beendete: »...frühstücken!« Herrgott, hatten die noch nie einen nackten Mann gesehen? Außerdem waren jetzt meine Füße wieder drekkig. Es war höchste Zeit, den Salon wieder einmal auszuwischen.

Ich drehte mich kopfschüttelnd um, um mit der Säuberung meines äußeren Adams fortzufahren, als das Gelächter geradezu hysterische Formen annahm. Wie ich den erstickten Quietschern der österreichischen Nobilität entnehmen konnte, hatte die Klobrille auf meinem Hintern einen roten Ring hinterlassen.

»Na, er war halt gerade auf dem Topf«, gickste Ernstl, und sie brüllten wieder weiter. Soffen die schon in der Früh? Ich ging mich anziehen, und als ich wieder auftauchte, hatten sie sich halbwegs wieder beruhigt.

»Blöde Idee, das mit dem ›Alle Mann‹! Schließlich ist so ein Alarm doch kein Spaß! Wenn ihr das ein paarmal macht, dann braucht ihr euch nicht zu wundern, wenn keiner kommt, falls es einmal wirklich wichtig ist.«

»Blöd ja, aber lustig aa. Wie soll denn i wissen, dass du grad am Porzellanpferd reit'st...«

John konnte nicht weiterreden, die Erinnerung hatte ihn übermannt, auch Martina und Ernstl erlitten einen neuerlichen Anfall. Ich fand noch immer keine Stelle zum Lachen und schaute hinauf zu Bill, der am Ruder stand. Der Wind hatte nun stark nachgelassen, die Segel trugen keine Reffs mehr. Die Wellen zogen nach wie vor in ununterbrochener Folge von Süden her, aber rundbuckelig und nicht mehr gar so hoch. Es regnete. Unter der geschlossenen, tiefen Stratusdecke drifteten zerfetzte Kumulusschwaden mit dem Wind. Zudem war es ziemlich warm.

»Na, ausgeschlafen?«, brummte Bill.

»Die haben mich schon munter gemacht«, grummelte ich zurück.

»Sind sie immer noch so kindisch? Mich hat eure Lady geweckt, indem sie die Türe aufriss und brüllte: ›Alarm, fall out for defense of the ship!‹ Ich glaube, ich muss ein ernstes Wort reden mit John! Der ist nicht wieder zu erkennen. Seit er bei euch ist, führt er sich auf wie ein kleiner Junge!«

»Naja, er hat halt Urlaub, dazu noch völlig unerwartet. Wahrscheinlich lässt seine innere Anspannung nach.«

»Innere Anspannung! Der Kerl ist ein Marine!«

»Ist doch eigentlich schön, dass auch so ein Mann hin und wieder kindisch sein kann und völlig unbeschwert. Jeder Mensch braucht ein Ventil.«

»Nimm ihn nur in Schutz! Pass einmal auf auf mein Ventil! Klar zur Halse! Groß dicht!«

Schon während seiner ersten Worte begann er abzufallen. Was blieb mir über, als zu kurbeln, dass mir die Augen herauskamen? Als das Heck durch den Wind ging, kamen von unten die ersten empörten Schreie. Ich drehte wieder wie besessen an der Winsch, und als wir auf anderem Bug am Wind lagen, steckte John seinen Kopf aus dem Niedergang.

»Ja sad's denn ihr deppert? Jetzt ham wir uns alle dreckig g'macht!«

»Nun, das ist doch genau die Art practical joke, auf die ihr heute so steht, also lach jetzt. Aber erst trag die Kursänderung ein. Neuer Kurs 140°.«

Johns Kopf verschwand. Ich auch. Unten angekommen, stellte ich fest, dass aus dem Salon jetzt ein akuter Fall geworden war. Ernstl, der gerade den Kaffee aufwischte, wirkte nicht besonders glücklich.

»Jetzt ist aber Schluss mit den Blödheiten! Wenn das so weitergeht, können wir nach Korfu schwimmen!«

»Übertreib nicht. Eure Scherze waren auch nicht gerade fein.

Wer austeilt, muss auch einstecken können. Es ist ja nichts passiert.«

»Und wenn sich wer verbrannt hätte?«

»Und wenn ich wirklich gerade am Häusl gesessen wäre?« Er schnaufte erbittert, und ich half ihm beim Aufwischen. »War sowieso Zeit, hier einmal aufzuklaren. Und jetzt Schwamm drüber.«

Aber erst eine Viertelstunde später, als er den Satellitenort eintrug, hellte sich seine Miene auf.

»Wir sind ganz schön weitergekommen heute in der Nacht! Fünfzig Meilen haben wir gutgemacht in Richtung Korfu! Gesegelte Strecke ungefähr achzig Meilen. Bei der ewigen Kreuzerei eine ganz schöne Leistung! Ich glaube, wir bleiben bei den Zehnmeilenschlägen. Während des Jugos haben wir zwar nur viereinhalb Knoten Durchschnittsgeschwindigkeit geschafft, aber das Wetter wird schon besser! Wenn uns der Wind nicht im Stich lässt, werden wir jetzt auch schneller unterwegs sein. Wenn alles gut geht, sind wir spätestens Samstagmittag in Korfu, und die anderen kommen erst am Nachmittag an. Und wenn alle Stricke reißen, dann gehen wir halt mit der Maschine gegenan. Ohne die zwei Amis wäre es auch gegangen, aber viel schlechter. Stell dir vor, Vierstundenwachen, ganz allein oben, dazu auch noch in der Freizeit alle zwei Stunden aufgeweckt zu werden zur Wende, und Martina wäre die ganze Kocherei geblieben. Da hätten wir schön alt ausgeschaut in Korfu! Von mir aus sollen die zwei machen, was sie wollen, solange sie nicht das Boot versenken, ist mir alles recht, meinetwegen können sie mich mit Marmelade beschmieren, wenn sie das für lustig halten.«

Aber niemand versenkte unser Boot, und niemand vergriff sich an der Marmelade oder an Ernstl, und am Samstag in der Früh konnten wir Korfu schon sehen. Das Wetter war noch immer schlecht, aber die Stimmung an Bord dafür umso besser. Wir hielten einen gewaltigen Respektabstand zur albanischen Küste, da wir nicht noch im letzten Moment eine unerfreuliche Überraschung erleben wollten. Martina hatte Wiener Schnitzel gebacken, und ich hatte dazu einen echten Wiener Erdäpfelsalat gemacht, ein bisschen süßsauer, mit viel Zwiebel und Pfeffer. Das war zwar ein ungewöhnliches Frühstück, aber erstens war unser Speiserhythmus durch die Wacheinteilung sowieso durcheinander, und zweitens hatten sich unsere Gäste eben dieses Frühstück zur Feier des Tages gewünscht. Die Idee war ihnen gekommen, als sie in den tiefgekühlten Vorräten ihres Verpflegungsoffiziers den Klumpen Kalbfleisch entdeckt hatten, und, wie Martina ja schon früher richtig ausführte, bestehen Wiener Schnitzel im Originalrezept aus Kalbfleisch. Alle waren sehr angetan von unseren Kochkünsten und auch von dem Wein, den es zum Essen gab. Bill wollte die leere Flasche unbedingt haben, weil er im Gegensatz zu John den Weinnamen nicht aussprechen konnte. Aber »Dürnsteiner Flohhaxen« ist eben für Amerikaner ein Zungenbrecher, besonders, wenn sie ihn gerade intus haben. Also lösten wir das Etikett vorsichtig mit Wasser ab, damit sie nicht die ganze Flasche mitnehmen mussten. Und damit John auch eines bekam, tranken wir halt noch eine Flasche. Nicht einmal eineinhalb Liter für dreieinhalb Personen, das ist ja nun wirklich nicht viel! Trotzdem waren unsere Freunde leicht beschwipst und nahmen sich feierlich vor, in Zukunft dem Genuss von Wein mehr Aufmerksamkeit zu widmen. Damit sie gleich weitertrainieren konnten, gaben wir ihnen ein paar Flaschen als Dankeschön für ihre Hilfe mit, die sie vergnügt in ihren Sporttaschen verstauten. Am späten Vormittag schlichen wir dicht unter Land die Ostküste Korfus entlang und erreichten zu Mittag die weite Bucht von Gouvia, wo wir, die griechische Flagge in der Steuerbordsaling, in den riesigen Yachthafen dieselten. Wir waren endgültig in Griechenland. Jetzt mussten wir unsere Uhren um eine Stunde vorstellen, in ganz Griechenland gilt die osteuropäische Zeit. Ernstl verschwand mit den Pässen und Papieren, während wir im Salon Kaffee tranken, weil es immer noch regnete. Ich beendete gerade meine Eintragungen im Logbuch, »Landfest in Gouvia, 11. 4. 92, 1400 local time«, als es oben laut wurde. Ich schaute überrascht auf, als plötzlich ein Uniformierter die Niedergangstreppe herunterpolterte und uns in schauderhaftem Englisch anherrschte:

»You all under arrest! Ship is confiscated! Come out of this, and move slowly!«

Die Hand hatte der Wackere am Griff seiner Pistole, sein martialischer Schnurrbart war gesträubt, und als Bill mit einer schlangenhaft fließenden Bewegung aufstand, sprang der Grieche einen Schritt zurück:

»Slowly, or I shoot!« Dazu fuchtelte er mit der Waffe herum, die er jetzt endgültig gezogen hatte.

»Beruhige dich, Mann, niemand darf dir was tun, solange Daddy Bill da ist. Hör auf, so herumzustrampeln, sonst tust du noch jemandem weh.«

»Wer sind Sie? Was soll das heißen?«

»Ich bin Captain William Haddock von den amerikanischen Marines. Und wer sind Sie? Warum fuchteln Sie hier mit einer geladenen Pistole herum? Was wirft man uns vor, dass Sie den Waffengebrauch für gerechtfertigt halten? Mann, reißen Sie sich zusammen, sonst bekommen Sie Schwierigkeiten!«

Der Schnauzbart hatte sichtlich nur die Hälfte verstanden, und Bill war nicht einmal laut geworden, aber in seinen Augen glomm ein böses Licht. Seine Stimme war richtiggehend kalt, er hatte überakzentuiert und langsam gesprochen. Der Gesamteindruck war irgendwie überwältigend, und die Waffe verschwand so schnell, wie sie aufgetaucht war.

»Amerikanische Marines? Was ist hier los? Ich verstehe jetzt überhaupt nichts mehr!«

Das klang ziemlich kleinlaut. Er kaute an seinen Schnauzerenden, bis ihm die Erleuchtung kam.

»Kommen Sie mit zur Polizeistation, das Schiff lasse ich von meinen Leuten bewachen. Man wirft ihnen Waffenschmuggel vor.«

»Lächerlich!«

Wie sich herausstellte, hatten die griechischen Behörden einen anonymen Anruf bekommen, dass mit dem Segelboot EOS Konterbande in Griechenland eingeschmuggelt werden sollten. Als Ernstl einklarieren wollte, wurde er zu seinem Entsetzen sofort festgenommen. Dann erschienen wir, eskortiert vom Schnauzbart, der sich auch nach langatmigen Erklärungen und der Kontrolle der Papiere nicht beruhigen wollte:

»Und dann komme ich an Bord, und dort sind nicht zwei Leute, wie erwartet, sondern vier. Das war für mich der Beweis, dass da was nicht stimmt.«

Der Schnauzer schüttelte den Kopf, immer noch fassungslos.

»Es steht nirgends geschrieben, dass man unterwegs keine Leute mitnehmen darf. Die beiden wurden ordnungsgemäß in die Crewliste aufgenommen, und Sie haben mittlerweile im Logbuch gesehen, wie sich die Sache abgespielt hat. Sicher ist das eine ungewöhnliche Geschichte, aber langsam wundere ich mich über nichts mehr, und genau das sollten Sie auch versuchen.«

Ernstl hatte sich offenbar immer noch nicht beruhigt.

»Meinetwegen können Sie das Boot ja durchsuchen.«

Jetzt räusperte sich ein großer Zivilist, der bisher noch nichts gesagt hatte, aber offen sichtlich der Boss des ganzen Ladens war.

»Haben wir längst getan, und bis auf einen Restlichtverstärker nichts gefunden. Der Gebrauch eines derartigen Gerätes ist in Griechenland verboten, nicht aber sein Besitz. Wir werden das Instrument in seiner Tasche versiegeln und den Vorgang bei einem von Ihnen im Pass vermerken. Das ist alles. Aber wundern sollten Sie sich nicht! Wir hören, zugegebenermaßen aus dubioser Quelle, dass Sie aus Slowenien flüchten mussten, um einer Verhaftung zu entgehen. Und weil wir nicht alles glauben, rufen wir dort an. Es stellt sich heraus, dass der Hafenkommandant von Portoroz Ihretwegen die Todesstrafe wieder einführen möchte. Wir hören von ihm außerdem, dass Sie nach Split wollen. Dort hat Sie aber kein Mensch gesehen. Angeblich schmuggeln Sie Waffen. Als Sie hier ankommen, wollen wir die ganze Sache natürlich überprüfen, und siehe da, es sind plötzlich mehr Leute an Bord als bei der Abreise. Leute, denen man sofort anmerkt, dass sie keine Pensionisten sind. Was also hätten Sie an unserer Stelle getan? Aber jetzt hat sich die Geschichte ja aufgeklärt. Und wie Sie sich in Slowenien Freunde gemacht haben, davon kenne ich jetzt zwei Versionen. Welche davon stimmt, geht mich nichts an. Eines steht fest: Es gibt jemanden, der Sie nicht in sein Nachtgebet einschließt. Aber das ist Ihre Sache. Solange Sie sich hier benehmen, sind Sie jedenfalls willkommen. Entschuldigen sie die ganze Aufregung und haben Sie eine schöne Zeit in Griechenland. Sie können gehen. Ich lasse Sie noch zum Boot begleiten, damit ich die

Bewachung aufheben kann. Amerikanische Soldaten! Also, Sachen gibt's... Was hätten wir zu lachen, wenn wir die NATO nicht hätten?«

Ja, was wohl. Wir durften zurück zum Schiff, das war die Hauptsache. Bill und John mussten uns verlassen, wenn sie noch den täglichen Transfer von der Insel zu ihrem Verband erwischen wollten. Der Abschied fiel ihnen nicht leicht, besonders weil für den nächsten Tag schönes Wetter angesagt war. Ausgerechnet jetzt, wo die Reise gemütlich zu werden versprach, mussten sie weg. Nur ungern ließen wir unsere neuen Freunde ziehen.

Eine halbe Stunde später kam ein Zöllner mit dem versiegelten Restlichtverstärker und trug die Versiegelung in meinen Pass ein, den Stempel hatte er zuvorkommenderweise gleich mitgebracht. Jetzt, wo das staatsgefährdende Nachtsichtgerät entschärft war, bewegten wir uns wieder streng im Rahmen der Legalität. Irgendwie konnte ich es noch gar nicht glauben, dass wir da waren, zu viel Unglaubliches war geschehen. Den Empfang in Griechenland hatten wir entweder dem Hafenkapitän von Portoroz zu verdanken oder Birgit. Ich tippte auf den wackeren Beamten, denn woher sollte sie den Schiffsnamen kennen, doch ich sollte mich getäuscht haben. Wieder in Wien, erfuhr ich über drei Ecken, dass sie es gewesen war. Den Bootsnamen hatte sie allerdings von unserem Freund in Portoroz. Aber das war Gott sei Dank das Letzte, was ich von ihr gehört habe. So ein rachsüchtiges Geschöpf! Und um ein Haar hätte ich ihr einen Heiratsantrag gemacht! Noch einmal Glück gehabt.

Wir machten jedenfalls erst einmal Reinschiff, denn wir erwarteten ja hohen Besuch: den Kapitän samt Gemahlin, die Hofrätlichen, und last not least natürlich auch Irma. Ernstl war ganz aufgeregt. Martina und ich weniger, mussten wir doch in den Salon umziehen. Als wir fertig waren, setzten wir uns mit einer Flasche Wein ins Cockpit und harrten der Dinge, die da kommen sollten. Wir brauchten nicht lange zu warten, da heulten zwei griechische Taxis wie Raketen über die Pier. Das Erste stoppte schlitternd in der größten Lache vor den sanitären Anlagen. Das Zweite konnte eine Kollision gerade noch mit einem gewagten Stoppschwung vermeiden, und schon wurden die Türen der beiden Wagen aufgerissen, und unsere Freunde quollen heraus. Sie hielten sich offenbar nur mit Mühe auf den Beinen und taumelten blass über den Kai – nur weg von den Autos! In ihren Mienen mischte sich das Entsetzen der gerade überstandenen Fahrt mit der Erleichterung über die unerwartete Rettung. Ich konnte mich gut in sie hineinversetzen, denn auch ich hatte einmal mit der Fahrweise griechischer Taxler Bekanntschaft geschlossen, das lag aber, Gott sei Dank, schon etwas zurück. Iglo raufte sich neben dem offenen Seitenfenster des ersten Autos die Haare und schrie mit dem Fahrer herum. Der lächelte ihn aber nur stolz und zufrieden an. Dann öffnete er energisch die Tür, und Iglo stolperte in die Lache hinter ihm und hätte sich fast hineingesetzt. Der Grieche schritt würdevoll zum Kofferraum, der Deckel schnappte mit einem markerschütternden Kreischen seiner korrodierten Angeln auf, dann begann der Bursche, das Gepäck platschend auf den überfluteten Boden hinter seiner Karosse zu stapeln. Iglo schrie schon wieder, dazu sprang er herum wie Rumpelstilzchen, und ich begann mich um seine Lockenpracht zu sorgen. Daher erhob ich mich von der Cockpitbank und stieg an Land, gefolgt von der heiter glucksenden Martina. Ernstl war uns irgendwie abhanden gekommen, während ich die Szene beobachtet hatte. Allerdings war es nicht sonderlich schwierig, ihn wieder zu finden, er befand sich nämlich schon am Kai und rankte sich um Irma wie Efeu um eine Gartenlaube. Man konnte sie fast nicht mehr sehen. Dazu zwitscherten die beiden wie ein aufgeregtes Amselpärchen. Vorbei am zirpenden Ernstl und den anderen, ihnen nur flüchtig zuwinkend, stürzte ich mich in Richtung Iglo, nur beseelt von dem Gedanken, ihn rechtzeitig zu erreichen, bevor ihn der Schlag traf.

Von Korfu nach Paxos

Endlich vereint – Die Bürden des Kapitäns –
Bosheit, Rum und Navigatoren –
Der rasende Othello – Indianergeschichten –
Gestörte Nachtruhe

»Sch...Schau dir diesen W...Wahnsinnigen an! Schmeißt einfach
alles in die Lache! Und am Herweg hat er sich mit dem zweiten
I...Irren ein Rennen geliefert. Die zwei haben alles überholt, was
v...vor uns auf der Straße war. Um den G...Gegenverkehr haben
sie sich ü...überhaupt nicht gekümmert! Ein p...paar Mal haben
nur M...Millimeter gefehlt zur Katastrophe. Und d...das alles bei
nasser Straße und mit diesen abgefahrenen Reifen! Ich lasse mir
das nicht g...gefallen, ich gehe zur P...Polizei!«

Iglo stotterte vor Zorn, er dampfte geradezu vor Wut. Ich konnte ihm zwar nachfühlen, was er empfand, hatte aber nicht die min-
deste Lust, schon wieder mit den griechischen Behörden herum-
zustreiten. Daher bezahlte ich die beiden Fahrer und verzichtete
sogar auf das Wechselgeld, als sie grinsend behaupteten, nicht her-
ausgeben zu können, wobei sie sich einer scheußlichen Karikatur
der englischen Sprache bedienten. Sollten sie glücklich werden
mit den paar Drachmen. Sie verschwanden, wie sie gekommen
waren: mit Vollgas. Der Zorn unseres Skippers war noch lange
nicht verraucht, richtete sich aber jetzt gegen mich:

»B...Bist du vollkommen verblödet? Bezahlst diese Verbrecher,
die uns fast auf dem Gewissen hätten und gibst ihnen sogar noch
Trinkgeld? Ich hab dir doch gesagt, ich zeig sie an! Nicht einmal
die Nummern habe ich jetzt! Weg sind sie und lauern wahrscheinlich schon auf die nächsten Opfer. Du bist schuld, dass ich
nicht dafür sorgen kann, dass sie aus dem Verkehr gezogen werden. Wenn die mit ihrer Raserei jetzt wen umbringen, hast du den
auf dem Gewissen! Aber klar, Mister Superschlau muss sich natürlich wieder einmischen! Auf welcher Seite stehst du eigentlich?«

»Auf meiner! Und damit notgedrungen auch auf deiner. Du hast ja keine Ahnung, was hier gerade los war. Ich glaube nicht, dass es in unserem Sinne ist, wenn wir von Hafen zu Hafen als verdächtige Querulanten weitergereicht werden. Und genau das wäre passiert, wenn du jetzt Stunk gemacht hättest. Hör dir doch einmal in Ruhe an, was wir alles hinter uns haben, dann wirst du keinen Unsinn mehr reden. Ich hab schon meine Gründe für das, was ich tue. Aber es ist eine lange Geschichte. Komm, wir bringen jetzt einmal das Gepäck an Bord, ich erklär dir dann alles. Dann brauche ich es wenigstens nicht zweimal erzählen. Grüß dich im Übrigen, und, danke für die Nachfrage, ganz gut. Es ist zwar reiner Zufall, dass wir überhaupt da sind, aber dein Interesse ist wohltuend!«

»Ja, ja, grüß dich. Entschuldige, ich war eben aufgeregt«, besann sich unser Skipper. Dann platzte er neugierig heraus: »Was soll das heißen: reiner Zufall?«

»Wie gesagt, eine lange Geschichte. Komm jetzt, räumen wir die Sachen ein!«

Inzwischen standen alle anderen um uns herum und vergingen fast vor Neugierde. Wir begrüßten uns kurz und trugen dann schleunigst das nasse Gepäck zum Boot. Es hatte wieder zu regnen begonnen.

Eine Stunde später saßen wir im Salon und tranken Kaffee. Für die eben Angekommenen war es der erste Schiffskaffee nach langer Zeit, Irma und Minni hatten so etwas überhaupt noch nie getrunken. Iglo beugte sich vor:

»Jetzt erzählt endlich, ich zerspringe gleich vor Neugierde! Und fangt am Anfang an, ich werde aus den paar Worten, die ich beim Einräumen gehört habe, nicht schlau. Verhaftung! Piraten! Die amerikanische Marine! Das gibt's doch alles nicht! Also, ganz von vorne, los!«

Ich lehnte mich behaglich zurück: »Am Anfang schuf ich Himmel und Erde...«

»Erspar mir deine blöden Witze und spann uns nicht auf die Folter. Himmel, will mir jetzt endlich einer sagen, was los war?«

Es fehlte nicht viel, und er hätte die Hände gerungen und wäre herumgehüpft wie Rumpelstielzchen. Also begannen wir, die ganze Geschichte quasi mit verteilten Rollen zu erzählen. Zahlreiche Unterbrechungen durch ungläubige Zwischenrufe später hatte ich eine ziemlich trockene Kehle und schenkte mir ein Achterl Wein ein. Aber wir waren nun auch mit unserer Geschichte in Gouvia angekommen und alle waren im Bilde.

»Und dann kommst du und willst die Polizei rufen! Das hätte uns gerade noch gefehlt!«

»Naja, das kann ja kein Mensch riechen! Wenn ich das in einem Buch gelesen hätte, ich tät's nicht glauben. Naja. Aber um das Thema zu wechseln: Eigentlich wollte ich euch heute auf Korfu herumschleppen. Ihr wisst schon, Kaiserin Elisabeth und so. Aber bei dem Wetter ist das wahrscheinlich gar keine so gute Idee. Daher schlage ich vor, wir suchen uns ein nettes Lokal, probieren die griechische Küche und legen uns zeitig nieder. Wir sind sowieso geschlaucht vom Flug und ihr müsst auch müde sein nach der ganzen Aufregung! Morgen starten wir dann in aller Frühe nach Paxos und schauen uns einmal an, wie sich das Wetter entwickelt. Angeblich wird es ja schöner, auch wenn es momentan nicht so ausschaut!«

Das Barometer war zwar etwas gestiegen, aber nach wie vor trommelte der Regen monoton auf das Kajütdach. Draußen war alles grau in grau, die Wolken hingen tief über dem Land, es war ziemlich trostlos.

Eine halbe Stunde später stand die ganze Gesellschaft mit Stiefeln und Ölzeugjacken angetan hinter dem Boot am Kai und wartete auf den Kapitän, der seinen Polyglott suchte, damit er mit dem Küchengriechisch darin wenigstens bestellen konnte. Sie wissen schon, ein Fremder kommt in irgendeinem Kaff ins einzige Wirtshaus und beginnt nachzulesen: Haben sie ....echete, Garnelen ....garides, Weißwein ....aspro krassi und so weiter. Der Ausländer stottert das der Reihe nach ab, und der Grieche glotzt ihn verständnislos an, worauf der Sprachunkundige noch einmal von vorne beginnt. Schließlich hellt sich die Miene des Befragten auf und er grapscht sich das Buch. Kann es aber nicht lesen, weil die Worte im lateinischen Alphabet geschrieben sind. Besinnt sich seiner rudimentären Kenntnisse der unverständlichen Schrift und

146

beginnt zu raten. Jetzt wird gedeutet und wieder vorgelesen. Darauf erleidet der Einheimische einen Lachkrampf und er wiederholt die Frage, diesmal mit der richtigen Betonung, dann bricht er in einen völlig unverständlichen Schwall Neugriechisch aus, der durch wiederholtes Kichern gestört wird, jedes Mal, wenn ihm wieder einfällt, wie sich der Fremde angehört hat. Schließlich schauen sich beide gespannt an, der Gast nickt resigniert, worauf der Wirt enteilt und nach geraumer Zeit irgendwas daherbringt. Inzwischen haben sich in der Küchentüre ein paar Frauen mit Kopftüchern eingefunden und tuscheln sich Kommentare zu, wahrscheinlich in der Preislage: »Schau, er frisst es wirklich!« oder so ähnlich, weil sie ununterbrochen den Kopf schütteln und dazu glucksen.

Endlich hatte Iglo das ominöse Werk gefunden, und wir plantschten durch die Lachen zu einem Weg, der zwischen riesigen Gebüschen Unkrauts vom Hafen wegführte und schließlich, eingeengt durch verwitterte Feuermauern, bei einer Straße mündete, der wir bergauf nach links nachgingen. Da war eine Mechanikerwerkstatt, in deren Hof Autoleichen und Motorblöcke still vor sich hinrosteten, dann kam ein winziger Laden mit allem möglichen, ein richtiges Greißlergeschäft, wie sie bei uns zu Hause fast ausgestorben sind, und wir warteten ein paar Minuten auf Iglo, der schließlich mit wichtiger Miene und einem Plastiksackerl wieder auftauchte. Die Frage, was er da anschleppte, erübrigte sich: Es war mit Sicherheit essbar. Nach ein paar weiteren Metern erreichten wir die Hügelkuppe und damit auch ein kleines Haus mit weiß-blau gestrichenen Fenstern, vor dem ein paar Tische im Regen standen, die dazugehörigen Stühle waren an der Wand gestapelt. Das hatten wir gesucht, und wir betraten die gastliche Stätte, wo wir uns umsahen und auf den Boden tröpfelten. Einfach und sauber, mit leichter Tendenz zur Touristenfalle: An der Decke hing ein altes Fischernetz mit Plastikhummern und -seesternen. An den Wänden die obligaten Bilder, wie man sie in ganz Griechenland findet, eine Windmühle mit unbespanntem Treibrad, ein paar sirtakitanzende Fischer vor der Kulisse einer Bucht, Häuser mit Fenstergarterln voller Blumen, ein Hafen voller Fischkutter. Auch hier dominierten die Farben Weiß und Blau, und der

147

Maler hatte es mit Sicherheit nicht zu internationalen Ehren gebracht. Zu hölzern die Gestalten, zu flach die Perspektive. Alle Schatten pechschwarz, grell das Weiß, milchig das Blau. Was soll's, wir wollten essen und keine Gemälde kaufen. Wir schälten uns aus den nassen Jacken und hängten sie an die Stuhllehnen. Dann saßen wir ziemlich steif herum, denn Anlehnen war nicht ratsam, weil die Dinger schließlich tropfnass waren. Jetzt flog die Pendeltür im Hintergrund auf und es erschien der Wirt, eitel Freude und Überschwang. Gold schimmerte im breiten, schnauzerüberbuschten Lächeln. Er begrüßte uns händereibend und mit dem obligaten Wortschwall, dann pflückte er unsere Jacken von den Lehnen und entschwand mit ihnen. Wieder aufgetaucht, schleppte er einen Stapel Speisekarten in Kunstleder an, dreisprachig. Kein gutes Omen. Viel zu touristig. Vermutlich schlecht und dazu noch teuer. Flucht ausgeschlossen, er hatte schließlich schon unser Ölzeug als Geiseln. Mehr oder weniger ratlos starrten wir in die Karten. Was dort auf Deutsch stand, war schlicht unverständlich. Es war nicht der übliche Standardausdruck des griechischen Fremdenverkehrsverbandes für die gastgewerblichen Betriebe, es war alles handgeschrieben. Handgeschrieben von einem, der da meinte, Deutsch zu können. Eine Zeit lang ergötzten wir uns an der Beschreibung von Gerichten wie »Fischkuche mit Kartoffelmus an Zitronknoblauch«. Das war ziemlich lustig, aber nicht sättigend. Die englische Zeile dazu war genauso kryptisch.

Iglo zückte entschlossen sein Buch. Er hatte noch keine drei Worte gestammelt, da packte ihn der massige Chef beim Arm, zog ihn hoch und bedeutete uns, mitzukommen. Ohne Federlesen schleppte er uns in die kleine, aber moderne Küche. Niro und Fliesen. Verschiedenste Fische in einer Eiswanne. Auf dem Herd unter der riesigen Abzugshaube brodelte es in ein paar Töpfen, und es roch unheimlich gut. Wir alle bestellten die Fischsuppe. Weder vorher noch jemals danach habe ich eine so gute gegessen. – Als wir eine Woche später wieder in Korfu aufkreuzten, wollten wir uns das zum Abschied noch einmal gönnen, nur gab es da eine andere Suppe, auch gut, aber eben nicht sensationell. Sollte Sie Ihr Weg einmal in die Marina Gouvia führen, gehen Sie zu dem verdächtigen Lokal auf der Kuppe des Hügels hinter dem Yachthafen, es zahlt sich aus. Die Ortschaft heißt Kontokali und wirkt nicht sehr verlockend. Aber das Wirtshaus hat's in sich. Ehrlich. – Als Hauptspeise wählte ich ebenfalls Fisch, einen, den ich nicht kannte, aber er sah gut aus, und das war er auch. Die meisten anderen entschieden sich auch für Fisch, selbst Minni, die auf eine winzige Sprotte deutete, weil sie nicht viel isst. Sie bekam einen ganzen Teller davon, gehäuft, in Mehl gewendet und knusprig gebraten, übergossen mit etwas, was durchaus »Zitronknoblauch« sein mochte. So haben wir uns die Nachspeise erspart, weil niemand mehr auch nur »Papp« sagen konnte, als wir auch noch ihren Teller ratzekahl geputzt hatten. Schläfrig wankten wir zurück zum Boot, gut abgefüllt mit Fisch und einem Roséretsina, der ganz hervorragend geschmeckt hatte. Obwohl es erst früher Abend war, wurde es bald still am Boot. Martina und ich krochen als Letzte ins Bett, weil wir ja im Durchhaus schliefen. Das stetige Rauschen des Regens und die kleinen Hafenwellchen wiegten mich bald in den Schlaf.

Einige Stunden später blinzelte ich in graues Licht und wischte mir den Tropfen von der Stirn, der mich geweckt hatte. An der Salondecke hingen tausende davon, wie winzige Stalaktiten: Kondenswasser. Mein Schlafsack war klamm vor Feuchtigkeit, und draußen trommelte immer noch der Regen auf das Dach und ins Cockpit. Irgendwie hatte ich doch erhofft, dass das Wetter sich an die Prognose halten würde. Das konnte ja heiter werden, wenn's so weiterging. Dazu kam noch, dass ich nicht mehr nackt schlafen durfte, wie es nun einmal meine Gewohnheit ist, sondern aus Rücksicht auf meine Mitbewohnerin und alle anderen, die auf dem Weg zum Klo eventuell durch mein Schlafzimmer stolperten, einen Pyjama trug. Das Ding irritierte mich ununterbrochen. Eben begann ich, mich zu bedauern, als mich ein weiterer Tropfen, diesmal auf die Nase, und ein menschliches Rühren daran erinnerten, dass Selbstmitleid nichts bringt. Ich nützte erst einmal den bescheidenen Vorteil, der davon ausgeht, direkt vor der Toilette zu schlafen, dann wischte ich die Decke über meinem Bett mit einem Geschirrtuch ab. Dabei hatte ich das Gefühl, beobachtet zu werden. Tatsächlich, da plinkerte ein blaues Auge der ehrwürdigen Nase entlang missbilligend in meine Richtung.

»Musst du mitten in der Nacht staubwischen?«

Staub wischen! Die hatte sie wohl nicht alle. Ich spähte angestrengt ins Zwielicht. Tatsächlich, auch über dem fürstlichen Haupt zitterte eine Unmenge glitzernder Kügelchen an der Decke. Kräftig hieb ich mit der Faust gegen das Kajütendach, und es ertönte ein empörtes und ganz und gar unadeliges Quieken, als sich kühler Regen über sie ergoss. »Da hast du deinen Staub!«

Aus Iglos Kabine drang eine dumpfe Stimme: »Ruhe, verflucht noch mal. Hier gibt es einen Kapitän, der schlafen will!«

»Dann schrei' nicht so, sonst weckst du ihn noch auf!«

Er brabbelte noch ein bisschen, dann wurde es wieder still. Martina wischte sich das nasse Gesicht ab und verschwand ebenfalls auf der Toilette. Ich hörte das charakteristische Pumpen, dann rauschte die Dusche, und die Süßwasserpumpe tuckerte. Jetzt pumpte auch vorne wer, hinten ging die hofrätliche Tür und der Bewohner watschelte gähnend und augenreibend heraus. Als er die Türe zur Erlösung verschlossen fand, wurde er schlagartig munter und hirschte mit hervorquellenden Augen erstaunlich gelenkig zum Niedergang, wo er hastig Zugang und Dach aufriss. Dann polterten die Teile des Steckschotts ins Cockpit und er entfleuchte mit einem erleichterten Seufzer. Jetzt regnete es in den Niedergang und ich schob das Dach wieder vor. Draußen plätscherten die Wellen und der Hofrat. Es war nicht zu überhören: der Tag hatte begonnen auf EOS. Nur von Morgenröte gab es keine Spur, denn als ich endlich angezogen war und hinaufging, war ringsum die gleiche Waschküche wie am Vortag. Verdrießlich rieselte es aus bleigrauem Gewölk. Darunter zogen die Dampfschwaden des widerwillig erwachenden Landes wie bizarre, zerfetzte Leichenhemden über die im stumpfen Licht leblose Gegend. Selbst das Meer wirkte tot. Trostlos. Ich seufzte und ging Zwiebel schneiden. Ernstl half mir und schon bald saßen wir vor einem opulenten Frühstück. Die einsilbige Unterhaltung beschränkte sich auf unfreundliche Kommentare zur Wetterlage und zur Infamie des Barometers, dennoch weiterzusteigen und damit ungerechtfertigte Hoffnungen zu schüren. Langsam bevölkerte sich der Salon mit wortkargen Seglern. Erst beim Anblick des dampfenden Kaffeetopfes erhellten sich die Mienen. Minni, die sich als Letzte zu uns gesellte, schauderte es beim Anblick der barbarischen Frühstückstafel mit Knoblauch, Speck und Tomaten. Die Zwiebel brannte sie in den Augen, obwohl es gar nichts mehr zu brennen gab, denn wir hatten sie schon verputzt. Sie hielt sich an Butter und Honig, außerdem an das einzige Griechische am Tisch, an das Brot, und das war vom Vortag. Griechisches Brot ist weich und saftig, wenn es, noch dampfend, vom Bäcker kommt, aber es erleidet binnen einer Stunde das Schicksal des Bildes des Dorian Grey: Es wird bröckelig, und als spezielle Gemeinheit schmeckt es zudem an der Oberfläche wie roher Grieß. Dieses da war keine Ausnahme, aber Iglo hatte es auf Vorrat gekauft, weil er schließlich früh auslaufen wollte. Draußen zog eine dünne Kolonne verschlafener Bootsbewohner mit appetitlich riechenden Papiersäckchen in der Hand gähnend über den Kai, den Freuden eines gelungenen Frühstücks entgegen, nur wir kämpften mit dem harten, bröseligen Zeug vom Vortag. Minni nahm den ersten Bissen, dann war das Frühstück für sie abgehakt. Das also war das Geheimnis ihrer Figur. Einfach heikel.

Iglo begann nun, seine Pläne darzulegen. Demnach sollten wir am ersten Tag nach Paxos fahren, ein kleiner Schlag zur Gewöhnung, wie er meinte. Ich ging nachmessen. Kleiner Schlag, fürwahr. Das waren fünfundzwanzig Meilen, über den Daumen gepeilt. Weit würden wir nicht kommen mit dieser Taktik, aber mein Bedarf an Segeln war nach den letzten Tagen fürs Erste sowieso gedeckt, sollte er doch machen, was er wollte. Meine Herumzirkelei in der Karte störte ihn scheinbar bei seinen Ausführungen, denn er musterte mich streng, und ich setzte mich wieder brav an den bröselbedeckten Tisch. Glück gehabt, anscheinend kam ich noch einmal um eine Eintragung ins Klassenbuch herum. Als er fertig war mit seinen Ankündigungen, zeigte ich scheinheilig auf.

»Ja, was gibt's?«

Erstaunlich. Er bemerkte gar nicht, dass er sich benahm, als wäre er in seiner Klasse. Er nicht, aber die anderen. Und denen trug ihr Grinsen auch prompt einen strafenden Blick ein. Alte Gewohnheiten kann man halt nicht so einfach aufgeben.

151

»Ich wollte nur fragen, ob wir nicht besser melden sollten, dass wir schon wieder mehr geworden sind am Boot, Herr Professor, bevor wir dann Schwierigkeiten haben mit den griechischen Behörden, wenn wir wo anlegen.«

Iglo sah Ernstl nervös und Hilfe suchend an. Offensichtlich hatte er keine Ahnung, was er jetzt machen sollte, aber der Bordheilige erlitt einen Rückfall in seine alten Gewohnheiten und erlöste ihn. »Ich habe gestern schon die Änderungen in der Crewliste bekannt gegeben. Den Zoll habt ihr schon am Flughafen passiert, es ist also alles in Ordnung, wir können fahren, wenn wir so weit sind. Und beim Anlegen müssen wir uns sowieso nirgends melden, wir haben ordnungsgemäß einklariert in Griechenland. Lediglich Hafen-, Strom- und Wassergebühren sind natürlich überall zu entrichten. Das hat aber nichts mit höheren Behörden zu tun.« *Oh Ernstl. Gar kein Spaß auf seine Kosten? Nix mit »Nichtgenügend, setzen«?* Aber mein bester Freund und Kumpel sah mich nur missbilligend an. Natürlich, Minni! Vor der sollte unser Oberlehrer ja gut dastehen auf diesem Törn! Trotzdem mischte sich Bedauern in meine Scham. Ich meine, da hat man schon einmal so ein Medium zum Skipper, und dann darf man es nicht ausnützen! Ein Jammer. Aber irgendwas würde sich schon ergeben, vermutlich brauchte man es nicht einmal zu provozieren.

Nach dem Ablegen unter Maschine sah ich vergnügt den Fendern zu, wie sie an den Bootsseiten lustig durchs Wasser plätscherten. Leider wurden meine Betrachtungen durch einen eindeutig unfreundlichen Akt unterbrochen, denn etwas trat mich gewaltig in den Hintern. Das musste ein Pferd gewesen sein. Aber es war bloß wieder Ernstl, und nach einem drohenden Blick von ihm verstauten wir schweigend die sperrigen Gummiblasen. Ich seufzte. Bei einem derartigen Schutzengel hatte nicht einmal Iglo wesentliche Chancen, etwas falsch machen zu können. Wie langweilig! Doch schon bei der Hafenausfahrt, als wir uns zwischen den Inselchen hindurch mogeln mussten, kam die nächste Gelegenheit. Wie durch ein Wunder begann sich der Wind plötzlich zu rühren, wahrscheinlich kamen wir aus der Landabdeckung heraus. Zunächst ignorierte Iglo ihn, zumindest so lange, bis Minni gurrte, dass wir jetzt endlich ohne das penetrante Hämmern des Diesels segeln könnten, und so kommandierte ihr folgsamer Gatte trotz sichtbarer Zweifel ein einwandfreies Segelmanöver, an dem sich die Hofrätlichen wie alte Fahrensleute beteiligten. Dabei waren sie erst das zweite Mal auf einem Segelboot.

Ernstl war, wie üblich, am Ruder, und ich kämpfte mit der vertörnten Leine des Relingslogs, das ich unter seinen dräuenden Blicken erst jetzt ausbrachte, und selbst das möglichst unauffällig. Obwohl ich gedacht hatte, dass sein Fehlen sowieso niemandem außer mir aufgefallen wäre, hatte sich Martina in aller Unschuld nach unserer Geschwindigkeit erkundigt, was mir sofort eine Neuauflage von Ernstls bösem Blick einbrachte und in der Folge meine derzeitige Aktivität. Iglo kaute ununterbrochen kandierten Ingwer. Angeblich soll das gut sein gegen Seekrankheit, und tatsächlich schaffte er es, oben zu bleiben, auch wenn er inzwischen wie eine leere Flasche Gingerale roch. Inzwischen lugte tatsächlich die Sonne durch die vor uns immer dünner werdenden Wolken, während hinter uns Insel und Festland nach wie vor unter einer fast schwarzen, hufeisenförmigen Barriere lagen, die fast alles Licht schluckte. Das Bild war so unwirklich, dass die Hofrätin schnell ihre Einwegkamera mit der Panoramalinse holte.

»Was ist das denn Komisches?«, wunderte sich Minni. Die Hofrätliche schoss ihre Fotos und klärte uns dann alle auf:

»Diese praktischen Dinger ermöglichen Fotos wie kein anderer Apparat. Ist der Film voll, gibt man sie einfach zum Entwickeln ab. Auf einem Boot, am Berg und auch sonst im Urlaub sind sie schlicht unbezahlbar, deshalb habe ich immer eine dabei. Blöd ist eigentlich nur, dass man die breiten Bilder nur hochkant ins Album kleben kann. Sie sind's aber alle Mal wert, das könnt ihr mir glauben! Denn man kann dadurch Situationen verewigen, die auch eine extreme Weitwinkellinse nicht so bringt wie die Pappschachtel mit der Kunststoffoptik, gell ja, Vati?«

Der Hofrat hatte während ihres Vortrags sowieso ununterbrochen genickt, jetzt riss er sich beinahe den Kopf ab. Entweder war er mit den Vorzügen des Dings, das eher aussah wie ein Scherzartikel und der Problematik des Einklebens bestens vertraut, oder er hatte im Laufe seines Ehelebens gelernt, dass es besser war, seiner besseren Hälfte demonstrativ zuzustimmen.

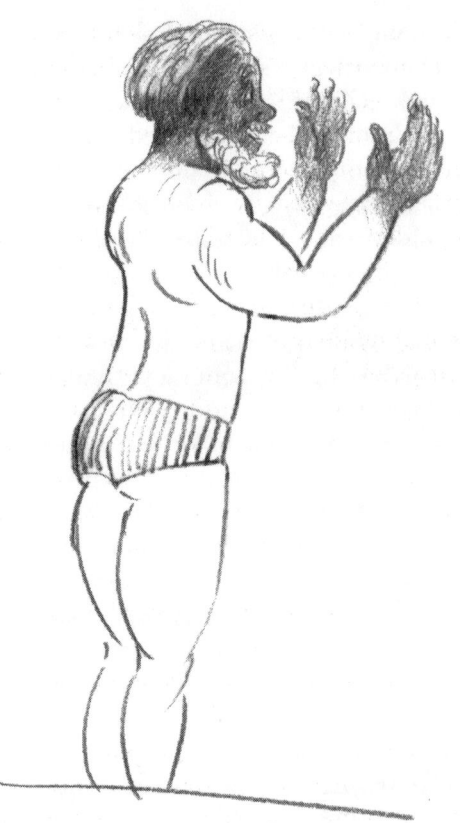

»K-G-B: Klein, gut, billig«, schloss seine Frau schließlich mit einem Lächeln. Plötzlich wollte jeder dieses Ding näher betrachten, selbst Minni guckte es sich interessiert an, als es von Hand zu Hand wanderte. Über die einsetzende Diskussion über Blenden, ISO-Zahlen, Filme und Einstellungen übersahen wir beinahe, dass das Wetter nun rapid besser wurde.

Bald glitten wir über eine Kitschpostkarte voll weißem Tuch und blauem Wasser. Die ersten Hüllen fielen, denn kaum schien die Sonne, war es auch schon heiß. Bald waren die Ölzeugjacken kurzen Leibchen gewichen, ein Wahnsinniger saß sogar in der Badehose da. Alle schauten mich an, aber mir war wirklich warm genug. Nach den Tagen voll Kälte und Regen war ich einfach abgehärtet und außerdem extrem sonnenhungrig. Manche Menschen brauchen halt mehr Sonne als andere. Ich konnte mir daher das Gekuder der Damenriege und die eigenartigen Blicke meiner Kumpane nicht so recht erklären, zumindest solange nicht, bis ich hinunterging um Sonnenöl zu holen und dabei beim Spiegel vorbeikam, dem ich normalerweise nicht viel Aufmerksamkeit schenke. Aber jetzt interessierte mich schon, was es bei meinem Anblick so Besonderes gab. Und sah ein wirklich ungewöhnliches Bild: Gesicht und Hände waren von Wind und Wetter und von der Sonne der ersten Tage wie gegerbt, der Rest aber war topfenweiß. In Wien nennt man sowas »Hacklerbräune«, weil sie hauptsächlich Bauarbeiter, Gärtner und überhaupt Menschen auszeichnet, die voll bekleidet im Freien arbeiten, also die so genannten »Hackler«. Wenn das Wetter so blieb, dann würde es in zwei, drei Tagen sowieso keinen Unterschied mehr geben zwischen den einzelnen Regionen meiner Haut, abgesehen vom weißen Hintern, den ich jedoch nicht noch einmal vorzuzeigen gedachte.

Mit der Zeit entblätterten sich auch alle anderen mehr oder weniger, denn es wurde wirklich sehr heiß, und da auch Ernstl und Martina das gleiche Phänomen zeigten wie ich, wandten die Neuzugänge ihre kartoffeltriebbleichen Gesichter eifrig der Sonne zu, um ja rasch aufzuholen. Dieser ungebührlichen Eile und der kühlenden Wirkung des Seewindes war es zu verdanken, dass am Abend alle einen mordsmäßigen Sonnenbrand hatten.

Besonders arg erwischte es den Hofrat, was ihm kurzfristig den pseudoindianischen Spitznamen »Der im Dunkeln leuchtet« eintrug. Doch davon später. Vorderhand führte Iglo das große Wort. Nachdem ihm nicht schlecht geworden war, sei's durch die Ingwerkur oder wegen des monomanen Dranges, seiner Frau zu imponieren, erklärte er nun der nur mäßig Interessierten das Boot. Dazu schleppte er sie überall herum, was zur Folge hatte, dass sie nach ganz kurzer Zeit den einzigen Platz entdeckte, wo man auf so einem Bötchen einigermaßen seine Ruhe hat, nämlich die paar Meter zwischen Bugkorb und Mast. Und dort blieb sie gleich, nicht ohne ihn zu bitten, ihr doch ein wenig Mineralwasser zu bringen. In der Folge hantierte er einige Zeit in der Kajüte, und was der ganze Vormittag nicht geschafft hatte, vermochte die kurze Suche nach den Eiswürfeln: Als er wieder heraufkam, drückte er dem Hofrat schweigend das beschlagene Glas in die Hand, stürzte zum Heck und frühstückte rückwärts. Ich hatte die ganze Zeit auf Anzeichen seiner normalen Schwächen gelauert, doch jetzt, wo es endlich so weit war, tat er mir leid. Nur aus Liebe zu seiner Frau war er in diese unangenehme Situation geraten, und nicht, wie üblich, durch seine Besserwisserei und Dickschädeligkeit. Ich nahm dem Hofrat das Glas ab und brachte es Minni. Die bedankte sich erstaunt und fragte, wo denn ihr Göttergatte sei.

»Ach, weißt du, der ist gerade unten und schaut sich das Hafenhandbuch an, weil ja keiner von uns jemals in Gaios war und der Hafen hinter einer mords Vorinsel liegt. Und wir wissen nicht, ob wir gleich von oben zufahren können oder um die Insel herum von Süden anfahren müssen.«

»Aber du bist doch der Navigator!«

»Ein guter Skipper kümmert sich eben um alles.«

»Ja, aber unten wird ihm doch immer schlecht?!«

»Das war einmal.« *Vor zehn Sekunden.* »Jetzt hat er sich voll im Griff.« *Hoffentlich.* »Mach' dir keine Sorgen um ihn, der wird uns noch alle überraschen.« *Und das schafft er mit Links, sobald man nicht hinschaut.*

Ich bemühte mich, ihren zweifelnden Blick zu übersehen und turnte wieder nach hinten. Keine Spur von Iglo. Der war weg. In den Bach gefallen? Blödsinn, da hätten die anderen doch etwas getan. Also wieder unten. Mich beschlich eine ungute Ahnung, und tatsächlich war ich gerade rasch genug im Salon, um ihm die unvermeidliche Colaflasche mit dem Eigenbau-Rum zu entwinden.

»Lass das! Was bildest du dir eigentlich ein! Ich brauche einen Schluck, damit mir wieder besser wird!«, zeterte er, leicht grün im Gesicht.

»Schrei bloß nicht so herum, sonst hört dich eine gewisse Person, die so scharfe Ohren hat, dass sie das Gras wachsen hört. Außerdem wird dir von dem Zeug noch schlechter, das solltest du allmählich wissen. Wenn du unbedingt heimlich saufen willst, dann mach das gefälligst zu Hause. Der Ernstl reißt sich einen Haxen aus, damit er deine Fehler vertuscht, und dann kommst du und willst das alles zunichte machen. Soweit kommt's noch. Von mir aus könntest du verdammter Sturschädel zum Teufel gehen, aber du hast einen mächtigen Fürsprecher und Schutzengel, der das verhindern will. Reiß dich zusammen und schau, dass du wieder hinaufkommst. Ich hab deiner Frau erzählt, dass du die Landung vorbereitest, aber irgendwie habe ich den Eindruck, sie glaubt mir nicht so recht. Sag ihr ruhig, dass man sich auf niemanden verlassen darf, wenn man Skipper ist. Das habe ich ihr nämlich auch erzählt, und du kannst mir glauben, es stimmt auch. Der Hafen heißt übrigens Gaios und wir nehmen die nördliche Zufahrt hinter die Inseln Panagia und Hagios Nikolaos. Im Süden ist es nämlich verdammt seicht. Los, schwing die Keulen. Nicht vergessen, die Inseln heißen Panagios und Hagios Nikolaos. Dazwischen liegt ein Steinwall.«

»D...danke, dass ihr das für mich macht!«, stammelte er, dieses Mal nicht vor Wut, sondern sichtlich gerührt.

»Hau jetzt endlich ab und bedank dich beim Ernstl! Wäre der nicht, würdest du jetzt noch die Fender durchs Wasser schleppen! Und Martina verdankst du es, dass wir das Relingslog montiert haben. Ich hätte kein Ohrwaschel gerührt. Geh dir aber die Zähne putzen, bevor du hinaufgehst. Du stinkst wie ein voll gekotzter Kübel.« Er musterte mich ungläubig, tat aber wie geheissen, dann verschwand er wie ein Blitz. Ich aber nahm seelenruhig einen mächtigen Schluck aus seiner Flasche. Schon verdammt gut, was er da zusammenbraute. Dann musste ich ein bisschen schuldbewusst grinsen. Wenn hier wer heimlich soff, dann bestimmt nicht Iglo. Ich setzte mich in die Nav-Ecke, um meine rudimentären Kenntnisse des Hafens zu erweitern, und ich saß noch nicht lang, da kam mich Minni besuchen.

»Also, das hätte ich nicht gedacht, dass er dich bei einer Schlamperei erwischt. Ich habe geglaubt, auf euch kann man sich verlassen! Aber jetzt glaube ich, alle Männer sind gleich. Man kann euch allesamt nicht ernst nehmen. Ausgerechnet er muß dir sagen, wo's langgeht, und...« Doch bevor sie weiterkeppelte, zuckte ihre Nase schnuppernd in meine Richtung. »Puh, kein Wunder, du stinkst ja nach unserem Rum! Komisch, das ist mir erst gar nicht aufgefallen!«

157

Also, eine Nase hatte die Frau. Nach Rum, okay, aber nach
»unserem Rum«, das überraschte mich doch. Und außerdem hatte
sie ein ziemlich böses Mundwerk, wie ich feststellte. Irgendwie tat
mir Iglo schon wieder leid, obwohl aus ihren Worten hervorging,
dass er behauptet haben musste, ich hätte irgendwas verbockt.
Aber was machte das schon. Es stand fest: Er zog Kritik, egal von
wem, an wie ein Magnet. Immer wieder schaffte er es, jedes Fett-
näpfchen mitzunehmen. Ich erinnerte mich wieder an die Episo-
de mit seinem Sohn. Und nahm mir vor, herauszubringen, was da
eigentlich lief, bei denen zu Hause. Irgendeinen Grund musste es
doch geben, dass er dauernd aneckte. Nicht bloß bei mir, das ist
recht einfach, denn es gibt wahrlich geduldigere Menschen als
mich. Nein, auch Minni reagierte allergisch auf seine Anwesenheit, und die musste doch viel genauer wissen, was es damit auf
sich hatte, denn schließlich waren die beiden mindestens seit siebzehn Jahren verheiratet. Irma, die sich mit ihrem Urteil gewöhnlich sehr zurückhielt und ihn auch noch nicht lange kannte, stuf-
te ihn schon jetzt unter »komisch« ein, das war kein besonders
gutes Zeichen. Ich wieder hatte mich an seiner Art von Anfang
an gerieben, es allerdings meiner Unduldsamkeit zugeschrieben.
Aber da musste mehr sein, denn ich war trotz eingestandener
Schwächen damit nicht allein. Nun hat man beim Segeln mehr
Zeit, nachzudenken, als einem gut tut, und ich konnte meinen
Unwillen nicht mehr allein auf meine Ungeduld zurückführen,
auch nicht nur auf seine Besserwisserei, denn wäre das aus-
schlaggebend, hätte ich auch mit einer Menge meiner Kollegen
ununterbrochen Zoff, und das ist eindeutig nicht der Fall. Nachdem ich vorerst mit Nachdenken am Ende war, beschloss ich, mich
dumm zu stellen, so eine Art Inspektor Columbo. Daher tat ich
mein Riesenmaul auf und murmelte:
   »Alle Männer, gleich, wie? Das heißt, du wirfst Ernstl und mich
in einen Topf? Der steht oben und bringt uns zuverlässig zu unserem Ziel, und ich stinke laut deinen eigenen Worten nach Schnaps
und kann nicht einmal eine Hafeneinfahrt finden. So weit, so gut.
Dann kommt dein Mann und korrigiert meinen Fehler, weil er
nicht alles unbesehen frisst, was ich ihm serviere, aber das ist dir
auch wieder nicht recht, weil du nicht glauben willst, dass er so

gut ist. Und weil dir die Argumente ausgehen, flüchtest du dich hinter das Allgemeinplätzchen, dass wir alle gleich sind und zusammenhalten. Wäre dir lieber, er hätte Blödsinn gemacht? Das jedenfalls hättest du unbesehen geglaubt! Wenn er so eine Flasche ist, warum hast du ihn dann überhaupt geheiratet?« *Oh Gott, übertreib nicht so schändlich! Ist das der Schluck Rum oder das schlechte Gewissen, weil ich ihn anrennen lassen wollte? Jedenfalls muss jetzt sofort Schluss sein damit, sonst glaubt sie mir kein Wort.* Aber es war zu spät. Sie schnaubte verächtlich und dann wiederholte sie:

»Ihr seid allesamt ein Pack! Glaub nur ja nicht, dass du mir Sand in die Augen streuen kannst!«

Für den Moment gab es anscheinend keine Möglichkeit, weiterzubohren, ohne sie noch misstrauischer zu machen. Abschwächen hieß die Devise.

»Na, du musst es ja wissen! Da macht der Depp einmal in seinem Leben was Gescheites, und was passiert? Ausgerechnet seine eigene Frau wittert dahinter eine Intrige! Weißt du, Menschen ändern sich. Dein Mann hat in der Zwischenzeit viel gelernt! Er ist nicht mehr der Hans-guck-in-die-Luft, der euch ahnungslos in die Ägäis geschleppt hat. Was wirklich los war, ist: Ich mache einen Fehler, bloß weil ich lieber in der Sonne sitze als hier herunten, und weil ich ein ehrlicher Mensch bin, gebe ich das auch noch zu! Aber dann kommst du daher und behauptest, dass wir alle lügen. Ich, dein Mann, und wahrscheinlich auch der Hofrat und Ernstl, denn schließlich sind das ja auch Männer, und das genügt für jede Anschuldigung, wurscht, wie weit hergeholt sie ist!«

Ich hatte mich in meine ungerechte Empörung richtig hineingesteigert, um sie von einer weiteren Beschäftigung mit der eher schwachen Geschichte abzuhalten. Erstaunlicherweise hatte ich damit Erfolg, obwohl man nicht behaupten kann, dass die Taktik besonders originell ist. Aber sie entschuldigte sich bei mir und meinte zum Schluss:

»Weißt du, gebrannte Kinder scheuen nun mal das Feuer! Und wenn man so lange mit einem Menschen verheiratet ist wie ich, dann kennt man ihn eben. Und auch seine Ausreden und die Schutzbehauptungen seiner Freunde! Deswegen darfst du auch nicht böse sein, wenn ich dich so beschuldigt habe, denn alles, was du gesagt hast, hat genau das Bild der Situation ergeben, die ich so hasse. Er stellt irgendwas Schwachsinniges an, ohne jede Überlegung, und statt dass die anderen ihm einmal ordentlich ihre Meinung sagen, ist das Einzige, was sie tun, dass sie die ganze Sache vor mir vertuschen. Es tut mir leid, ich wollte dich nur zu einer unvorsichtigen Äußerung reizen und nicht beleidigen!«

Sie küsste mich rasch auf die Nasenspitze und entfleuchte. Da stand ich nun, betrogener Betrüger, der ich war, genauso schlau wie vorher. Also vertiefte ich mich wieder in das Hafenhandbuch. Was sonst sollte ich tun? Die ganze Situation war paradox. Iglo kann mit einem Hafenhandbuch höchstens Fliegen erschlagen. Nicht etwa, weil der Umgang damit so schwer wäre, nein, er könnte es genauso gut wie jeder andere auch. Aber Iglo braucht das nicht. Das ist seiner Meinung nach was für Blöde. Er muss eine Hafeneinfahrt nur sehen, dann ist sowieso alles sonnenklar. Untiefen? Lächerlich, wozu gibt es Tonnen? Ein Sektorfeuer? Na, die sind doch sowieso alle gleich! Bei Tag nicht eingeschaltet? Landmarken? Mumpitz! Jeder, der nicht komplett vertrottelt ist, sieht doch, was die anderen machen! Iglo ist nicht zu blöd für ein Hafenhandbuch, er ist zu präpotent, um es in Anspruch zu nehmen. Und genau da liegt das Problem. Einem Trottel kann man was beibringen, aber einem, der sowieso alles lässig durchschaut, nicht. Natürlich kommt dabei nichts Gutes heraus. Aber er ist so borniert, dass er gleich beim nächsten Mal denselben Mist wieder baut. Wetterprognose? Hör' doch auf, man sieht doch sowieso, wie es ist. Und falls es sich ändert? Wenn schon! Wir fahren ja nicht über den Atlantik! Da ankern wir halt in der nächsten Bucht! Es ist hoffnungslos. Und mich macht er damit wahnsinnig. Dieses überhebliche Getue, wenn man ihm die Gefahr einer Situation präzise auseinandersetzt: »Na, dann mach halt, was du für notwendig hältst. Wenn es dir danach besser geht, soll's mir recht sein. Ich will ja schließlich, dass sich alle wohlfühlen!« Und er widmet sich wieder wichtigeren Dingen, das ist im Allgemeinen die nächste Mahlzeit. Wenn's haarig wird, vergeht er vor Angst und ist deswegen und auch dank seiner ewigen Seekrankheit zu nichts zu gebrauchen. Aber schon im nächsten Hafen weiß er dann ganz genau, wie man alles hätte besser machen können. Nein, der Seefahrer Iglo macht mich krank. Dafür fasziniert mich der Erzähler Iglo, der Genießer, der Koch. Da ist er zwar genauso oberg'scheit und unduldsam, aber er beherrscht die Materie eben aus dem FF. Und es ist der maximale Genuss, sein Essen zu verzehren und dabei seinen Geschichten zuzuhören. Er ist witzig, gescheit, dazu eine wandelnde Bibliothek und alles, was er kocht, großartig. Führe er als Alleinunterhalter und Smutje mit, alles wäre perfekt. Aber nein, er muss Seemann spielen. Und dazu hat er das gleiche Talent wie ich zum Seelsorger. Genug gegrübelt. Aber schön wär's schon, wenn zwischen uns auch im seemännischen Bereich endlich Friede einkehrte.

Eigentlich mussten wir jetzt bald da sein. Ich war richtig neugierig, wie er sich beim Anlegen anstellen würde. Der Landfall ist die Visitenkarte einer Besatzung. Beim Segeln schaut einem sowieso kein Schwein zu. Da kann einer machen, was er will, kein Hahn kräht danach. Und gäbe es jemanden, der die Eskimorolle mit einer Zehntonnenyacht beherrscht oder sonst was gänzlich Unmögliches, es nützte ihm nichts, wenn er dann nicht anlegen kann. Das Anlegen ist die Kür des Skippers, danach wird er beurteilt. Denn weil im Hafen keiner was zu tun hat, schauen alle zu. Und alle können es besser. Ein sich knirschend verformender Fender genügt als Gesprächsstoff für einen ganzen Nachmittag. Und muss einer gar zweimal anfahren, hat er ausgespielt. Die Nachbarn bringen alle Fender aus, die sie sich irgendwo zusammenschnorren können, und im Übrigen ist der Arme Luft für sie. Geächtet. Und mit ihm seine ganze Besatzung. Sippenhaftung. Da hilft nur noch die Flucht. – Mit Iglo am Ruder hatten wir reelle Chancen, in der Gegend zum Fliegenden Holländer zu werden. Aber ich hatte mich getäuscht, der Schlingel dachte gar nicht daran, sich zu blamieren.

»Hannes, nachdem du dich heute als Navigator bereits profiliert hast, gebe ich dir jetzt die Chance, die Scharte wieder auszuwetzen! Bereite bitte das Anlegemanöver vor ...und blamier uns nicht.«

Ich holte scharf Luft. Meine guten Vorsätze lösten sich in Luft auf. Die Frechheit muss man einmal haben. Ernstl grinste, der

Hofrat starrte angestrengt Löcher in die Luft, Irma lief rot an, während Martina im Gegensatz dazu blass wurde, so weit ihr Sonnenbrand das zuließ. Die Hofrätin floh in die unteren Gefilde, wohl in der Meinung, dass wir dort ihr Gelächter nicht hören würden. Minni war wieder vorne am Bug und bekam sowieso nichts mit. Das fand ich, war das Empörendste an der ganzen Sache. Vor ihr hätte ich es noch eingesehen, aber so? Glaubte der womöglich wirklich, was er da von sich gab? Hatten wir einen Irren an Bord? »Na, dann gehen wir's an. Ich stelle dir mein Amt zur Verfügung.«

Ernstl schlüpfte hinter dem Rad hervor, und ich fädelte mich aus purer Gewohnheit ein. Wollte er das Affentheater schon wieder mitmachen? Na, meinetwegen, spiel ich eben auch mit. Aber demnächst musste ich einmal Klartext reden mit Iglo, das stand fest. Dann wandte ich meine Gedanken näher liegenden Dingen zu, denn ich halte nichts davon, wenn die Crew auf einem anlegenden Boot wild herumrennt und alle durcheinander schreien. Das strahlt Aufregung und Inkompetenz aus und ist völlig unnötig. Also teilte ich meine Mannen ein und schlug ihnen ein Spiel vor.

»Wir werden die Leute im Hafen heute einmal verblüffen und völlig lautlos anlegen. Die sollen glauben, da kommt ein Schiff voller Stummer daher. Macht ihr mit? Ihr werdet sehen, das ist ganz einfach. Und dann schaut euch die Gesichter auf den Nachbarbooten an! Die werden Augen machen! Sowas haben die bestimmt noch nie gesehen!«

Ernstl kannte das Spiel schon und grinste sich eins. Die anderen schauten eher skeptisch drein. Also war eine Erklärung fällig: »Normalerweise kommt ein Boot mit Getöse an. Der Skipper schreit herum, alle anderen sowieso, es ist ein Chaos. ›Abhalten!‹, ›Doch nicht dort, da schau her!‹, ›Leinen über!‹, ›Jetzt spring doch endlich!‹, so oder ähnlich, ihr kennt das ja. Und die Besatzungen der anderen Schiffe mischen sich auch noch ein, es ist Schmierentheater pur. Am Kai steht einer und rauft sich die Haare, weil er vergessen hat, vor dem Springen den Festmacher unter der Reling durchzufädeln, an Bord schäumt der so genannte Skipper und ruft Gott und die Welt als Zeugen an, dass man mit der Mannschaft nichts machen kann, dann fassen sich noch zwei ein Herz und springen entschlossen über den immer weiter klaffenden Spalt. Leinen in der Hand, aber leider die Enden ein- und derselben Leine, sodass sie jetzt ein Tauziehen veranstalten können. Während der ganze Hafen von guten Ratschlägen und boshaftem Gelächter schwirrt, treibt der Dampfer langsam ab. Die Maschine spuckt Wasser und dicken Qualm und unter lästerlichen Reden aller Beteiligten schrammen sie an den Nachbarbooten entlang wieder aus der Lücke, um einen neuen Versuch zu wagen. Der Rudergänger ist jetzt schon hochgradig nervös und vergisst den Radeffekt. Fender knirschen, die Nachbarskipper ringen die Hände, das Boot hat viel zu viel Fahrt, denn der Rudergänger hat inzwischen die Maschine ganz vergessen, in seinem Schädel dreht sich alles nur mehr um das große Rad, an dem er sich hilflos festklammert, weil er nicht mehr weiß, in welche Richtung er es eigentlich bewegen soll. Einer, der einen Rest von Übersicht bewahrt hat, reißt den Hebel auf ‚volle Fahrt voraus‘, zwischen Heck und Pier kocht das Wasser, und der Spoiler bleibt gerade noch mal ganz, aber dann stecken sie endgültig fest, wobei die hinterlistige Maschine ihr Bestes gibt, dem bugseitigen Nachbarn die Reling aus dem Deck zu reissen. Irgendeiner stellt endlich den Motor ab, und sie verholen das Boot mit der Hand. Aber der Zoff ist damit noch nicht vorbei, weil einer der Nachbarn große Teile der Scheuerleiste als dicken, schwarzen Strich auf seiner ehemals makellosen Seite wieder findet und außerdem zwei Fender im Hafenwasser dümpeln, die mit dem Radierer wieder eingefangen werden müssen. Alle haben ihre Hetz gehabt, nur die Kaution ist verfallen, weil der freundliche Nebenskipper an der günstigen Gelegenheit nicht vorbeikann, sich auf Versicherungskosten das halbe Boot sanieren zu lassen. Immer neue Schäden fallen ihm auf und er bedauert nur, dass er nicht auch noch neue Segel verlangen kann, weil die alten schon ein bisserl verschossen sind.«

Ich holte tief Luft. »So werden wir nicht anlegen! Wir werden denen eine Profishow liefern, dass ihnen die Augen stecken bleiben. Passt auf! Ernstl, du gehst zum Anker. Wenn ich dir mit Daumen und Zeigefinger ein Ringerl deute, lässt du ihn fallen. Ich gehe dann mit der Maschine zurück und fädle das Boot in eine

Lücke ein. Wenn ich die Fahrt aus dem Schiff nehme, springen Martina und die Hofrätin mit den Heckleinen, legen sie gleich auf Slip und werfen die freien Enden wieder an Bord. Der Hofrat und ich belegen sie an den Klampen, und wenn wir damit fertig sind, dann spannt Ernstl mit der E-Winsch die Ankerkette gut durch. Iglo und Minni stellen sich mit je einem Fender an die Wanten, für den Fall, dass wir abtreiben sollten. Iglo in Lee, das wird Steuerbord sein. Ihr werdet sehen, es geht ganz einfach. Minni, du brauchst nicht nervös zu werden, auf deiner Seite kann gar nichts passieren. Du stehst dort nur zur Beruhigung des Nachbarn und beschränkst dich darauf, hauptsächlich schön zu sein. Martina und du, Hofrat, ihr fädelt die Festmacher gleich unter der Reling ein, nachdem ihr sie mit einem Palstek an die Klampen gelegt habt. Und unter der Reling gebt ihr sie auch wieder zurück!«

Martina murmelte etwas von wegen »ja nicht blöd« und der Hofrat begann sofort, nachdem er in der Backskiste einen Festmacher gefunden hatte, einen Palstek zu zelebrieren, die Zungenspitze zwischen den Zähnen. Er kriegte ihn auch ganz gut hin, sieht man einmal davon ab, dass das Auge nicht größer wurde als der Umfang einer Untertasse. Als er noch einmal anfangen wollte, unterbrach ich ihn:

»Wenn so was passiert, brauchst du ihn nicht aufzumachen. Dazu ist oft keine Zeit mehr. Schau, zieh einfach das an den Stek folgende Stück des Seiles durch das Auge, dann hast du eine Laufschlinge, die du beliebig vergrößern kannst.«

Sein Gesicht erhellte sich und ich nahm mir vor, ihm bei Gelegenheit zu zeigen, wie man einen Palstek richtig macht. Vielleicht anlässlich einer allgemeinen Trainingsstunde? Schnürln hatten wir genug mit für jede Menge Übungstampen. Aber jetzt war keine Zeit mehr für solche Überlegungen, denn wir hatten das Hafenbecken fast erreicht. Ich startete die Maschine, und wir bargen die Segel. Die Fender wurden vom Heckkorb los- und an die Reling angebändselt, aber vorderhand innenbords liegen gelassen. Die Festmacher lagen aufgeschossen an den Klampen, schon angeschlagen und durchgefädelt, dann aber neben den Stützen des Heckkorbes wieder innenbords geholt. Die Heckreling war abgebaut, neben mir lauerten die Springer. Ernstl hantierte vorne mit dem Ankerge-

164

schirr. Iglo und Minni lehnten an den Wanten, je einen Fender bei Fuß. Die Hofrätin sonnte sich auf der Cockpitbank. Das Boot plätscherte mit kleiner Fahrt in das Hafenbecken. Ich war so weit zufrieden, allerdings war der Hafen bummvoll. Da, eine Lücke. Nein, ist nix, Anlegestelle für eine Fähre. Mein Gesicht wurde lang und länger, aber nach wie vor reihten sich dicht an dicht die Boote, alle mit dem Heck zur Pier, wie in Griechenland üblich. Alles, was ich brauchte, war eine Lücke. Aber die gab es nicht. Die Reihe der Yachten war so lange wie der Kai. Ende der Fahnenstange. Danach schlossen Fischerboote an, die in einem dichten Netz von Leinen zwischen Dalben lagen. Dort gab es erst recht keinen Platz für uns. Man konnte höchstens... Ja, das ging. Eine Heckleine an den letzten Poller des Piers, auf Slip, die andere fix an den ersten Dalben, natürlich unter die Leinen der Fischer. Ich instruierte meine Heckgasten und wendete dann in der Fahrtrinne.

»Was ist jetzt, sollen wir hier ewig herumgondeln?«Natürlich, Iglo musste sich wieder einmal aufblasen.

»Wenn dir was nicht paßt, kannst du gerne selber anlegen!«

Das wirkte sofort, er schrumpfte wieder auf normale Dimensionen. Ich fuhr jetzt das maximal fünfzig Meter entfernte Ufer der Insel H. Nikolaos an und bedeutete Ernstl, den Anker fallen zu lassen. Nach einem leisen Platschen rasselte die Kette aus der Ankerlast, als das Boot Fahrt über den Achtersteven aufnahm. Ich peilte die Pierkante an, und der Hofrat und Martina sprangen. Die Leine des Hofrats übernahm ich, als er sie um den letzten Poller gelegt hatte. Martina sauste zum Dalben und hängte uns dort mit einem Mastwurf an, so locker wie eben möglich. Ich zerrte das Boot so knapp zum Pier, wie ich mich traute und löste dann die zweite Heckleine innenbords. Ende über die Klampe, belegen, dann zog auch schon die Ankerwinsch an. Ich spannte und belegte auch den zweiten Festmacher. Den letzten Schliff verpasste ich unserer Lage, indem ich die Slipleine nach Drauftreten und Durchholen noch enger belegte. Wir waren angekommen, quasi ohne dass ein Wort gefallen war. Der Kerl, der zufällig aus dem Niedergang des Nebenbootes auftauchte, glotzte ziemlich belämmert auf seine neuen Nachbarn. Aber er war keinesfalls stumm vor Bewunderung:

»Dat könn' Se doch nich' machen! Hier ist Sense! Ick habe den letzten Platz! Dat jeht so nich'!«

»Sie sehen ja, dass es geht! Wo sollen wir denn sonst hin? Wir stören hier niemanden und daher bleiben wir auch.«

»Jedetmal, wenn mich hiah eener ärgert, hatta am Heck die Behindatnflagge. Ja, glotz' nich' so dämlich, ick meene deine bescheuerte Nationale. Scheiß Ösies!«

»Jaja, du mich auch.«

»Wir wer'n schon sehn, wat der Hafenbulle dazu sacht!«

Aber dem war das egal, und auch die Fischer hatten ein Einsehen, nur der Nachbar maulte weiter:

»Nirjends hat man sein'n Frieden von euch! Was issn mit meiner Intimsphäre?«

»Was mit deiner Intimsphäre los ist? Dusch ruhig wieder einmal, es riecht hier ein bisserl streng!«

Die Schaulustigen, die sich inzwischen am Kai eingefunden hatten, lachten, und er verzog sich zähneknirschend. Ja, ich weiß eben, wie man sich Freunde macht!

Ich saß am Nav-Tisch, als mein Skipper erschien.

»Was machst du da?«

»Na, ich schreib das Logbuch, damit es komplett ist. Schließlich ist es ein Dokument und immer auf dem letzten Stand zu halten. Bis jetzt war nicht einmal das Auslaufen eingetragen!«

»Du sollst dir nicht immer meinen Kopf zerbrechen. Schließlich ist das Führen der Aufzeichnungen Sache des Skippers oder des Wachführers. So weit ich mich erinnere, bist du hier weder das eine, noch das andere. Kümmere dich um die Navigation und misch dich nicht in meine Angelegenheiten!«

Ich sah ihn sinnend an, außer dem Götzzitat wollte mir nichts einfallen, und weil ich das nicht so mag, war ich de facto sprachlos. Was bildete sich diese Zecke eigentlich ein? Ich sollte es umgehend erfahren.

»Glaubst du, ich sehe nicht, wie du mich immer lächerlich machst? Außerdem mag ich nicht, wie du um meine Frau herumscharwenzelst!«

Jetzt war ich wirklich verblüfft, dafür fand ich meine Sprache wieder:

»Also, kein Mensch muss dich lächerlich machen! Du bist lächerlich! Und das ist noch das Freundlichste, was mir dazu einfällt. Wäre Ernstl nicht, der dich bemuttert wie eine Glucke, würdest du ununterbrochen Schwachsinn produzieren. Und, glaub mir, ich würde dir nicht heraushelfen aus den Patschen, in die du ständig hineingerätst. Von mir aus müsstest du dir deinen idiotischen Schädel so oft anrennen, bis du es entweder begriffen hast oder aufgibst. Du wirst es nämlich nie lernen, wenn dir dauernd geholfen wird. Aber du bist viel zu indolent und überheblich, um zu begreifen, dass du hier keine fünf Minuten existieren könntest, ohne dass dir jemand hilft.« Er hatte mich wirklich wild gemacht. Jetzt redete ich Klartext. Pfeif auf Diplomatie! Zum Teufel mit ihm. »Was deine Frau betrifft, kann ich deine Unterstellung nicht ernst nehmen, sonst müsste ich dir eine herunterhauen! Du glaubst doch nicht wirklich, dass ich ein Auge auf sie geworfen habe oder sie auf mich? So verbohrt kannst nicht einmal du sein. Und ich sag dir noch etwas: Von jetzt ab werde ich deine Fehler nicht mehr vertuschen. Recht war es mir sowieso nie, aber nach deiner letzten Frechheit kannst du deinen Dreck endgültig alleine machen. Als allerletzten Punkt möchte ich dir noch dringend nahe legen, mich nie wieder so blöd anzureden, wie du das gerade gemacht hast. Es könnte sonst leicht passieren, dass ich mich wirklich vergesse. Ehrenrührige Unterstellungen mag ich nämlich gar nicht.« So, jetzt war mir leichter.

»Aber so war doch das nicht gemeint. Ich hab doch damit nur ausdrücken wollen, dass man das, was ihr da aufführt, leicht missverstehen kann.« Das klang ja fast wie eine Entschuldigung. Ich staunte.

»Du meinst das Busserl? Also, erstens ist mir schleierhaft, wie du das eigentlich mitgekriegt hast, und zweitens kann aus dieser Situation nur ein Kranker so hirnrissige Schlüsse ziehen.«

Plötzlich ging mir ein Licht auf, eher schon ein Kronleuchter. Iglo war eifersüchtig! Er hatte unser Gespräch belauscht, aber nicht etwa, weil er befürchtet hatte, ich könnte ihn verpetzen, sondern weil er vor Selbstzweifeln verging und weder ihr noch mir traute. So ein Trottel! Das war doch lächerlich und kindisch. Irgendwo war der in seiner Entwicklung stecken geblieben. Ich wusste nicht, sollte ich ihn auslachen, wirklich zornig werden oder Mitleid haben. Und jetzt fiel mir noch etwas auf: Ich war wirklich erstaunt gewesen, als Minni mich küsste. Das war völlig unerwartet gekommen, denn wir kannten uns ja kaum. Andererseits hatte ich mir deswegen keine Gedanken gemacht, weil heutzutage die Welt ja voll ist von diesen Abbusslern. War halt wieder so eine, die die anderen bei jeder Gelegenheit abschleckt. Diese Unsitte, dass einen fast Fremde herzen wie einen lange vermissten Freund, ist ja nicht gerade neu. Anfangs war ich davon nicht besonders begeistert gewesen, hatte mich aber inzwischen daran gewöhnt, wie fast alle von uns. Eines jener gedankenlosen Rituale eben, das die Leute von der Schickeria übernommen hatten. Nur jetzt sah ich diesen speziellen Kuss plötzlich anders. Minni musste bemerkt haben, dass er uns belauschte, und das war ihre Methode, ihm was auch immer heimzuzahlen. Ich sah ihn mir an, wie er so dastand, ein Häuflein Elend, und da schmolz meine Wut dahin wie Schnee in der Sonne.

»Wenn sie dich mit solchen Sachen provoziert, und scheinbar war das ja keine Premiere, dann dreh doch den Spieß einfach um!«

»Ja, und wie stellst du dir das vor? Ich kann mich ja schlecht an der Hofrätin festsaugen!«

»Nein, aber du kannst Martina schöne Augen machen. Es muss ja nicht gleich ausarten, aber gib Minni ruhig mit der gleichen Münze zurück, was sie dir antut. Sie wird schon sehen, wie ihre Medizin schmeckt, wenn sie sie einmal selber schlucken muss.«

»Glaubst du wirklich, dass ihr das was ausmacht?«

»Probier's. Was soll schon schief gehen? Der Karren ist sowieso verfahren, es kann also eigentlich nur besser werden. Wenn sie darauf anspricht, leg ich einfach noch ein Schäuferl nach und rede ihr ins Gewissen, dann wird sie ihr Verhalten schon ändern. Obwohl, wenn du dich ihr gegenüber auch so aufführst, wie du es mit mir tust, dann kann ich ihren Standpunkt eigentlich ganz gut verstehen!«

»Naja, ich bin halt ein bisserl eifersüchtig.«

»Na, hoffentlich. Vielleicht ist es ja nur Besitzdenken. Zuzutrauen wär's dir.«

»Nein, ich habe sie wirklich gern, aber sie zieht sich immer mehr zurück.«

»Dann ändere endlich dein Verhalten. Es ist ja nicht leicht mit dir. So, wie du bist, bringst du Gott und die Welt gegen dich auf. Was würdest du dir dabei denken, wenn ich in deine Klasse gehe und dort so tue, als könnte ich deinen Job machen?«
»Übertreib nicht. Das wäre so, als versuchte ich, ein Tier zu operieren. Und das würde ich niemals auch nur versuchen! Aber das, was ihr hier macht, das kann doch jeder!«
»Ja, wenn er sich nicht zu gut dazu ist, so etwas Primitives zu lernen. Und genau da liegt dein Problem. Weil du glaubst, dass es jeder kann, wirst du es nie können. Aber du wirst immer tun, als ob. Und das nervt. Beschränk dich doch auf das, was du kannst, das ist doch fürs Erste genug! Und red nicht dauernd dort dazwischen, wo du absolut keinen Schimmer hast! Schau lieber zu und lern was! Das würdest du doch deinen Schülern auch sagen, oder? Von nichts wird nichts, auch wenn man so ein Genie ist wie du.«
Einige Zeit starrten wir uns wütend an. Schließlich seufzte er.
»Okay, ich denk darüber nach. Friede?«
»Meinetwegen«, brummte ich.
»Gut, dann macht einmal alle einen Spaziergang, ich werde in der Zwischenzeit kochen. Darauf habe ich jetzt richtig Lust, und ich glaube auch, dass ich es kann.«
»Siehst du, das ist ein Wort! Was gibt es denn?«
»Ach, weißt du, ich habe die tiefgefrorenen Langusten gesehen, und das Risotto gestern hat mich inspiriert.«
Die Idee fand ich großartig, und das sagte ich auch. Der Friede auf dem Boot war fürs Erste gerettet.

So ein Spaziergang gibt einem Gelegenheit, Abstand zu gewinnen und macht außerdem Appetit. Ernstl, unser Marschierer, führte uns durch die mäßig interessante Hafengegend in die Olivengärten dahinter, bis wir die Flanke eines Hügels durch Gebüsche wilden Salbeis erstiegen hatten. Schwer dufteten hohe, uns unbekannte Kräuter auf den Wiesen. Als wir die Kuppe erreicht hatten, waren wir von der Vielfalt der Aromen wie trunken. Die Mühen des Schweiß treibenden Aufstiegs wurden sofort belohnt durch den kühlen Wind, der hier oben wehte, sowie durch die prachtvolle Aussicht auf die vorgelagerten Inselchen und das Festland. Wir sahen jeden Stein am Grund der Einfahrt. Das Boot, das eben einlief, schien in dem klaren Wasser darüber hinwegzuschweben. Schade, dass Iglo das versäumte. Aber wahrscheinlich war er beim Kochen genauso glücklich.

Ein paar Stunden später saßen wir – der Hafen schlief schon – noch im Cockpit und unterhielten uns leise, um ja nicht die Intimsphäre unseres bösen Nachbarn zu stören. Es war der Ausklang eines langen Tages, die Ruhe nach dem Sturm. Den Sturm hatte Iglo entfacht, als er nach dem Essen meinte, wir sähen mit unserem Sonnenbrand alle aus wie die Indianer, da sei es nur logisch, wenn wir uns auch indianische Namen gäben. Und er taufte sofort den Hofrat, der trotz Sonnenschutzfaktor Unendlich wirklich ganz schön was abgekriegt hatte, »Der im Dunkeln leuchtet«. Seine Frau, die ihn besorgt umschwirrte und ihm heute den Kamillentee äußerlich in Form von getränkten Bauschen auf die entzündeten Lider verabreichte, nannte er im selben Atemzug: »Bewahrerin des Blumensudes.« Damit war der Indianerfestival eröffnet. »Weiser Bär, der Frieden schenkt«, vulgo Ernstl, turtelte mit »Große Glocken im Abendrot«, die ihr sehenswertes Dekolleté mit

Der im Dunkeln leuchtet
(Hofrat)

Bewahrerin des Blumensudes
(Hofrätin)

Der bei Welle rückwärts isst
(Iglo)

Gurrende Taube
(Minni)

Aftersunmilk kühlte, »Wilde Hummel geschraubte Rede«
schwirrte mit dem getrockneten Geschirr von Schapp zu Schapp,
sowie »Bison, der die Inseln sucht«, wieder ein paar Teller gewaschen hatte, was langsam ging, denn ich sah »Gurrender Taube«
bei ihren Versuchen zu, »Der bei Welle rückwärts isst«, kurz »Gro-

Weiser Bär, der Frieden schenkt
(Ernstl)

Große Glocken im Abendrot
(Irma)

171

Bison, der die Inseln sucht
(Hannes)

Wilde Hummel geschraubte Rede
(Martina)

ßer Häuptling Schwacher Magen« wieder aus dem Klo zu locken wohin er, beleidigt wegen dieser Namen, verschwunden war. Zwar gelang ihr das schließlich mit dem Hinweis, er sei nicht der Einzige, der mal müsse, aber Iglo war endgültig sauer und legte sich nieder. Wir anderen brachen noch einer Flasche den Hals und setzten uns damit ins Cockpit, wo wir aber nach recht kurzer Zeit zweierlei feststellen mussten: dank unseres Sonnenbrandes empfanden wir die an und für sich recht laue Nacht als empfindlich kühl, und zweitens hätten wir uns die rücksichtsvolle Wisperei ersparen können, denn die Nachbarcrew war gar nicht am Boot gewesen, die kamen jetzt erst heim. Das konnte man der Dialektfärbung des näher kommenden Grölens unschwer entnehmen. Schnell verzogen wir uns in unsere Kojen. Nur war an Schlafen noch nicht zu denken, weil uns die lieben Nachbarn noch geraume Zeit mit ziemlich deftigen Liedchen unterhielten. Macht nichts, morgen war auch noch ein Tag, und wir wollten ohnehin früh auslaufen. Da konnten wir uns dann mühelos für die entgangene Nachtruhe bedanken.

Von Paxos nach Levkas

*Die Rache der gestörten Schläfer oder: Sauer macht
lustig – Der Daumenquetscher – Sextantenspiele –
Einkauf mit Hindernissen –»Aspro« heißt»Weiß« –
Das Lebensrad der Lagune – Mondsüchtig*

Der nächste Morgen fand uns recht früh im Cockpit.»Der im
Dunkeln leuchtet« war zwar noch immer krebsrot im Gesicht,
aber man konnte immerhin wieder seine Augen sehen, die tags
zuvor fast völlig zugeschwollen gewesen waren. Außerdem war er
wieder schlicht und einfach der Hofrat, weil»Der bei Welle rückwärts isst« von indianischen Namen nichts mehr wissen wollte.
»Mit euch kann man solche Scherze einfach nicht machen, weil
ihr sofort beleidigend werdet. Es sind zwar immer wieder die selben«, dabei fasste er mich scharf ins Auge,»aber sie verderben
damit allen anderen den Spaß.«

Wer geglaubt hatte, ich würde mich unter dem blitzeschleu-
dernden Blick unseres Bordzeus an meinem Kaffee verschlucken,
war jetzt bestimmt enttäuscht. Auch die anderen wirkten keineswegs so, als hätte man ihnen die Butter vom Brot gestohlen, und
»Gurrende Taube« kuderte sogar ein bisschen in sich hinein, als
ihr wieder einfiel, wie er aufgesprungen war, die Klotür aufgerissen hatte, im Kabäuschen verschwunden war, dann aber noch einmal den Kopf heraussteckte und entrüstet gebrüllt hatte:
»Das wird euch noch leid tun, dass ihr euch immer auf meine
Kosten lustig macht!«

Dann hatte er mit viel Schwung die Tür zuschmettern wollen,
dabei aber einen Daumen im Rahmen vergessen. Das darauf folgende Indianergeheul war keineswegs dazu angetan, unsere Lach-
lust zu dämpfen, damit war der Abend für ihn gelaufen. Aber
heute hatte er uns beim ersten Lichtstrahl gepurrt, obwohl er sonst
durchaus kein Morgenmensch war. War es der blau schillernde
Finger, der ihn geweckt hatte, oder die Entrüstung über die nächt-

liche Ruhestörung durch die Nachbarn? Jedenfalls bestand er darauf, früh auszulaufen. Vorher wollte er jedoch im Cockpit frühstücken. Achselzuckend und anfangs ziemlich schweigsam waren wir seinen Wünschen nachgekommen, denn erstens wollten wir ihn nicht noch mehr verärgern und zweitens war es sowieso geplant gewesen, früh zu verschwinden, weil wir ja nach Levkas wollten. Das waren zwar nur ein bisschen mehr als fünfunddreißig Meilen, aber es gab dort bei der Einfahrt scheinbar eine Schikane mit einer Seilfähre und einer Brücke, die faszinierenderweise sowohl geschwenkt als auch gehoben werden konnte. Angeblich wurde sie bis zweiundzwanzig Uhr stündlich geöffnet, aber wir waren misstrauisch, denn schließlich hatte die Saison noch nicht begonnen, und wer weiß, wie das dort zu Ostern gehandhabt wurde. Außerdem wollten wir auch noch unbedingt einkaufen gehen, denn mittlerweile fehlte es wirklich an Essenziellem: der Wein ging zu Ende. Und die Einkaufsmöglichkeiten hier auf Paxos waren recht dürftig, das hatten wir bereits am Abend zuvor feststellen müssen, als wir den drohenden Engpass bemerkten. Hier gab es nur die griechischen Standardgetränke Ouzo, Metaxa und Retsina. Kein Mavrodavne, den wir unseren Damen in so glühenden Farben geschildert hatten, und auch die Qualität der angebotenen Ware entsprach keinesfalls unseren hochgestochenen Erwartungen. Und schließlich waren da ja auch noch die netten Berliner des Nachbarschiffs, die aus uns Morgenmuffeln entschlossene Frühaufsteher machten. Die hatten noch was gut bei uns, da waren wir uns einig. Irgendwie wollten wir uns bei ihnen für den ebenso unverhofften wie reichlichen Genuss deutschen Fäkalliedgutes bedanken, denn immerhin wussten wir jetzt zweifelsfrei, was der Sanitätsgefreite Neumann so trieb, oder die Wirtin an der Lahn. Auch hatten wir viele tiefe Einblicke in die Gebräuche der Berufsseefahrt gewonnen, wo scheinbar ausschließlich Homosexuelle unterwegs sind, die sich quer durch die Dienstgrade (Heizer, Matros', Steuermann, Kapitän) ununterbrochen Erleichterung der anderen Art verschaffen. Vielleicht war das die Intimsphäre, um die der wackere Skipper so besorgt gewesen war. Jedenfalls wollten wir unseren tief empfundenen Dank abstatten. Der Zeitpunkt war gut gewählt, denn sie lagen nach der

174

ungewöhnlich langen und lauten Darbietung, die erst geendet hatte, als die Polizei einschritt, noch im Koma. Zwar hatten nicht wir die Ordnungshüter gerufen, doch wir waren das Feindbild, das sich in ihren umnebelten Gehirnen festgesetzt hatte, und so hatten sie noch eine Weile gottlob ziemlich Unverständliches in unsere Richtung gelallt, bevor es endlich ruhig wurde. Jetzt war die Stunde der Abrechnung gekommen. Rachsüchtig schlichen Iglo und ich an Bord der asozialen Bande. Bewusstlos, wie die Typen waren, wäre es eine Kleinigkeit gewesen, ihnen sämtliche Fallen auszufädeln, aber wir wollten es ja nicht übertreiben. Daher gossen wir ihnen nur eine Flasche Essigkonzentrat in den Wasserfüllstutzen, das würde garantiert für Heiterkeit an Bord sorgen. Weil sauer bekanntlich lustig macht. Wenn sie fleißig spülten, dann konnten sie in ein, zwei Tagen schon wieder auslaufen. Iglo versicherte uns, die Umwelt wäre durch eine derartig geringe Menge Säure nicht gefährdet, auch gesundheitliche Schäden nicht zu erwarten. Nur lästig, lästig wäre die Sache eben. Aber vielleicht, so meinte er bieder, täten wir ihnen in Wirklichkeit ja einen Gefallen, wenn wir das Leitungssystem einmal ordentlich entkalkten. Dass es im ganzen Mittelmeerraum kaum kalkhaltiges Wasser gibt, sei da kein Argument, was zähle, sei allein der Zeitfaktor. Und das Boot sähe doch ziemlich alt aus, jedenfalls mit der Besatzung. Da sei nicht auszuschließen, dass auch die Wasserleitungen schon verstopft seien.

Gleich nach dem Auslaufen zeigten sich erste Auswirkungen meiner Predigt vom Vortag. Iglo begann nämlich, rund um die erstaunte Martina eine Art Balztanz aufzuführen. Und es wäre nicht Iglo gewesen, hätte er nicht auch dabei wieder schändlich übertrieben. Er begnügte sich nicht damit, ziemlich augenfällig um Blaublütlein herumzustreichen und ihr selbst Wünsche, die sie nie gehabt hatte, von den Augen abzulesen, nein, er glänzte auch noch verschwenderisch mit Proben seines unerschöpflichen Wissens. Mit einem Wort, es wurde eine recht anstrengende Fahrt. Besonders Martina musste auf jedes Wort aufpassen, das sie sagte. Da saß sie völlig harmlos im Cockpit und starrte ratlos auf das vierte Glas Orangensaft, das ihr neuester Verehrer ihr förmlich aufdrängte, indem er darauf hinwies, wie wichtig es sei, bei warmem Wetter viel zu trinken. Lieber Kerl, der sie ist, nahm sie es, wollte aber gern das nieren- und blasenbetonte Thema wechseln, sei's, weil es ihr unpassend erschien, an einem so herrlichen Tag die Funktion ihrer Exkretionsorgane zu besprechen oder weil es ihr nicht angenehm war, als Durchlauferhitzer für Fruchtsaftgetränke dargestellt zu werden.

»Schau doch, wie verschwenderisch die Natur mit ihren Reizen prunkt!«, setzte sie an. »Die Wellen, wie sie blinken unter dem Glast der warmen Sonne! Wie sie heranrollen aus dem Nichts, einem unbekannten Ziel entgegen. Vielleicht zu den glanzumwobenen Gestaden des sagenhaften griechischen Sonnenlandes!«

Das war ein Fehler. Der nun folgende Vortrag über die ausschließlich vertikale Bewegung der Wassermoleküle, Anregungszustände und Massendynamik wäre schon schlimm genug gewesen, als Iglo aber jählings auf die subatomare Ebene geriet, flüchteten wir anderen aufs Vordeck, wo wir beobachten konnten, wie unser Boot plötzlich schwer in die verdammten Wellen einsetzte. Ein hohles Gurgeln vom Heck bestätigte unsere Befürchtungen, dass der vorlesungsbedingte Gewichtstrimm unser Weiterkommen ernstlich behinderte und somit geeignet war, die Torturen zu verlängern. Außerdem war es verflucht heiß und trocken da vorne in der prallen Sonne. Also ließ ich mich durch das Skylight hinunter in die Bugkabine, um den Mitflüchtlingen kalte Getränke hinaufzureichen. Dann erkundete ich vorsichtig die Situation im Cockpit.

»...ist das Quantenvakuum keineswegs inaktiv. Das fortwährende Auftauchen virtueller Fotonen ist zwischen den Platten geringer als außerhalb, weil der Abstand der Platten nur bestimmte Wellenlängen zulässt. Dadurch entsteht von außen quasi Überdruck. Dieser so genannte Casimireffekt...«

Ernstl hing wie gelähmt am Rad und trauerte sichtlich den Piraten und dem Regen nach, und Martina nippte benommen am Orangensaft. So konnte das nicht weitergehen.

»Käpt'n, wir haben Hunger!«

»Ihr habt doch gerade gefrühstückt!«

»Ja, gerade vor vier Stunden! Hast du keine Uhr?«

»Nein. Zeit ist sowieso nur eine Illusion! Die Raumzeit...«
»Genau! Mit der Zeit wird der Raum in unseren Mägen immer hohler. Und uns erscheinen virtuelle Oliven zwischen seinen Wänden. Dieses Vakuum lässt sich nur durch erhebliche reale Quanten von Brot und Käse füllen. Darum eile, Skipper und Smutje, und errette uns«, improvisierte Ernstl glücklich.

»Mich kannst du gernhaben, ich gehe nicht hinunter!«

»Warte, ich mach's schon!«

Erleichtert stürzte sich Martina in die Tiefen des Bootes. Iglo erschlaffte wie eine Marionette, während ich zu Martina hinunterging.

»Sag, was ist denn in den gefahren? Seit heute Morgen läuft er mir nach wie ein Hündchen und betreut mich, als wäre ich ein behindertes Kind. Dazu hält er auch noch ununterbrochen Vorträge über Atomphysik, wenn er nicht gerade komisch auf meinen Bauch schaut und von meinen Nieren redet. Glaubst du, er könnte sich gestern auch den Kopf gestoßen haben, als er sich den Finger einklemmte?«

Gut möglich, nur hätte das bei Iglo kein Mensch bemerkt. Wenn einer so exzentrisch ist wie er, braucht es schon mehr als einen kleinen Stoß gegen die Birne, um deutliche Unterschiede zu seinem Normalverhalten zu bewirken. Nein, nein, ich wusste schon, warum er sich so aufführte, aber ich dachte nicht daran, das zu verraten. Was zwei wissen, wissen alle. Sie hätte es sicher Ernstl erzählt, der wieder Irma, die vielleicht der Hofrätin, mit der sie sich gut verstand, kurz, alle hätten binnen Tagesfrist Bescheid gewusst. Auch Minni, und dann war alles umsonst.

»Vielleicht hat er sich in dich verliebt?«

»Also, ich glaube, er möchte Minni eifersüchtig machen, und außerdem, dass du ihn zu diesem absurden Verhalten angestachelt hast.« Wieso bloß kann eine, die so bescheuert daherredet, so klar denken?

»Mach dich nicht lächerlich, selbst wenn er das wollte, was sollte ausgerechnet ich damit zu tun haben? So misstrauisch, wie er auf alles reagiert, was ich vorschlage, würde er glatt das Gegenteil tun, nur oder eben, weil es von mir kommt.«

»Nein. Er widerspricht dir zwar ununterbrochen, und er ist

eifersüchtig auf die Leichtigkeit, mit der Ernstl und du das Boot handhaben, aber in Wirklichkeit macht er alles nach, was er bei euch sieht. Gestern hat er versucht, so lässig am Vorstag zu lehnen, wie du das machst, du weißt schon, Hände in den Taschen, einen Fuß am Bugkorb. Fast wäre er dabei über Bord gegangen. Er ist da wie ein kleines Kind. Man kann euch nicht genug dankbar sein dafür, dass ihr keine großen Bogen spuckt wie die Seeleute im Film. Sonst wäre hier alles von oben bis unten voll mit seinem Speichel.« Was schaut sie sich bloß für Filme an? Freddy in der Südsee? Wahrscheinlich, aber trotzdem, bei ihr muss man aufpassen wie ein Schießhund, sonst hat sie einen.

»Na, vielleicht hast du sogar recht. Das mit der Vorstag habe ich auch gesehen. Leider hat er sich im letzten Moment gefangen, sonst hätte es ein großartiges Mann-über-Bord-Manöver gegeben. Aber wie du auf den Gedanken kommst, dass ich ihm taktische Ratschläge gebe, ist mir schleierhaft, immerhin geht er gerade mir mit seiner Art dauernd auf den Geist. Warum also sollte ausgerechnet ich ihm Etzes geben?«

»Weil du auch ein Mann bist, und die halten immer zusammen, wenn es gegen die Frauen geht.«

»Ah, die weltweite Machoverschwörung unter dem Kommando von Al Bundy!«

»Ja, so in der Art!« Bingo!

Die Brote waren fertig, die Brösel weggewischt. Ich schnappte mir ein Tablett und wollte die Diskussion beenden: »Schön, füttern wir die Raubtiere. Du kannst deinem Galan ja jetzt den Mund stopfen, im wörtlichen Sinn. Während er kaut, hau einfach ab und halt dich in der Nähe von Minni auf. Dort lässt er dich bestimmt in Ruhe.«

»War das jetzt Clausewitz für Anfänger? Verschleierungstaktik vor dem Angriff?« – *Okay, hat sie halt das letzte Wort. Ganz normal. Ist schließlich eine Frau. Aber CLAUSEWITZ? Das ist ja unheimlich!* Ich schwankte nach oben, schwer angeschlagen.

Nachdem wir das eingenommen hatten, was hierzuschiffs als kleiner Imbiss bezeichnet wurde, entschärfte sich die Lage vorübergehend, weil Iglo eindöste. Den ganzen Tag hatte er noch nichts Positives zum Bordleben beigetragen, sieht man einmal

178

davon ab, dass er mit kundiger Hand die Essigflasche entleert hatte. Jedes Mal, wenn es irgendwas zu tun gab, streckte er mit Leidensmiene den blauen Daumen vor wie ein alter Rittersmann seinen Schild und ließ den anderen den Vortritt. Eigentlich hatte das nur Vorteile: Die Manöver klappten auf Anhieb, niemand zeichnete wirr in der Karte herum, er musste nicht hinunter und daher auch nicht kotzen, dadurch waren auch die zarter Besaiteten bei gutem Appetit und die Luft blieb frisch. Irgendwie hatte ich das Gefühl, dass er erst durch den gequetschten Daumen ein vollwertiges Mannschaftsmitglied geworden war. Man sollte sowas bauen und sich patentieren lassen: einen Skipperdaumenquetscher. Macht im Handumdrehen auch aus dem störrischsten Iglo einen zahmen Passagier. Jeder sollte einen mithaben. Natürlich nur für den Notfall. So wie den Wantenschneider. Die Billigausführung aus rostfreiem Stahl, wegen der Desinfektionsmöglichkeit, so eine Art Mausefalle, statt des Bügels ein kleines Hämmerchen, in einer einfachen Plastikbox, auf der steht

Navigationsautomat
Privateigentum von X.Y.

und wenn man den Deckel aufmacht, ZACK! Was ein richtiger Iglo ist, schaut natürlich sofort hinein, wegen der Doppelpsychomatik. Erstens: Navigationsautomat. Sowas muss er sich anschauen. Und demnächst kaufen. Keine Probleme mehr mit der Unübersichtlichkeit des Meeres. Und zweitens: Privateigentum. Wer weiß schon, was der Schlingel da mithat. Jeder verantwortungsbewusste Iglo weiß, wie gefährlich solche Geheimnisse sein können. Vertrauen ist gut, Kontrolle besser! Für die Traditionalisten eine Ausführung in gediegenem Mahagoni mit Messingmechanik. Auf dem Deckel die gravierte Silberplatte mit dem Text. Ausgeschlagen mit purpurnem Samt. Nur die Feder aus blauem Stahl. Muss ja Dampf dahinter sein, wenn man es wirklich einmal braucht! Eventuell noch ein Selbstbeschädigungsset für den einsichtigen Iglo: Vereisungsspray, Gummihammer, Theaterschminke zur Verdeutlichung des Effektes oder zur zeitlichen Streckung desselben: Blau, Braun, Gelb, mit einer Farbmusterkarte der Heilungsstadien. Damit haut er sich selbst heraus aus der Gefahr des Versagens. Wäre aber wahrscheinlich unverkäuflich, denn welcher Iglo hat schon ein Einsehen? Schade, dass ich zu faul bin für die Entwicklung eines solchen Gerätes, das der Freizeit-seefahrt entscheidende neue Impulse geben könnte. Aber vielleicht findet sich ja ein fähiger Bastler unter den Skippergeschädigten dieser Welt, der die Idee aufgreift. Die Marktlücke ist da, das steht fest. Und so ein Daumenquetscher ist sicher humaner als die bisher exerzierten Methoden der Problembeseitigung, mit denen sich dann üblicherweise die Gerichte herumschlagen müssen. Zwar hilft das den Zeitungen über die Saure-Gurken-Zeit, aber das ist ja nicht der Zweck der Übung.

Ernstl packte den Sextanten aus, weil er Mittagshöhe und -breite bestimmen wollte, wie John es uns gezeigt hatte. Es war das erste Mal, dass er das Gerät hervorholte, seit unsere Mannschaft komplett war. Iglo bekam sofort große Augen. Da war schon wieder was, wo er nicht mitreden konnte!

»Lächerlich, das Ding hier zu verwenden! Hier fährt man auf Sicht!«

»Klar, und außerdem haben wir GPS. Aber mir geht es ja gar nicht um die Navigation, ich möchte nur üben. Und wo könnte man das besser als auf einem Schiff, dessen wahre Position feststeht?«

Der Sextant erwies sich als das beste Gesellschaftsspiel, das man sich vorstellen kann. Kaum hatte er seine Messungen beendet und eine Position in die Karte eingezeichnet, die der wahren ziemlich ähnlich sah, da wurde er von allen bestürmt, den komplizierten Winkelmesser vorzuführen. Er ließ sich nicht lange bitten, und bald maßen alle außer Iglo den Höhenwinkel der Sonne, was zu ebenso abenteuerlichen Ergebnissen führte, wie wir sie anfangs erzielt hatten. Ernstl erklärte ihnen auch eine weitere Möglichkeit, das Gerät einzusetzen: die Entfernungsmessung bei bekannter Höhe eines Fixpunktes, beispielsweise eines Leuchtturmes. Jetzt wurden mangels Leuchttürmen die fernen Hügelspitzen auf die Wasserlinie gespiegelt.

»Lächerlich, das ergibt kein rechtwinkeliges Dreieck, das ist völlig nutzlos!«

»Schon klar, Skipper, aber wir wollen hier nur Winkel messen

180

lernen, weil das gar nicht so einfach ist! Willst du nicht auch einmal versuchen?«

»Jedes Kind kann zwei Linien zusammenspiegeln und dann einen Winkel ablesen, das muss kein Mensch üben! Wenn man es braucht, dann macht man es eben!«

So ist er. Er muss nicht lernen, alles fliegt ihm zu. Und er wird nie draufkommen, dass das nicht stimmt, denn er verweigert sich. Allerdings besteht die vage Möglichkeit, dass er irgendwo einen gebrauchten Sextanten auftreibt, er muss nur billig genug sein, dann übt er doch. Aber heimlich. Weil es völlig unmöglich ist, dass er einen Fehler macht. Oder zumindest, dabei erwischt zu werden. Natürlich ist diese heimliche Überei nicht ohne Tücken, denn wenn er falsch misst, hat er keine Vergleichswerte von anderen und bemerkt es gar nicht. Wie oft hatten Ernstl und ich verschiedene Winkel bekommen und dann mühsam den Grund dafür gesucht! Und wie leicht war es gewesen, wie einleuchtend, als uns John erklärt hatte, was wir falsch gemacht hatten. Aber wir sind halt keine Iglos. Keine gute Fee erbarmt sich unser und führt uns aus den Niederungen der Ahnungslosigkeit ins Licht der Höhen des Wissens. Wir müssen schwitzen dafür. Ja, das Leben ist ungerecht. Mich macht das wahnsinnig, wenn einer nichts kann und noch dazu immer alles besser weiß. Ernstl muss dann regelmäßig verhindern, dass ich den Kerl mit Verbalinjurien belege:

»Lass ihn doch. Jetzt müsstest du ihn doch schon kennen! So ist er eben. Dafür hat er doch andere Qualitäten«, redete er auf mich ein.

Inzwischen hatten wir den Ormos Levkados erreicht, die Bucht von Levkas. Da hieß es, den Sextanten des Anstoßes wieder verpacken, denn die Ansteuerung des Kanals von Levkas ist nicht ganz einfach, wenn man noch nie dort war, und außerdem wurde es jetzt auch noch dunstig. Die ganze Bucht ist Teil eines riesigen Lagunensystems, voller Sand und Schlick und unheimlich seicht. Eigentlich beruhigend, das Bewusstsein, dass man zwar ziemlich leicht aufbrummen kann, dabei aber außer der Manövrierbarkeit und dem Stolz nichts verloren gehen kann. Zumindest nicht bei normalem Wetter. Wir kamen von Norden, und das Erste, was wir sahen, war, dass wir eben nichts sahen. Da war Strand. Überall.

Dabei konnte es als gesichert gelten, dass der Kanal da war. Der hatte sich bloß versteckt, das aber gründlich. Da sollte es die Festung A. Mavra geben. A. steht immer für »Hagios, Hagia«, Mavra vielleicht für Maria, ich wusste es nicht. Jedenfalls ein seltsamer Name für eine Festung. Bei uns heißen die eher Greifenstein oder so, aber der Hauptunterschied zu der da ist und bleibt: Man sieht sie! Gut, da war irgendetwas, ein ziemlich großes Gebäude. Aus der Beschreibung des Hafenhandbuches wusste ich,

dass dahinter der Leuchtturm von Levkas sein sollte, der auf der Festung steht, die vorerst von einer Landzunge abgedeckt war. Da war aber genau nichts. Auch keine Landzunge, Scheißdunst. Wir mussten näher hin, aber vorsichtig. Und Iglo ließ uns noch immer mit vollen Segeln auf die Untiefen zufahren. Hatte keinen Blick in das Hafenhandbuch geworfen, aber das Kommando auch nicht abgegeben. Dafür stand er im Cockpit und hantierte mit dem Fernglas. Dazu murmelte er ratlos:

»Aber..., ein Kanal..., den muss man doch sehen... Und wo ist das Sektorenfeuer...«

Aha, er hatte doch heimlich nachgeschaut. Und suchte jetzt, am frühen Nachmittag, ein Sektorenfeuer. Die Boote, denen er in jeden Hafen nachfährt, ließen ihn auch im Stich. Außer uns war kein Schwein in der Gegend, nicht einmal die unvermeidlichen Surfer. Bis zum Strand waren es jetzt noch fünf, sechs Kabellängen, wir waren mitten im Flach. Die Seekarte gab die Wassertiefe hier stellenweise schlicht mit Null an, und das Echolot zeigte bereits nur noch vier Meter. Dafür brummte das Relingslog mit steten sechs Knoten. Da war auch Schlickgrund keine große Beruhigung mehr. Ich schaute Ernstl an, und der nickte. Dann stekkte die EOS auch schon ihre lange Nase in den Wind und die Segel killten. Martina rollte die Genua weg, und ich barg mit dem Hofrat das Groß und tuchte es auf. Die Maschine tuckerte im Leerlauf, während wir auf der leichten Dünung dümpelten. Ernstl holte das Relingslog ein, dessen Leine sich dabei wieder einmal total vertörnte. Von Iglo kam immer noch kein Ton. Das Manöver konnte ihm nicht entgangen sein, und jetzt überlegte er wohl, was er sagen sollte. Anschnauzen durfte er uns nicht, sonst hätte er sich unweigerlich die Frage gefallen lassen müssen, warum er nichts getan hätte angesichts einer offensichtlich drohenden Strandung. Nach einer Weile drehte er sich zu uns um, das Glas lag auf der Wölbung seines Wanstes wie auf einem Tisch.

»Na, wenigstens muss man euch nicht jede Kleinigkeit sagen, wenn es Wichtigeres zu tun gibt.«

Ich schnappte nach Luft, und Ernstl trat mich ans Schienbein.

»Wir fahren jetzt einmal parallel der Küste entlang und suchen die Mündung des Kanals.«

Ja, Herrgott, sah der Trottel nicht, wo wir waren? Das große Gebäude war schließlich da, auch wenn man den Leuchtturm dahinter noch nicht erkennen konnte. Und beim Näherkommen musste man auch den Mast sehen, der das grüne Leuchtfeuer trug, das am östlichen Ende der Landzunge stand. Oder die Säule, meinetwegen auch das Türmchen. In der Luft schweben würde es ja wohl nicht. Parallel zur Küste, was zum Teufel sollte das wohl bringen? Ich machte den Mund auf und wurde prompt sachte getreten, diesmal in den Hintern. Am liebsten wäre ich das Hafenhandbuch holen gegangen, um es Iglo so lange um die Ohren zu hauen, bis es zerfiel. Am zweitliebsten hätte ich mich aufs Vordeck in die Sonne gelegt, und das tat ich auch. Zu meiner Linken zog einer der ödesten Strände vorbei, die ich je gesehen hatte, aber die Sonne schien, und auch wenn es dunstig war, hatte sie unheimlich viel Kraft. Dann kam auch noch Martina nach vorn, und das Leben wurde immer schöner.

»Sag, warum lasst ihr euch von diesem Iglo eigentlich alles gefallen?«

»Frag Ernstl, der hat ihn adoptiert. Von mir aus kann er sich ersäufen! Und jetzt mach die Augen zu und genieß die Sonne. Das ist gratis. Ich mag jetzt nicht reden.«

Ich befolgte meinen eigenen Rat und ließ mich in das Säuseln des Windes und das weiche Plätschern der Bugwelle versinken. Dann muss ich eingenickt sein, denn als ich mich erstaunt umschaute, war ich allein, und die Sonne stand ein bisschen tiefer. Wir fuhren immer noch hin- und her, diesmal aber in die andere Richtung. Ich gähnte und erhob mich ächzend. Doch recht hart auf Dauer, so ein GFK-Deck. Am Ruder, wie immer, Ernstl. Iglo starrte schon wieder zur Küste hinüber, wo es wie üblich nichts zu sehen gab. Ich deutete auf den von der Verantwortung gekrümmten Buckel des Skippers, dann ans Hirn. Ernstl grinste sarkastisch, sagte aber kein Wort. Ich klopfte an das Glas meiner Uhr. Schon nach Drei! Aber er zuckte nur die Schultern, winkte müde ab und grinste weiter. Das Stadium kannte ich. Er hatte die Geduld verloren. Sicher hatte er einige Vorschläge gemacht, um Iglo zu helfen, und der hatte seine Ratschläge einfach ignoriert, wie das so seine Art ist. Jetzt ließ er ihn einfach auflaufen. Wenn es nach

Ernstl ging, konnte er hier patrouillieren, bis der Sprit aus war. Okay, vielleicht begriff er dann endlich, dass er so nicht weiterkam. Aber da bemerkte ich, dass wir nicht mehr ganz allein waren. Von Norden her näherten sich zielstrebig drei Segel unserer Position. Die wollten sichtlich auch nach Levkas. Verdammt, das hätte es nicht gebraucht. Jetzt hatte Iglo seine Lotsen! Und wir mussten uns auch noch anhören, dass man mit Geduld eben weiter kommt als mit riskanten Manövern wie der Ansteuerung eines fremden Hafens ohne Hilfe. Ich möchte nur wissen, was geschieht, wenn sich einmal drei Iglos an einer Einfahrt treffen und sich einer auf den anderen verlässt. Hoffentlich bin ich dann weit weg. Iglo bemerkte die Boote endlich auch und sagte prompt: »Na bitte, ich hab's doch gewusst! Schau, das sind Griechen, die kennen sich da aus, denen fahren wir nach.«

Und wirklich, die Boote ließen die Segel fallen, und als sie in Kiellinie an uns vorbeiglitten, schwenkte Ernstl in die Formation ein. Dieses eine Mal wirkte er nicht zufrieden. Ich konnte es ihm nachfühlen. Er war in der Situation eines Lehrers, der seinen Schüler endlich so weit hat, dass der einsieht, es kann so nicht weitergehen, er muss jetzt seinen Eigensinn ablegen und das tun, was alle anderen auch tun: sinnvoll planen und dann an die Lösung der Aufgabe herangehen. Aber in dem Moment kommt einer daher und lässt ihn abschreiben. Worauf der Idiot ein Aha-Erlebnis hat: Aha, es geht auch so, ich brauche mich gar nicht anstrengen. Und schon ist die ganze geduldige Vorarbeit für die Katz.

Die Griechen hielten sich in respektvollem Abstand zum Ende der Landzunge, genau, wie es im Hafenhandbuch stand. Erst jetzt sah man das grüne Leuchtfeuer. Wir ließen die beiden Fasstonnen hinter der Landzunge, die eine felsige Untiefe markieren, vorschriftsmäßig backbord, und ich bin sicher, Iglo bemerkte sie gar nicht.

Vor dem Seil der Hafenfähre gingen wir zu den Griechen, die am letzten freien Platz am Kai anlegten, ins Päckchen. So ein Päckchen kann ganz lustig sein, wenn alle an Deck sind und nichts zu tun haben. Da kommt es leicht zu überbordenden Gesprächen, zumal dann, wenn es etwas zu sehen gibt. Und bei uns war das zweifelsfrei der Fall. Der Hofrat hatte seinen Schädel mit einem Leintuch völlig verhüllt, was ihm zur Abwechslung ein arabisches Aussehen verlieh, er spähte nur durch einen schmalen Schlitz und gab dumpfe Laute von sich, wenn er überhaupt einmal was sagte. Irmas Dekolleté leuchtete im reinen Weiß eines Sonnenblockers, und betonte damit noch, was sowieso nicht zu übersehen war. Auch Minnis Schmollmund leuchtete grell aus dem Schatten eines wagenradgroßen Strohhutes, und über den Schirm von Iglos marineblauer Baseballkappe krochen dicke, goldene Admiralsraupen, was ihn einwandfrei als Landratte deklarierte, auch wenn er sich noch so anstrengte, verwegen in eine Ferne zu spähen, die es hier nicht gab. Martina trug über den geröteten Schultern eine Kostümjacke zu T-Shirt und Bermudashorts, eine etwas exotische Zusammenstellung, dazu kamen noch Ernstl und ich im Sandlerlook, ausgefranste Jeans und Ruderleibchen, bloßfüßig. Zu guter Letzt tauchte auch noch die Hofrätliche aus den Eingeweiden der EOS, und weil sie irrtümlich annahm, wir seien schon da, trug sie ein geblümtes Sommerkleid mit Gürtel, in der Hand hielt sie Stöckelschuhe. Nein, keine Frage, bei uns gab's was zu sehen, und das nicht zu knapp.

Der Hofrat wurde bedauert und von einer glutäugigen Griechin mit Olivenöl behandelt, was seiner Gattin die Bemerkung entlockte, jetzt fehle nur mehr der Schafkäse zu einem deftigen Bauernsalat. Das war falsch, es mangelte auch an Zwiebel, Paradeisern und Oliven. Dem Hofrat trieb es die Augen heraus beim Anblick des Bikinioberteils, das da dicht vor seinen Augen wippte. Iglo glotzte gebannt auf den herausgestreckten Achtersteven der Samariterin, jetzt wirkte er zum ersten Mal wirklich nautisch. Wildgesträubter Bart unter funkelnden Augen: Schwarzbart erblickt den Schatz an Bord der gekaperten Fregatte. Minni bat ihn besorgt, sich nicht so aufzuregen, bei seiner Korpulenz könnte das zu einem Schlaganfall führen. Der griechische Skipper sprang mit einer Doppelliterflasche in der Hand an Bord und wäre Irma beinahe in den Ausschnitt gefallen, weil das eindeutig seine Kurslinie war und er über meine Beine stolperte, die er einfach nicht bemerkte, obwohl sie keineswegs leicht zu übersehen sind. Martina, die gegen einen guten Schluck nie etwas einzuwenden hat, spurtete geistesgegenwärtig um Weingläser, die der überschwängliche Grieche aus seinem beschlagenen Doppler schwungvoll bis zum Rand füllte: »Yassu, wellcome to Levkas! Wie man sagt in Esterreich? Hopp und ex!«

Wir taten ihm erfreut Bescheid und schrien im Chor auch »Yassu!« Dann folgten wir seinem Beispiel und machten einen mächtigen Schluck des kalten, wasserhellen Weins. Von wegen! Ich keuchte. Das war kein Wein, das war Ouzo! Ich hatte das Gefühl, Odol geschluckt zu haben und fühlte einen dicken, heißen Strom in meinen Eingeweiden. Mir brach sofort der Schweiß aus, als sich die Hitze jetzt schlagartig auch in meinen Armen ausbreitete. Um Himmels Willen, ein gutes Achtel Schnaps auf einen Zug und das ausgetrocknet, wie ich war. Jetzt hatte die Hitze auch meinen Kopf erreicht. Eigentlich ganz angenehm! Wie wenn man plötzlich unter Strom steht, aber unter belebend prickelndem. Ich musste kichern. Und weil es so lustig war, nahm ich gleich noch einen Schluck. Tief in mir murmelte ein stocknüchterner Tierarzt: »Akute Intoxikation mit Alkohol. Los, geh Wasser trinken, bevor du ganz verblödest. Dann geht's rascher vorbei.«

Schwankend erhob ich mich und taumelte zum Kühlschrank. Dort setzte ich die Sodaflasche an und trank mit langen, gierigen Zügen. Herrgott, hatte ich einen Durst! Kein Wunder, dass mir das Zeug sofort zu Kopf gestiegen war! Ich setzte die Flasche ab. Mir war zwar noch ein bisschen schwindlig, aber im Großen und Ganzen ging es jetzt wieder. Um Himmels Willen, die anderen! Ich schnappte mir die zwei Flaschen Mineral, die es im Eis noch gab und rannte hinauf. Dort lief schon die große Verbrüderung. Ich gab Ernstl die eine Flasche, und er musterte sie neugierig: »Was soll ich damit?«

»Frag nicht lang, trink! Los, trink! BITTE!«

Er versuchte, mich genauer zu fixieren, aber seine Augen drifteten auseinander. Und dann sah ich, wie der Schock seinen Blick zentrierte. Hastig schraubte er die Flasche auf und trank sie auf einen Zug halb aus.

»Das ist ja ein Teufelszeug! Irma, trink das!«

Erschrocken gehorchte sie und erwachte ebenfalls umgehend aus ihrem Dornröschenschlaf. Jetzt hatten wir noch genug Wasser für zwei andere. Die Wahl fiel leicht. Martina! Wir brauchten Martina! Die schnüffelte misstrauisch am Wasser und stellte die Flasche verächtlich weg.

»Hawass viel Bessas!«

Ich entwand ihr den Schnaps und drückte ihr die Flasche wieder in die Hand. Dabei starrte ich sie drohend an: »Trink das!«

Sie starrte entrüstet zurück. »Gimma sofort mein Glas surrück! Iwill mein Mundwassa wieda! Daschmeggt prima!«

»Das ist Schnaps!«

»Schnaps? Dassiss was andars!« Und sie nahm einen mächtigen Schluck. »Pfui Deibel! Dassis kein Schnaps, dassis nua Wassa!«

»Sag, hast du keinen Durst?«

»Oja, schon, gimma die Flasche wieda!« Jetzt endlich trank sie ausgiebig. Dann sah sie sich ungläubig um: »Meine Güte! Was war das eben? Das ist ja teuflisch. Ganz unglaublich! Hm! Ich denke, ich werde noch einen Schluck Mineral zu mir nehmen. Reichst du mir bitte ein Glas?«

»Das ist ein Notfall! Trink aus der Flasche!«

»Aber ich kann gar nicht aus einer Flasche trinken!«

»Du hast es ja gerade getan!«

Sie versuchte es, aber es kam nicht viel heraus dabei, und als sie sie wieder absetzte, ertönte das charakteristische »Plopp!«, das immer entsteht, wenn jemand ein Vakuum in die Flasche zutzelt. Ich schüttelte den Kopf und leerte ihr Ouzoglas aus. Dass es sowas gab! Besoffen konnte sie aus der Flasche trinken wie ein alter Maurerpolier, aber nüchtern war es ihr ganz unmöglich. Sie trank ihr Wasser, dann nahm Ernstl noch einen Schluck, aus, Ende. Wir starrten auf unsere Mitreisenden, die sich an Backbord mit dem Nachbarskipper zu einem Klumpen ballten. Minni lag halb auf den Knien Iglos, strampelte aber, weil sie runter wollte, vielleicht hätte sie lieber auf denen des Griechen gesessen, die Hofrätlichen saßen eng umschlungen daneben, und der Skipper des Nachbarbootes war mindestens genau so hinüber wie die Unsrigen. Das Zentrum der wildbewegten Laokoongruppe bildete die Ouzoflasche, die nur mehr drittelvoll war. Plötzlich ertönte ein tiefer Hornton. Um Gottes Willen, die Brücke! Das war das Signal zur Öffnung! Wohin mit der ganzen Bande? Am besten hinunter. Den

Griechen von Bord zu bringen, erwies sich als unmöglich, das Biki-nimädchen, das übrigens seine kleine Schwester war, sprach aber gut Englisch, also vereinbarten wir mit ihr, den Bruder in den Hafen mitzunehmen, dort würden wir weitersehen. Wie brachten wir jetzt die Betrunkenen aus dem Cockpit? Das Seil der Fähre war bereits gefiert und die Brücke hob sich. Die meisten anderen Boote kreisten schon vor der Enge, nur unser Stapel war noch landfest. Keinesfalls wollten wir hier noch eine Stunde liegen bleiben! Aber das Problem mit der Crew wurde schnell gelöst: Ernstl trug ein-fach die Ouzoflasche hinunter, und sie torkelten ihm nach wie die Kinder dem Rattenfänger von Hameln.

Eilends lösten wir unsere Vertäuung und schlossen uns der Reihe der Boote an, die bereits die Durchfahrt ansteuerten. Links und rechts der angehobenen Brücke warteten bereits eine Menge Autos, und ein Posten trieb uns mit schwungvollen Handbewe-gungen an. Vorbei an den trutzigen Mauern der Heiligen Maria (oder so) schoben wir uns in einen engen Kanal zwischen Stein-dämmen, links von uns die glänzende Fläche der Lagune mit ihren wenig begeisternden Gerüchen, rechts eine Straße, auf der sich der PKW-Verkehr bereits bedenklich staute. Das Boot tänzelte auf den reflektierten Heckseen der Vorläufer und wollte alles, nur nicht geradeaus laufen. Zwar kühlte mir die stetige Brise den Schädel, aber ich fühlte mich trotzdem noch beeinträchtigt und war heilfroh, als die Steindämme endlich zu Ende waren und vor mir ein nur spärlich belegter Kai auftauchte, wo gerade ein paar unserer Vorreiter anlegten. Ernstl ging wieder an den Anker, Irma und Martina bändselten Fender ab und wieder an, legten die Heckleinen an die Klampen und stellten sich bereit zum Sprin-gen. Das paßte mir nicht, und ich teilte Irma zum Abfendern ein, wir würden eben zunächst nur an einer Heckleine liegen, aber dafür notfalls einen Prellbock haben, wenn beispielsweise eine Bö einfiel. Im blödesten Moment, als ich das Boot eben über das Heck gehen ließ und die Drehung abfangen musste, torkelte Iglo an Deck, lehnte sich über die Steuerbordreling und kotzte hinge-bungsvoll in den Hafen. Toller Eindruck, den wir machen muss-ten, aber wenigstens stank es nicht. Ganz im Gegenteil, ein zarter Geruch nach Mundwasser lag in der Luft, während der Skipper der EOS sich heftig darum bemühte, sein Gedärm von sich zu geben. Der sollte immer Ouzo trinken! Als er endlich fertig war damit, lagen wir sicher und fest am Kai.

»Geh wieder hinunter, es muss nicht sein, dass dich alle so sehen!«

»Ist mir scheißegal, wer mich sieht, ich brauche frische Luft!«

Was mich betraf, hatte er für heute den Bogen überspannt, ich packte ihn an seinem feisten Nacken, dass er quietschte und stieß ihn in Richtung Niedergang, da befreite ihn Ernstl gerade noch rechtzeitig aus meinem Griff.

»Willst du unbedingt, dass er sich das Genick bricht?«

»Besoffene brechen sich nichts!« Und zu Iglo: »Verschwinde, oder ich helf nach!«

Weg war er wie der Blitz. Als seine Schwester ihm gut zuredete, war auch Leandros, so hieß der Grieche, bereit, wieder auf sein eigenes Boot zurückzukehren. Bereit, aber nicht fähig. Es war ganz schöne Arbeit, bis er in seiner Koje lag. Unsere Trinkerlein waren in ihren Kabinen verschwunden, aus der offenen Steuerbordtüre drangen fürchterliche Schnarchgeräusche, die bewiesen, daß unser Käpt'n momentan ungefährlich war. Also gingen wir einkaufen. Aber vorher aßen wir noch jeder ein großes Eis gegen den Brand in unseren Eingeweiden und tranken dazu mehrere Gläser Soda, gleich an den Tischchen des Cafés hinter dem Boot. Eigentlich war es ja eine Bar, zumindest stand auf der Sonnenmarkise das Wort »MBAP«, und was das heißt, weiß jeder, der schon mal in Griechenland war.

Wir hatten ein Problem. Nicht die schlafenden Teile der Crew, wer schläft, sündigt nicht, es war vielmehr der Anblick der Einkaufsliste. Schließlich galt es, die EOS frisch zu proviantieren, und wenn ich mir ansah, was wir alles brauchten, wurde mir ganz anders. Wer sollte das schleppen? Schon der Transport der Mineralwassermengen für acht Leute war ein Kapitel für sich. Natürlich würden wir vermutlich schon morgen erneut zum Kaufmann pilgern, aber es war damit zu rechnen, dass heute noch mindestens fünf, sechs Liter verbraucht wurden, wenn unsere Schläfer erwachten, und im Laufe des nächsten Tages musste man pro Person zwei Liter kalkulieren, wenn es so warm blieb, und das wollten wir doch hoffen. Wein war aus, wir brauchten außerdem Fleisch, Öl und Gemüse. Dazu Fruchtsäfte, Marmelade, Wurst und Butter. Man glaubt kaum, was für Mengen von Nahrungsmitteln in acht Mägen verschwinden, auch wenn die Besitzer von vieren davon ständig behaupten, sie hätten sowieso keinen Hunger. Die Einzige, die dann unter Umständen wirklich nichts aß, war Minni, aber sie hatte dafür den größten Verbrauch an Keksen und Schokolade. Wie sie es schaffte, dabei so schlank zu bleiben, war mir ein Rätsel. Vielleicht hatte sie einen Bandwurm. Jedenfalls war auch die Liste von gewünschten Süßigkeiten und Obst recht lang, und da stand auch noch Brot. Das würde ich mit Sicherheit erst in der Früh besorgen, dazu war es aber ratsam, heute schon herauszufinden, wo es den nächsten Bäcker gab und wann er öffnete. Jedenfalls aber würde es eine ziemliche Schlepperei werden, das ganze Zeug an Bord zu bringen. Denn wir lagen ja nicht in einer Marina, in deren Umgebung sich die wichtigsten Lieferanten balgten wie Motten ums Licht. Kurz und gut, wenn wir kein Transportmittel fanden, würden wir alles eigenhändig tragen müssen und mindestens zweimal gehen, bevor wir fertig waren. Wenn wir Glück hatten, borgte man uns wenigstens Einkaufswagerln, um das ganze Zeug damit zum Boot zu schieben.

Wir hatten kein Glück. Wir fanden zwar einen Supermarkt, in dem es alles gab, was wir brauchten, aber Wagerln wollten sie uns keine borgen, denn, wie wir erfuhren, hatten sie das lange Zeit getan, aber die Touristen hatten sie einfach am Kai stehen gelassen, und die Fischer hatten sie dann gestohlen. Auch mein Angebot, für die Dinger einen angemessenen Pfand zu hinterlegen, fruchtete nichts; sie wiesen darauf hin, dass die Fahrt über die Straße die Kullerchen beschädigen könnte. Da standen wir mit vier bumvollen Drahtwägelchen und konnten nichts machen, denn bezahlt hatten wir schon. Den ganzen Haufen in Sackerln verpacken zu wollen, war aussichtslos. Selbst wenn das gegangen wäre, hätten wir die Menge höchstens in drei Raten geschafft, denn einer musste ja bei den Sachen bleiben, die konnten wir nicht unbewacht stehen lassen. Taxi war nicht, es gab zwar gleich um die Ecke einen Standplatz, aber die Fahrer hatten sich schlicht geweigert, ihre Autos für die kurze Strecke in Lastwagen umfunktionieren zu lassen, selbst als wir uns erboten, für die Stehzeit beim Ausladen mehr zu bezahlen. Andererseits erlaubte es unser Stolz nicht, zu betteln oder überhöhte Preise in Kauf zu nehmen. Den einen, der sich erbötig gemacht hatte, uns für die lächerliche Summe von umgerechnet fünfzig Mark anderthalb Kilometer weit zu fahren, hatte Ernstl einfach ausgelacht. Damit hatte er zwar bewiesen, dass wir nicht blöd waren, aber die Blöden waren wir trotzdem. Was wir jetzt brauchten, war ein Wunder. Wunder sind rar in unseren Tagen, und wer eins braucht, hat keine guten Karten. Wir aber erlebten eins...

Gegenüber des Supermarktes war ein Brautmodengeschäft. Es konnte nichts anderes sein, denn in der Auslage standen drei Puppen, die allesamt bräutlich bekleidet waren, daneben gab es noch eine Auswahl von Schleiern und Kränzen, alles in Weiß. Vor diesem Geschäft hielt quietschend ein Taxi. Die hintere Tür ging auf, und heraus wankte Minni. Großes Hallo. Wir wollten wissen, was sie hergeführt hatte (außer dem Taxi), und sie bat uns erst einmal mit schmerzverzerrtem Gesicht, doch etwas leiser zu sprechen. Dann stellte sich Folgendes heraus. Sie war aufgewacht, weil Iglo so laut schnarchte. Das Erste, was sie feststellte, war, dass sie rasende Kopfschmerzen hatte, und im Mund offenbar einen seiner Frotteesocken statt ihrer Zunge. Trotz intensiver Sucherei fand sie absolut nichts zu trinken, weder im Kühlschrank, noch außerhalb. Eindringlich gewarnt vor dem Genuss des Wassers aus dem Tank des Bootes, traute sie sich nicht, davon zu nehmen, aber irgendetwas musste geschehen. Auf der Suche nach Kopfwehtabletten kramte sie ein Weilchen herum, doch sie konnte keine finden. Außerdem, wie hätte sie sie schlucken sollen? Entnervt kroch sie hoch, um im Cockpit Linderung zu finden. Dort überfiel sie zwar der unerträgliche Glanz eines südlichen Nachmittages, aber unter der linden Brise erwachte sie doch bald so weit, dass sie fähig war, Schritte zu ihrer Rettung einzuleiten. Der erste Weg führte sie zu dem Café, wo schon wir Station gemacht hatten, und nachdem sie mehrere Gläser Soda getrunken hatte, ging es ihr so viel besser, dass sie beschloss, eine Apotheke zu suchen. Sie erspähte ein Taxi, das gerade Leute zu irgendeinem Boot brachte, wankte hin und ließ sich hineinfallen. Ende der Fahnenstange. Wie sollte sie dem Fahrer klarmachen, was sie wollte? Also deutete sie auf sich, und gurrte mit ersterbender Stimme:»Aspro!«Das sind in Österreich erhältliche Kopfwehtabletten, ein Acetylsalizylsäurepräparat, besser bekannt unter dem anderen Markennamen Aspirin. Aspro ist aber auch griechisch und bedeutet»Weiß«. Der Fahrer hatte sich umgedreht und sah sie ratlos an. Und sie deutete wieder auf sich und hauchte:»Aspro«. Worauf der Gute das erlitt, was bei ihm einem Geistesblitz am nächsten kam und sie zu dem Brautmodengeschäft brachte, wo wir, der Verzweiflung nahe, herumstanden. Blitzschnell räumten wir unser Zeug in den Kofferraum und auf die hintere Bank des Taxis, während der Fahrer das tat, was die meisten Leute tun, wenn sie völlig ratlos sind: gar nichts. Dann neigte ihm Ernstl sein weises Haupt zu, den Sprachführer im Anschlag.

»Pu ine to farmakio? Thela ena iatriko jia ponokefalos! Aspirini! Limani! Ssimera Aspirini! Awrio limani! Katalawes?« (Wo ist die Apotheke? Ich möchte ein Medikament gegen Kopfschmerzen! Aspirin! Hafen! Heute Aspirin! Morgen Hafen! Verstehst du?) Der Fahrer kratzte sich am Kopf und produzierte ein paar schauerliche, aber immerhin entfernt an Englisch gemahnende Geräusche:

»Ju minn, förrst Aspirini, denn harborr?« Ernstl nickte, Minni stieg ein, und sie fuhren ab. Wir schlenderten erleichtert und völlig entspannt in Richtung Boot und wurden noch langsamer, sobald wir den Hafen einsehen konnten. Denn dort stand das Taxi, und Iglo und der Hofrat waren dabei, es auszuräumen.

»Eigentlich möchte ich noch gar nicht zum Boot. Wenn ich mir vorstelle, was der jetzt für eine Laune hat...«

Irma hatte Recht. Wir bogen also blitzartig ab und bummelten vergnügt durch die engen Gassen, vorbei an Souvlakibuden und Läden mit Souvenirs und Ansichtskarten und standen eine Weile vor der Auslage eines Silberschmiedes. Dann kamen wir überraschend wieder an einen freien Platz am Meer, wo ein paar alte Kanonenrohre am Kai lagen, genauso, wie sie aus dem Meer gefischt worden waren. An den dicken Pollern hatte ein stämmiger Zweimaster festgemacht, unter dem mächtigen Havariespargel eine vergoldete Galionsfigur, jede Menge Verstagungen zum Klüverbaum, verstrebter Stampfstock aus brüniertem Metall, das Wasserstag eine mächtige Kette, zwischen den Unter- und Oberwanten statt Webeleinen Trittlatten, die Masten zweiteilig und aus Holz, auf Höhe der Eselshäupter die Salingstreben, die fast wie Rahen wirkten, obwohl das Schiff sicherlich nur Schratsegel trug. Ziemlich modern, aber sehr stilvoll. Am Rückweg zu »unserem« Hafen, die Sonne stand jetzt schon tief und es wurde kühl, entdeckten wir ein Lokal, das völlig aus der Art geschlagen war. Riesengroß, billig eingerichtet mit langen Tischen und Bänken wie aus einem Bierzelt, proppenvoll, aber nicht mit Touristen, sondern mit Griechen! Alle aßen, und man konnte sehen, es schmeckte ihnen. Da mussten wir unbedingt hinein! Aber erst wollten wir schauen, wie es den anderen ging.

Die waren recht gut beieinander, wenn man den Zustand in Betracht zog, in dem wir sie verlassen hatten. Die Hofrätin machte in Kultur, das Erste, was sie mir mitteilte, war, dass die Festung am Buchteingang mit der Heiligen Maria nichts zu tun hatte, sondern ein venezianisches Relikt aus dem dreizehnten Jahrhundert darstellte mit dem Namen »Santa Maura«. Das konnte ich verkraften. Besichtigen konnte man sie sowieso nicht, von mir aus konnten sie auch »Pepi« dazu sagen. Neu war mir, dass man Levkas eine Zeit lang für das Ithaka der Odyssee gehalten hatte, und dass die Insel 1953 von einem entsetzlichen Erdbeben erschüttert worden war, das ziemlichen Schaden angerichtet, aber gottlob nur wenige Menschenleben gekostet hatte. Das beeindruckte mich wesentlich stärker, denn seit ich 1967 in Istanbul die bloßen Ausläufer eines größeren Bebens er- beziehungsweise überlebt hatte, hatte ich vor Erdbeben höllischen Respekt. Weniger scharf war ich darauf, das Schallplattenmuseum von Levkas kennen zu lernen. Dann gab es noch ein Trachtenmuseum, und das war's auch schon. Die große Regatta im Herbst würden wir wohl um ein paar Tage versäumen. Minnis Kopf war wieder okay, der Hofrat hatte sich erholt, als er im Café ein Bierchen gegen den Brand zwitscherte, und Iglo ging es soweit auch wieder gut, nur konnte er sich nicht erklären, wieso ihm als Einzigem das Genick wehtat. Ich hätte es ihm sagen können, war aber nicht wirklich scharf darauf. Es war sowieso ein Wunder, dass er sich nicht erinnern konnte. Auf mich hatte er gar keinen so kranken Eindruck gemacht. Gut, schlecht war ihm gewesen, aber das war ja nichts Außergewöhnliches. Einen Blackout hätte ich nie vermutet, aber es musste so gewesen sein, denn hätte er auch nur den leisesten Verdacht gegen mich gehegt, wäre er der Letzte gewesen, der die Sache auf sich beruhen ließe. Vielleicht ein kleiner Schock wegen der erschreckenden Geschwindigkeit, mit der das Unheil über ihn gekommen war? Egal. Ernstls Vorschlag, den einheimischen Schnellimbiss aufzusuchen, wurde jedenfalls einstimmig angenommen und so fand uns der frühe Abend dick eingepackt in Wollpullover und -westen bei den hungrigen Hellenen. Iglo wollte unbedingt eine ganz bestimmte griechische Spezialität haben, nur fiel ihm der Name nicht ein.

»Herrgott, das gibt's eigentlich überall am Mittelmeer... Aber der Name! Irgendwie wie der italienische... Minni, wie heißt das italienische Zeugs, auf das ich so stehe?«

»Ornella Muti!«

Ich entdeckte, dass es eine gemischte Platte gab mit allen möglichen Tieren aus der Lagune. Ich war aber der Einzige, der das aß, und das war einmal mehr das Verdienst Iglos. Der hatte nach dem ersten Glas Retsina schon wieder einen Leichten in der Krone, sozusagen einen »Aufgewärmten« und hielt einen Kurzvortrag über die Nahrungskette:

»Lagune. Kenn ich aus Venedig. Ist ein echter Kreislauf und funktioniert folgendermaßen: Mensch fängt Fisch. Mensch isst Fisch. Mensch kackt. Abwasser kommt ungeklärt in die Lagune. Fisch frißt Scheiße. Mensch fängt Fisch...«

»Iglo?«

»Ja?«

»Halt's Maul!«

Danach bestellten alle anderen Fleischgerichte. Der späte Abend fand uns noch immer bei den Hellenen. Die Stimmung war blendend und es gäbe sonst nicht viel zu sagen dazu, wäre nicht in jener Nacht Vollmond gewesen. Beim Boot angelangt, stellten wir fest, dass wir ein bisschen zu knapp am Kai lagen, denn der Abstand des Ruders zum Stein war geschrumpft und die Heckleinen ein wenig lose. Offenbar slippte der Anker in dem schlammigen Boden der Lagune. Weil er aber ziemlich weit draußen lag, brauchten wir nur ein paar Zentimeter Kette einzuholen, schon lagen wir wieder bombenfest. Danach setzten wir uns zu einem letzten Schluck in das Cockpit, und plötzlich brannte der flache Hügelsaum im Osten hinter der Lagune in unwirklichem orangem Licht. Wir dachten erst an ein verheerendes Feuer, einen Buschbrand oder einen Unfall hinter den Kuppen, aber es war nur ein riesiger Mond, der dort aufging, so mächtig, wie ich noch nie einen gesehen hatte. Fünf-, sechsmal so groß wie zu Hause. Ich kannte ihn maximal so groß wie eine Wassermelone, wenn er voll war, aber das hier war ein glänzender Schild von den Ausmaßen eines alten Wagenrades, rötlich gelb, und jede Kontur seiner Gebirge und Staubmeere kam plastisch heraus in majestätischer Pracht. Wir waren überwältigt, stumm und ergriffen vor Bewunderung. Nach einer Weile, er war jetzt voll heraufgekommen über die Hügel, änderten sich seine Farben zu leuchtendem Kalkweiß mit stahlblauem Relief, und in der Lagune entzündete sich eine gleißende Lichtbahn aus fast schmerzhaft grellem Silber, in das die leichte Brise tiefschwarze, flüchtige Pinselstriche setzte. An den Rändern des kalten Metallstromes, der da direkt aus dem All heranrollte, dort, wo die Finsternis am samtenen Kleid der Nacht wob, tanzten flüchtige Schleier, Ahnungen von Feen und Elfen. Die schiere Macht der eindringlichen Erscheinung wischte die technokratische Überheblichkeit des zwanzigsten Jahrhunderts ebenso beiläufig wie verächtlich aus unseren Herzen, und die schimmernde, andere Wirklichkeit der ewigen Schöpfung griff durch geweitete Kinderaugen direkt nach unseren Seelen. Die Lichtbahn wurde zur magischen Brücke, der Mond zu einem Tor, das uns aus den Zwängen der kleinen Welt zur Reise in die Freiheit der Unendlichkeit einlud.

»Wie groß er ist...«, hauchte Martina, aber Iglo zerriß das entstehende Gespinst der chthonischen Einheit von Schöpfer und Geschöpfen in dem Moment, da wir eben beginnen wollten, sie zu begreifen: »Kein Wunder. Er hat einen Durchmesser von dreitausendvierhundertsechsundsiebzig Kilometern, das entspricht auf der Erdoberfläche der Strecke von Narvik nach Gibraltar.«

»Iglo?«

»Ja?«

»Halt's Maul!«

Aber der Zauber war gebrochen, die Feen und Elfen verschwunden, was blieb, war ein riesiger Steinhaufen, der das Sonnenlicht reflektierte, und die Sehnsucht nach der mystischen Hochzeit, der Vereinigung von Mensch und Universum, der wir uns so nahe geglaubt hatten. Der Mond war wieder so groß, wie die Strecke von Narvik nach Gibraltar. So groß wie Iglos Maul.

Wir gingen schlafen.

Von Levkas nach Ithaka

Mister Oberschlau auf Schiet – Schon wieder Schiet – Hutschen, Vati! – Die Wahrheit hinter der Odyssee – Odysseus und kein Ende – Der Wandertag oder: Ausverkauf der Sehenswürdigkeiten – Salbei riecht beschissen? Eine weitere Igliotie

Ich saß in der Navigation und betrachtete sinnend die Karte. Gut, bis Ithaka waren es nur dreißig Meilen, aber heute war Navigation gefragt. Die ersten Meilen würden wir sowieso motoren müssen, denn es war nur ein schmaler Kanal, der durch die Lagune gebaggert war, angeblich fünf bis sechs Meter tief und von Stangen mit Toppzeichen flankiert. Ich hatte aber heute Morgen beim Bäcker erfahren, dass er ziemlich versandet war, ein deutscher Segler hatte mir erzählt, er sei am Vortag mehrfach aufgesessen, obwohl er sich sehr vorsichtig immer genau in der Mitte zwischen den Stangen gehalten hatte. Und der fuhr eine Sechsunddreißiger. Nun, man würde sehen, zu ändern war es sowieso nicht. Der Kanal öffnete sich dann in den Ormos Drepanou, ab da war es tief, und ich freute mich schon auf die Fahrt durch den Archipel, nahm mir aber vor, Iglo genau auf die Finger zu schauen, denn wenn er einfach der Küste entlang fuhr, würden wir unweigerlich in der Bucht von Vlychon landen. Am besten war es wohl, schon das Inselchen Madouri an Steuerbord zu lassen, wenn wir an Sparti vorbei waren, obwohl wir wegen der pittoresken Landschaft möglichst nahe unter der Küste bleiben wollten. Iglo. Er war nur kurz zum Frühstück erschienen, um uns seine Absichten mitzuteilen, hatte aber nicht einmal Kaffee getrunken, weil er sich, wie er behauptete, den Magen verdorben hatte. Dafür hatte er ein deutliches Vanillearoma verbreitet. Wenn er gestern weniger gesoffen hätte, hätte er heute keinen Kater. Und es war bestimmt nicht besonders zielführend, gegen die Beschwerden einen Schluck Rum zu nehmen, auch wenn der Jahrhunderte lang als das Universalmedikament auf See gegolten hatte, und es wohl auch war, sieht man sich die Apothekenausstattung eines Kriegsschiffes der Royal Navy aus dem achtzehnten Jahrhundert einmal genauer an. Gut, wenn er sich selbst mit den Methoden aus Nelsons Zeit behandeln wollte, war das seine Sache. Vielleicht hatte Nelson das ja wirklich auch so gemacht, das hätte zumindest erklärt, warum dem verdienten Admiral auf See ständig übel war. Die Parallele war augenfällig, auch wenn man unseren Iglo weder als Admiral, noch als besonders verdienstvoll bezeichnen konnte. Jedenfalls hatte er Ernstl feierlich das Kommando übertragen und sich wieder niedergelegt. Damit standen unsere Chancen für einen baldigen und reibungslosen Aufbruch recht gut. Dachte ich. Aber ich hatte die Rechnung ohne den Wirt gemacht. Und das kam so...

Mitten im Hafenbecken von Levkas gab es eine Sandbank, die die verspielte Strömung der Lagune dort angehäuft hatte. Weil aber die griechischen Behörden erst baggern, wenn auf der Untiefe der erste Strauch wächst, liefen dort ständig Touristen auf. Also hatte ein menschenfreundlicher Fischer an der seichtesten Stelle einen Mordsstein versenkt, an dem mit einem Strick ein Kanister angebunden war. Der Kanister war nicht schwarz, nicht blau oder gelb, er war rein zufällig rot. Nein, das ist nicht nebensächlich. Weil nämlich Ernstl, der das wusste (ich hätte es eigentlich auch wissen sollen), gerade fluchend den völlig verschlammten Anker in der plätschenden Bugwelle wusch, als wir aufliefen. Es war überhaupt nicht dramatisch. Ich stand am Ruder und lief auf die Hafenausfahrt zu, als ich das rote Ding da schwimmen sah. Beim Auslaufen sind die Farbmarkierungen seitenverkehrt, und wer so ein toller Seemann ist wie ich, weiß das natürlich. Ich sah zwar nichts Grünes, ließ aber automatisch das Rote an Steuerbord. Und zwar recht knapp, weil Tonnen ja den Rand des Fahrwassers anzeigen, bis zur Tonne ist es also sicher. Worauf die Griechen am Ufer zu schreien und zu gestikulieren begannen. Was wollten die bloß? Ich erfuhr es. In dem Moment verneigte sich nämlich die EOS und wir lagen fest. Der Mast neigte sich leicht nach Backbord, und Ernstl verschwand mit einem wenig eleganten Köpfler im Wasser. Ich legte den Leerlauf ein und sah ihm interessiert zu, wie er spuckend und brabbelnd um das Boot schwamm. Die anderen,

Irma an der vordersten Front, schrien und liefen aufgeregt durcheinander, aber ich stand da und beutelte bloß den Schädel. So ein Blödsinn! Wir hatten doch gestern noch darüber gesprochen! Wenn das Iglo passiert wäre, hätte ich mir bis Wien darüber das Maul zerrissen! Das stand jetzt unter umgekehrten Vorzeichen mir bevor. Am Heck tauchte ein eigenartig verzerrtes Gesicht auf. »Willst du so freundlich sein und die Badeleiter abklappen? Das Wasser ist nämlich ziemlich frisch!« Ja, und stinken tut es auch. Hastig klappte ich die Leiter ab, aber er kam nicht näher. »Stell gefälligst den Motor ab!« Ach ja, richtig, er sieht, dass das Ding Wasser spuckt. Aber, dass er glaubt, ich möchte ihn faschieren, das ist nicht nett. Und kann auch nicht sein Ernst sein, das ist nur die Aufregung.

Ich grinste ihn an, er behauptete später, ich hätte die Zähne gebleckt. Aber immerhin begriff er und hangelte sich schnaufend ins Cockpit. Mann, der stank vielleicht. Irma rankte sich sofort erleichtert um ihn. Jetzt stinkt die auch noch! Während die beiden tropfend und ziemlich streng riechend im Boot verschwanden, bändselte ich den Großbaum vom Backstag ab und baumte ihn nach Backbord aus. Dann bat ich Martina, draufzuklettern, und sie begriff. Sauste wie ein Eichhörnchen an das äußerste Ende, wechselte die Tierart und hing wie ein Faultier am Aluprofil. Dazu schaukelte sie nach Kräften, während ich das Boot mit Vollgas zurück vom Schlick zog. Na also, wir schwammen wieder! Wozu die ganze Aufregung? Ich hievte Martina mit der Großschot wieder innenbords und half ihr vom Baum. Dann gab ich ihr ein tief empfundenes Busserl und bedankte mich.

»Ach, keine Ursache. Hätte doch jeder getan. Sogar Iglo.« Bestimmt. Und dann hätten wir den auch noch aus dem Wasser klauben müssen. Sagen traute ich es mich nicht nach meiner jüngsten Großleistung, aber was kann ich dafür, eingefallen ist es mir. Inzwischen hatte ich auch den Baum wieder gebändigt und angebändselt, der Anker war verstaut, und wir fuhren in den Kanal ein. Vor uns schaukelten ein paar Boote, und auch Gegenverkehr hatten wir. Also hieß es aufpassen. Die Hofrätlichen und Minni betrachteten mich so misstrauisch, als wäre ich ein Verbrecher, den man unbegreiflicherweise bis zur Verhandlung auf freien Fuß gelassen hat. Sie warteten sichtlich auf das nächste Unheil, es konnte schließlich nicht ausbleiben, wenn man einen Verrückte am Ruder ließ, der gerade bewiesen hatte, wozu er fähig war.

»Willst du dich nicht ein bisserl hinsetzen? Der Schreck muss dir ja noch in den Gliedern stecken!«
Vornehm, vornehm, vorsichtiger konnte man es wohl kaum ausdrücken. Der Hofrat schaute mich besorgt an.

»Mir würde es überhaupt nichts ausmachen, dich kurz abzulösen, bis Ernstl wieder heroben ist!« Ernstl, der Einzige, der imstande ist, das Boot und uns in einem Stück zum nächsten Hafen zu bringen. Gut, Hofrätlein, sollst deinen Spaß haben. Ich manövrierte das Boot am nächsten Gegenverkehr vorbei, eine ziemlich knappe Angelegenheit, denn ich sah an der Anzeige des Echolots, dass ich gerade noch die sprichwörtliche Handbreit Wasser unter dem Kiel hatte. Hier fuhren alle so weit wie möglich in der Mitte, anders ging es gar nicht, wollte man nicht im Schlamm stecken bleiben. Der »Naufahrer« zog also ziemlich knapp an uns vorbei, ein Fender hätte nicht mehr zwischen unsere Boote gepasst. Der Hofrat keuchte.

»Das war knapp! Ich glaube, es ist wirklich besser, du setzt dich jetzt hin!« Passieren kann nichts, wenn er nicht einen rammt, der uns entgegen kommt. Der Grund ist hier reiner Schlamm.

»Na, vielleicht hast du recht! Pass bloß auf, dass du niemanden streifst. Alles andere ist egal, nur darfst du unter keinen Umständen mit einem entgegenkommenden Boot kollidieren!«

»Ja, schon klar, ich bin ja nicht lebensmüde!« Der glaubt wirklich, was er da sagt. Lebensmüde! Das Einzige, was passieren kann, ist, dass sich zwei Versicherungen streiten.

»Ich übergebe jetzt dem Hofrat das Ruder. Wichtig ist, dass niemand die Hand oder sonst was außerbords hält, solange wir im Kanal sind. Das wäre wirklich gefährlich!«

Man sah ihnen die Erleichterung an, dass jetzt endlich einer zum Zug kam, auf den man sich verlassen konnte. Ich übergab und ging dann hinunter, um nach Irma und Ernstl zu sehen. Noch im Verschwinden war mir, als drosselte der Hofrat die unverantwortliche Geschwindigkeit von fünf Knoten, die ich gefahren war, auf erträgliche zwei. Ein wenig war ich ja neugierig, was die hinter uns davon hielten. Als ich mich an die Dunkelheit unten gewöhnt hatte, sah ich, dass Ernstl splitternackt auf seiner Koje hockte. Keine Spur von Irma. Dafür prasselte im vorderen Nassraum die Dusche. Bei meinem Anblick schrumpfte sein erwartungsvolles Grinsen zu einem müden Lächeln zusammen.

»Bin schon wieder weg!«

»Ja, hast du die da oben ganz allein gelassen?«

»Nun, es ist eher so, dass sie mich vertrieben haben. Sie trauen mir nicht mehr!«

»Aber dann sitzen wir demnächst wieder auf Schiet!«

»Du sagst es, weiße Taube! Aber, was soll schon passieren? Bei dem Schlamm können sie uns den Kiel nicht verbiegen. Und vielleicht kommen sie dann drauf, dass nicht alles so leicht ist, wie es ausschaut.«

»Aber ich wollte mich gerade ein bisserl ausruhen!«

»Ruh dich ruhig aus, ich will deinem Liebesleben nicht im Weg stehen. Pass nur auf, dass euch die nicht überraschend in den Bug pferchen!«

»Du bist blöd!«

»Ja klar.«

Im Gehen sah ich, wie sich sein Grinsen wieder auf hundert Watt verstärkte. Oben hatte sich die Szene gewandelt. Die Hofrätliche diskutierte mit dem Skipper der nachfolgenden Yacht, der ungehalten war wegen der geringen Geschwindigkeit und der wegen des dauernden Gegenverkehrs nicht überholen konnte. Er diskutierte Italienisch, sie Deutsch. Dazwischen stand der Hofrat, und er schwitzte stark. Vor unserem Bug schäumte ein recht kleines Boot daher, genau in der Mitte der Fahrrinne und mit gut acht Knoten. Ein Irrer. Von dem Boot vor uns sah man in geraumer Entfernung nur mehr ganz klein das Heck. Die Krise bahnte sich an. Hoffentlich war Irma schon fertig mit Duschen. Der Hofrat bekam die Panik und drehte nach Steuerbord ab, hin zu den Stangen, dann erwischte uns die Bugwelle des Gegenverkehrs und wir verneigten uns wieder. Der Italiener zog Hohn lachend vorbei, und ich kuppelte den Motor aus, weil der Hofrat nur dastand und ununterbrochen trocken schluckte. Dann setzte ich mich zu Martina.

»So tu doch was!«
»Aber ja, mach' ich doch! Ich erhole mich von meinem Schock.«
»Du kannst doch nicht einfach zuschauen!«
»Aber leicht kann ich das. Dann sehen sie wenigstens, wie weit sie kommen.«
»Aber das Boot!«
»Dem passiert schon nichts.«
Der Hofrat kam wieder zu Stimme, wenn auch zu einer ziemlich kleinen.
»Was soll ich denn jetzt machen?«, piepste er.
»Ruf doch den Käpt'n, der wird es dir schon sagen!«
»Das ist nicht der richtige Zeitpunkt für blöde Witze! Schau, wie das Boot schon wackelt!«
Aha, Ernstl ruht sich ein bisserl aus. Verdammt, jetzt muss ich was tun, bevor einer in Panik hinunter rennt und unten Krach schlägt. Das verzeiht er mir nie!
»Na, du hast doch gesehen, wie Martina und ich das gemacht haben! Jetzt reiß dich zusammen und mach's genauso!«
Nach einigen gewagten Stunts hing der Kavalier der Alten Wiener Schule wie eine reife Zwetschke vom Baum und schielte verzweifelt nach den vorbeifahrenden Booten, die in Wirklichkeit gut zwei Meter weg waren von seinem Hintern, den er jedes Mal einzog, wenn eines daherkam. Seine bessere Hälfte stand am Ruder.
»Du musst mehr hutschen, Vati!«
Aber Vati weigerte sich, stärker zu zappeln. Er verschmolz förmlich mit dem kühlen Aluprofil und richtete sich offensichtlich auf eine längere Belagerung ein. Trotzdem begann das Boot plötzlich ganz von selbst stärker zu schwanken. Endspurt, Ernstl! Sofort legte die Wackere den Gashebel auf den Tisch, leider nach vorn. Gott sei Dank hatte sie vergessen, einzukuppeln. Jetzt war aber Schluss mit Blödsinn, sonst lagen wir hier den ganzen Tag. Mit der Wackelerei und »Voller Kraft voraus« konnte sie uns ganz schön eingraben. Ich machte einen Satz zum Steuer und nahm das Gas weg. Das gequälte Heulen der im Leerlauf überdrehenden Maschine erstarb wieder zu einem Flüstern. Sie überließ mir bereitwilligst ihren Platz, und ich zog das Boot mit Vollgas zurück vom Flach, eine watscheneinfache Sache, denn Ernstls Ruhebe-

dürftnis näherte sich eben seinem Höhepunkt. Der Diesel dröhnte, gelbe Schlammmassen quollen sprudelnd an die Oberfläche, und wir waren wieder im Fahrwasser. Die Hofrätin jubelte.

»Toll, wir fahren wieder!«

Ich sah sie an. »Und, was hast du vergessen?«

»Weiß nicht, Logbuch schreiben?«

»Nein, Vati vom Baum pflücken, bevor das jemand anderer für uns tut!« Erbleichend entfleuchte sie. Als der Hofrat wieder im Cockpit saß, beugte ich mich zu ihm:

»Du kannst jetzt wieder ans Ruder!«

Aber er winkte nur schwach ab. Es schien, als wäre seine Abenteuerlust für den Moment erloschen. Nach einer Weile kam die heilige Familie auch wieder herauf, frisch geduscht und in eine Wolke Wohlgeruch gehüllt.

»Was war denn schon wieder los? Kann man euch keinen Moment alleine lassen?«

»Na ja, weißt du, der Hofrat ist aufgebrummt. Und es war gar nicht leicht, da wieder herauszukommen. Aber so eine Art Seebeben hat uns gerettet.«

Irmas Öhrlein liefen purpurn an, und er wechselte hastig das Thema.

»Ich habe, als ich unten war, die Seekarte studiert.« Die Seekarte studiert, ja. So schaust du aus.

»Es gibt hier eine Menge Inseln, da kann ich euch zeigen, wie man in Landsicht navigiert. Dazu gibt es ein paar Methoden, die man ganz leicht lernen kann. Das ganze Schifferlfahren ist ja kein Geheimnis. Wir brauchen dazu eigentlich nur einen Peilkompass und das Relingslog, das wir wieder montieren werden, wenn wir aus dieser Suppe heraus sind. Dazu noch die Seekarte, die Kursdreiecke und einen Bleistift. Wer macht mit?«

Na, alle, war doch klar. Die Navigatorembryonen schwärmten aus, das Benötigte zu holen. Und während Ernstl ihnen die Werkzeuge erklärte, erreichten wir die Bucht und sie unterbrachen den Einführungsunterricht, um Segel zu setzen. Der wieder erstarkte Hofrat bekam einen Kurs, den er halten sollte und löste mich am Ruder ab. Das Relingslog wurde montiert, und ich zog mir die Badehose an, um vor dem Mast, wo es ziemlich ruhig war, ein wenig Schlaf nachzuholen. Diesmal nahm ich aber meinen Schlafsack mit, weil das Deck wirklich ungut war zum Draufliegen. Ich richtete mir ein Plätzchen an der Backbordreling, wo ich Sonne hatte und war eben dabei, einzuschlafen, als mir kalt wurde, weil ich plötzlich im Schatten lag.

»Ernstl, schau einmal, wo der Hofrat hinfährt«, brüllte ich nach hinten. Der wurde ermahnt, etwas besser Kurs zu halten, und ich lag wieder in der Sonne. Dafür gab es hinten eine längere Diskussion, wieso ich im Liegen und mit geschlossenen Augen bemerkt haben konnte, dass wir einen falschen Kurs fuhren. »Wahrscheinlich entwickelt man mit der Zeit so eine Art sechsten Sinn«, mutmaßte Minni. Ernstl, der es besser wusste, schwieg dazu, und damit war mein nautisches Image fürs Erste wieder gerettet. Und, noch viel wichtiger, mir war auch wieder warm.

Die erste Unterrichtsstunde war scheinbar vorbei, denn ich bekam Gesellschaft. Ich war schon eine Weile wieder wach, sah aber keine Notwendigkeit, mein Plätzchen an der Sonne zu verlassen. Es war so ruhig hier, so friedlich. Es ist ein ganz seltenes Vergnügen, auf einem Segelboot einmal ein paar Minuten allein zu sein. Praktisch ist man nur am Klo solo. Und selbst dort ist man akustisch dabei und weiß, dass auch die anderen nicht taub sind. Was zu den absonderlichsten Bemühungen führt, jedes Geräusch zu vermeiden. Deswegen ist am Lokus immer Hochbetrieb, wenn alle im Cockpit sind. Ernstls Einführungsunterricht hatte mir die einmalige Chance gegeben, über eine Stunde ganz allein und ungestört die Sonne zu genießen, ohne dass mich ununterbrochen jemand anstieß oder durch unvermutetes Ansprechen aus dem Dösen riss. Ein unglaublicher Luxus unter den räumlichen Bedingungen eines Charterbootes, das vom Platzangebot her eher an einen Viehtransport erinnert als an Urlaub. Wenn Nichtsegler von so einem Törn hören, dann denken sie an weiße Segel am blauen Meer, Bikinis, kalte Drinks, Teak, Messing und Mahagoni, exotische Häfen mit fremden Gerüchen, Palmen und Luxus. Okay, alles da. Bis auf den Luxus. Sie übersehen dabei nämlich immer, dass alle Bewegungen am Boot quasi im Gleichschritt zu erfolgen haben, weil das Raumangebot dem in der U-Bahn zur Frühverkehrsspitze entspricht und man sich gegenseitig in den Hintern tritt, wenn man aus dem Takt kommt. Und von den fremden Gerüchen könnte ich auch eine Weile erzählen, aber ich glaube nicht, dass Sie das wirklich interessiert. Für einen Seetörn, wie wir ihn uns leisten können, braucht man außer der Ausrüstung auch jede Menge Sozialgefühl, und man muss was über haben für das Leben im Zelt. Nur, dass man aus einem Zelt in den Wald wandern kann und sich dort in der Einsamkeit erholen. Auf einem Boot geht das nicht, da kann man nirgends hin. Ich hatte nicht einmal eine Kabine, ich musste mit dem Schlafengehen jedes Mal warten, bis auch der letzte Mohikaner in seiner Koje lag, und dann konnte ich mich immer noch nicht gehen lassen, weil ich mir den Salon mit Martina teilte. Die letzte Stunde war daher wirklich ein ganz unerhörtes Vergnügen gewesen. Jetzt war es damit vorbei. Es war Martina, die sich zu mir setzte.

»Na, ausgeschlafen, Rübezahl? Fühlst du dich nicht einsam da, so allein vor dem Mast?«

»Nein, nein, ich lebe zu Hause auch allein, das macht mir nichts aus.« *Ich bin sogar gern alleine, ob du das glaubst oder nicht.*

»Was machst du denn, wenn du dich einsam fühlst?« *Das werde ich dir nicht auf die Nase binden.*

»Ach, weißt du, ich bin Mitglied in einem Singleverein.«

»Was machst du denn dort?«

»Meist spielen wir Bingo. Der erste Preis ist eine Wärmeflasche!«

»Du sollst mich nicht immer verarschen!«

Ich rollte meinen Schlafsack zusammen und erhob mich seufzend.

»Wir werden heute erst am Nachmittag anlegen und ich habe schon wieder Hunger. Ich bin sicher, den anderen geht es auch so. Iglo schläft, außerdem könnte er beim Segeln sowieso nicht kochen. Wenn du willst, kannst du mir helfen.«

»Was gibt es denn?«

»Was Einfaches. Ich denke da an Paprikahendl mit Nudeln. Gleich in der großen Schüssel serviert und jeder kriegt eine Gabel.«

»Gut, ich helf dir. Was soll ich machen?«

»Koch die Nudeln. Ich mache den Rest.«

»Du glaubst wohl, ich kann nicht kochen?«

»Ich weiß, dass du kochen kannst. Schließlich hast du es ja schon bewiesen. Aber erstens soll es schnell gehen, und zweitens ist es ein Unterschied, ob man Zwiebeln im Hafen schält oder auf einem Boot, das im Seegang rollt. Und das Zerteilen der Hühner, die wir gestern gekauft haben, mache ich sowieso lieber selbst, denn wenn man das nicht gewöhnt ist, dann rutscht man leicht ab mit dem Messer und tut sich weh. Iglos Messer ist nämlich verdammt scharf.«

Natürlich waren die Nudeln längst fertig, als ich die Soße mit den bereits entbeinten Hühnern darüberleerte. Das war aber völlig egal, sie war schließlich brennheiß. Irgendwann während der Kocherei war Iglo wieder zum Leben erwacht und hinaufgepilgert, um zu sehen, was wir in seiner Abwesenheit zustande gebracht hatten. Als ich mit der Schüssel nach oben kam, empfing er mich mit der höhnischen Bemerkung:»Ah, der Herr Bruchpilot persönlich!« Ich ignorierte ihn einfach und setzte den Gemeinschaftstrog mit dem Essen auf den Cockpittisch, den sie hastig errichtet hatten, als sie erfuhren, dass es endlich wieder etwas zu futtern gab. Die Gabeln staken bereits in dem roten Haufen Nudeln, und das allgemeine Kauen hub an. Die tiefe Ruhe, in der das vor sich ging, sprach dafür, dass es allen schmeckte. Iglo erhob sich und verschwand im Schiff. Wahrscheinlich wollte er Mineralwasser holen, das Hendlgulasch war ein bisschen scharf, und ich hatte nichts zu trinken mitgebracht. Aber ich hatte mich getäuscht, er erschien mit dem Salzfass und streute kräftig, um dann umzurühren.

»Ah, jetzt schmeckt's endlich nach was!«

Ich warf angewidert meine Gabel hin:»Nur, weil du einen Kater hast, sollen wir jetzt das versalzene Zeug essen? Ich glaube, du spinnst.«

»Red keinen Schwachsinn, das war viel zu mild! Das konnte so kein Mensch essen!« Allgemeines Murren im Cockpit belehrte ihn, dass er mit seiner Meinung allein dastand. Und so mussten wir noch Nudeln kochen, ohne Salz diesmal, und die Soße strecken, bevor wir dann doch noch essen konnten. Iglo saß wieder einmal beleidigt im Klo, und ich betete darum, dass er sich irrtümlich hinunter spülte. Das musste aber Wunschdenken bleiben, denn sein Hintern paßte nicht einmal auf, geschweige denn in die Muschel.

Ich beriet mich mit Ernstl, der es auch nicht liebt, versalzene Sachen zu essen, und der sich durch Iglos diktatorische Maßnahme außerdem in seinem Demokratieverständis beleidigt fühlte.

Und weil wir uns beide geärgert hatten, kamen wir auf eine hinterhältige Idee: Er kündigte einen Ortungswettbewerb an, und während er das tat, pfuschte ich am GPS solange mit den Korrekturwerten für das WGS 84 herum, bis es eine Position anzeigte, die eine Meile westlich der wahren lag. Das war zwar da, wo wir gerade fuhren, an Land, aber ich konnte mich drauf verlassen, Iglo würde nur einmal nachschauen, und zwar zu einem Zeitpunkt, wo zumindest ihm eine kleine Meile gar nicht auffiel. Die anderen konnten mit der Anzeige des Gerätes sowieso nichts anfangen. Die Bedingungen der Wette waren so: Jeder sollte die Position des Schiffes anhand von Peilungen in die Karte einzeichnen, der Beste sollte dann auf Ithaka von den Übrigen einen Tag lang hinten und vorne bedient werden und auch unsere Besichtigungsziele bestimmen dürfen. Austragungsort sollte das Meer zwischen Levkas und Ithaka sein, jeder sollte seinen Ort mit Namen und Zeit in die Karte eintragen. Ernstl würde den Schiedsrichter spielen, und zum Zeitpunkt der Positionsbestimmung jeweils den WO des GPS notieren, damit dann niemand benachteiligt war, denn das Boot fuhr ja ständig weiter. Ihm war es natürlich ein Leichtes, die Position des WOs um die eine Meile zu versetzen. Bis dorthin konnten alle frei üben. Sofort hub eine mächtige Peilerei an, und die Karte verwandelte sich in ein Gitterwerk von Bleistiftstrichen, aber alle hauchzart und sehr ordentlich. Bravo, Ernstl, gute Schule! Vor das Display des GPS hängte ich scheinheilig eine Serviette, wie das der Commodore bei unserer Prüfung immer getan hatte. Aber ohne eine Rosi konnte das nicht funktionieren, Missbrauch war Tür und Tor geöffnet. Allerdings waren unsere Jungnavigatoren viel zu arglos, um auf so eine Idee überhaupt zu kommen, außerdem kannten sie zwar das Prinzip der Schiffsortsbestimmung durch Peilung, aber Ernstl hatte ihnen noch nicht erklärt, wie man die Koordinaten eines Punktes in der Karte bestimmt. Das hatte er arglistig verschoben, um die Spannung zu erhöhen. Iglo hingegen wusste das... Momentan kommentierte er verächtlich die Bemühungen der eifrig Zeichnenden.

»Da braucht man doch nicht zu üben! Das ist doch die einfachste Sache der Welt! Drei Punkte, drei Standlinien, wenn man richtig arbeitet, gibt das ein winziges Dreieck, in dem das Boot dann auch sein muss.« *Schon richtig, aber lass uns erst einmal anschauen, ob du das ohne Netz machst, du falscher Fuffzger, ich kenn dich doch.*

Mit blasierter Miene wandte Iglo sich Wichtigerem zu. Er schnappte sich den Reiseführer und plante seinen Ehrentag auf Ithaka. Wir waren inzwischen in der Meerenge zwischen Levkas und der Insel Meganision. Rechts ragten die schroffen Berge von Levkas über fünfhundert Meter empor, während die Insel links dreihundert Meter steil anstieg, dazwischen waren wir recht klein. Im Schatten war es auch ziemlich kühl, sodass wir glücklich waren, als wir mit dem offenen Meer auch wieder die Sonne sahen.

Eine drei viertel Stunde später, westlich querab von Arkoudi, begann der Wettbewerb. Es wurde auf Teufel-komm-raus gemessen und gezeichnet, Ernstl ging dann hinunter, verglich die Ergebnisse mit dem GPS und radierte die Zeichnungen wieder aus der Karte, denn es sollten ja für alle gleiche Bedingungen herrschen. Dann kam der Moment der Wahrheit, Iglo stieg in den Bauch der EOS und bastelte seinen Beitrag.

»Komm einmal herunter und schau dir das an!«

Ich ließ mich vom Ruder ablösen, das ich während des Testes betreut hatte und gesellte mich zu Ernstl, der wutschnaubend in der Nav-Ecke saß. Daneben stand Iglo, eitel Wonne und Sonnenschein. Ich sah auf den ersten Blick, was meinen Kumpel so aufregte: Iglo hatte zwar nicht gerade mit Kugelschreiber in die Karte gezeichnet, aber mit dem Bleistift so fest aufgedrückt, dass seine Zeichnung trotz Radierens Ewigkeitscharakter haben würde. Und die Karte gehörte Ernstl. Davon abgesehen, waren zwei Dinge augenfällig. Erstens lag die Position Iglos nicht eine Meile westlich der wahren, wie das GPS anzeigte. Da hatte ich ihm schwer Unrecht getan. Und zweitens, er hatte zwar Teile der Theorie behalten, aber vom Wesentlichen wie üblich keine Ahnung. Er hatte Peilpunkte benutzt, die viel zu nahe beieinander lagen, um einigermaßen brauchbar zu sein, und das gleich zweifach. Da näherten sich zwei Linien von Levkas und Meganision seinem »Wahren Ort«, die einen Winkel von drei oder vier Grad einschlossen, und von zwei Punkten auf Ithaka, die auch nicht weiter voneinander entfernt waren und zudem mit den anderen fast die hundertachzig Grad voll machten. Das klassische Beispiel einer unbrauchbaren Kreuzpeilung, wie es in jedem Kurs besprochen wird. Und das in einer Gegend, die praktisch nur aus Peilpunkten bestand. Gewinnerin des Wettkampfes war eindeutig Martina mit einer sensationell genauen Vierstrichpeilung. Auch die Übrigen hatten sich sehr angestrengt, alle Ergebnisse waren durchaus brauchbar, bis auf das unseres Skippers, dessen »Wahrer Ort« war fast eine halbe Meile lang. Das war ihm aber nicht etwa peinlich, nein, er machte sich über die ganze Angelegenheit auch dann noch lustig, als die verunstaltete Karte mit seiner Gravur von Hand zu Hand ging und die Navigationsneulinge ihm anhand ihrer ganz frischen Kenntnisse allesamt erklärten, dass der Winkel zwischen zwei Standlinien als fragwürdig gilt, wenn er kleiner/gleich dreißig Grad ist. Bei der anschließenden Diskussion verlor er mehr und mehr an Boden, obwohl er ihnen einreden wollte, das sei alles lediglich eine Sache der Genauigkeit von Messung und Zeichnung:

»Und überhaupt, heute hat man eben sein GPS und weiß immer ganz genau, wo man sich befindet! Die ganze klassische Navigiererei ist doch sowieso nur mehr geistige Onanie!«

»Das ist kompletter Blödsinn! Was ist, wenn die Amis das System abschalten? Was, wenn das Gerät ausfällt? Dann bist du aufgeschmissen!«

»Und, wer erzählt mir das? Ausgerechnet einer, der schon im Hafen aufläuft!«

Aha, unter die Gürtellinie. Gut, konnte er haben:

»Ja, sowas passiert halt, wenn der Skipper mit einem Mordskater im Bett liegt und sich um nichts kümmern kann!«

Das Ergebnis war, dass er sich wieder zum Schmollen zurückzog und wir nur ein WC hatten. Mit einem Wort, der Kindergarten ging weiter. Ich brachte das GPS wieder in Ordnung, dabei dämmerte mir die erschreckende Erkenntnis, dass die ganze Aktion mit der »Falle«, die ich ihm da gestellt hatte, auch nicht gerade astrein war. Ich führte mich schon genauso blödsinnig auf wie Iglo. Um Himmels willen, das war doch nicht womöglich ansteckend? Martina verzichtete übrigens auf den ihr zustehenden Preis:

»Mir ist es egal, was wir machen, ich finde hier alles toll! Und bedienen braucht ihr mich auch nicht, ich bin ja nicht krank.«

Wir hatten beschlossen, auf Ithaka den Hafen Vathi anzulaufen. Ithaka besteht aus zwei Teilen, die nur durch eine schmale Landbrücke verbunden sind. Die beiden Inselteile bilden die Begrenzung des Golfs von Aetos, der sich nach Nordosten öffnet, umgeben von mächtigen Bergen. Auf der Karte sieht Ithaka aus wie ein hundeköpfiges Meeresungeheuer mit einem dicken Fisch- oder Entenleib, rund und gedrungen wie aus einem Comic, das auf einer Flosse (Flügel) den Nordteil der Insel balanciert, der seinerseits auch wieder wie ein verzweifeltes Zeichentricktier wirkt, das mit weitaufgerissenem Maul um Hilfe schreit, weil es dem Südteil in den Hintern beißen will. Der Hundekopf ist komplett mit wehenden Hängeohren und einem Maul, das wie zum Bellen (oder eben Beißen) geöffnet ist. Im Lefzenwinkel sitzt Vathi wie ein Ekzem, vor der Unterlippe befindet sich die Insel Skartsoupo.

Wir hatten vor, diesem Ungeheuer in den Rachen zu segeln, auf der Suche nach der Heimat des sagenhaften Odysseus. Das ist der Bursche, der mit seinen Kumpels nur eben mal schnell nach Troja fuhr, um Zigaretten zu holen, würde man heute sagen, aber weil es die damals noch nicht gab, behaupteten sie eben, sie wollten die schöne Helena heimholen. Das war die Gattin eines ihrer Spezis, eines gewissen Menelaos, sie war mit einem Türken durchgebrannt. Das heißt, Türken gab es damals auch noch nicht, der Kerl hieß Paris und war der Sohn des trojanischen Königs Priamos. Aber, Trojaner hin, Türke her, was ein rechter Grieche ist, findet alles verdächtig, was in Kleinasien wohnt. Die Helena war jedenfalls futsch. Offiziell hieß es, sie wäre geraubt worden, obwohl das sowieso keiner glaubte. Wusste doch jeder, dass dieser Paris sie als Bestechungsgeschenk für eine getürkte Misswahl unter Göttinnen bekommen hatte, obwohl sie doch schon vergeben war. Aber das war noch gar nicht der springende Punkt. Hauptsache, Ody und seine Kumpel konnten sich vor der öden Olivenpflückerei und der lähmenden Arbeit in der Hitze der Weinberge drücken, sollten das doch die Frauen machen. Es war allemal schöner, zu einer zünftigen Rauferei nach Kleinasien zu fahren. Herrliche zehn Jahre lang.

Nach dieser wilden Zeit kehrten die meisten Überlebenden nach Hause zurück, seufzend, weil sie zwar noch immer keinen Bock auf geregelte Arbeitszeiten hatten, aber was konnte man machen, die Spielwiese Troja war total hinüber, da war kein Stein auf dem anderen geblieben. Und diese Schlampe Helena hatten sie auch wieder. Der Hauptleidtragende war Priamos, er war wie die Jungfrau zum Kind gekommen, nur weil sein missratener Playboy von Sohn die Finger nicht von fremden Frauen lassen konnte. Jetzt saß er auf den Trümmern seines Königreiches und haderte mit seinem Geschick und mit dem Sprössling. Sein einziger Trost war, dass die Griechen auch nicht viel besser dran waren: Was blieb ihnen jetzt noch über, als zu ihren stinkenden Ziegen zurückzukehren?

Aber nicht mit Ody! Der war dreißig gewesen, als er seiner Penelope erklärt hatte, er könnte seine Freunde nicht im Stich lassen, er müsse an die unwirtlichen Gestade Ilions eilen, um ihnen beizustehen. Leider war der hübsche Krieg jetzt endgültig vorbei. Ein Jammer. Denn nach Adam Riese war er mittlerweile vierzig und litt an einer Midlifekrisis von Weltklasseformat, also zog es ihn viel eher zu kleinen Friseusen und Verkäuferinnen als zu seinem Weib. Erst nach weiteren zehn Jahren waren alle seine Kumpels irgendwo hängen geblieben oder hatten sich zu Tode gesoffen. Im Großen und Ganzen war es eine herrliche Zeit gewesen, sie hatten quer durch die Ägäis keinen Krug und keine Frau ausgelassen, zudem mussten sie noch einen schnellen Abstecher nach Sizilien machen, denn irgendwer hatte beim eher unwillkommenen Anblick des heimatlichen ionischen Meeres gelallt: »Zwischen Leber und Milz paßt immer noch ein Pils!«, und das leuchtete allen ein.

Jetzt war es endgültig vorbei, allein stand er da, gezeichnet von den Ausschweifungen, die Leber geschwollen, das Kreuz ausgeleiert, in ganz Griechenland wegen Alimentenforderungen und Kneipenschlägereien mit Totalschaden gesucht, und hatte einen gewissen Erklärungsbedarf. Flink schob er die Schuld an der winzigen Verspätung auf die Bosheit eines bekannt jähzornigen Gottes, der ihm übel mitgespielt habe. Und die Fischer glaubten ihm, hatten sie doch mit diesem Poseidon tagein, tagaus auch ihre liebe Not.

Steht alles im Gerichtsprotokoll, das uns als die »Odyssee« überliefert ist. Der Gerichtsschreiber, ein gewisser Homer, soll während der Niederschrift dermaßen Tränen gelacht haben, dass er davon blind wurde. Wieder andere behaupten, er wäre gar nicht der Gerichtsschreiber gewesen, sondern der Untersuchungsrichter, und er wäre schon vorher blind gewesen. Vielleicht kommt daher unser Begriff »Blinder Glaube«. Wie immer dem sei, wir näherten uns jetzt der Heimat des unübertrefflichen Aufschneiders und üblen Navigators. Aber vielleicht war er ja gar kein so schlechter Seemann gewesen, sondern hatte lediglich erkannt, dass es besser war, wenn einen die anderen für blöd hielten als für durchtrieben? Nicht umsonst nannten sie ihn ja den »Listenreichen«.

Also, eine tolle Insel war es schon, über die er da König gewesen war! Rechts von uns ragten mächtige, schroffe Berge auf, über deren kahlen Gipfeln finster das Grau der thermischen Bewölkung dräute, völlig harmlose Schönwetterwolken, aber einschüchternd düsteres Brodeln aus unserer überschatteten Froschperspektive, links von uns erhoben sich runde, grüne Kuppen, mit Zypressen und Ginster bewachsen. Wir hielten uns eher an dieser Seite, denn wir wollten ja in den Rachen, pardon, die Bucht von Vathi. Kaum zu glauben, wie groß so ein Hundemaul aus der Karte in Wirklichkeit ist. Endlich erreichten wir die hinter einer kleinen Insel mitten in der Bucht liegende Mole, in deren Windschutz natürlich alles voll war, sodass wir davor ankern mussten. Der Hafen machte einen einigermaßen enttäuschenden Eindruck, Wasser gab es angeblich nur vom Tankwagen und zu Wucherpreisen. Na, das war nicht unser Problem, Wasser hatten wir genug, und auch Diesel brauchten wir noch nicht. Außerdem wollten wir ja nicht im Hafen bleiben, sondern uns auf die Suche nach den Spuren des Odysseus machen, und davon gab es scheinbar reichlich. Ithaka ohne Odysseus, das wäre wie Österreich ohne die Erinnerung an die Donaumonarchie und ohne die Habsburger. Ithaka *ist* Odysseus, ohne ihn wäre es nur eine weitere, wenn auch sehr schöne Insel im Ionischen Meer. Man kann hier keinen Schritt machen, ohne über ihn zu stolpern. Spontan beschlossen wir, noch am gleichen Tag die Nymphengrotte zu besichtigen.

Dort soll Odysseus seine Schätze versteckt haben, als er auf Ithaka ankam. Ankam! Irgendwie hatte es ihn zu den Phäaken verschlagen. Er fiel den Gastgebern mächtig auf die Nerven, weil er ununterbrochen soff und dem weiblichen Gesinde nachstellte. Einen anderen hätten sie längst erschlagen, aber der Kerl behauptete, ein König zu sein, und so, wie er sich aufführte, konnte das durchaus stimmen. Als er den Bogen wieder einmal völlig überspannt hatte und sich einen spektakulären Rausch ausschlief, packten sie ihn und fuhren den Bewusstlosen nach Ithaka, weil er irgendwann unvorsichtig ausgeplaudert hatte, dass er eigentlich dort zu Hause war. Sie warfen ihn aus dem Boot und machten, dass sie weiterkamen, bevor er aufwachte. So steht es zumindest im dreizehnten Gesang der Odyssee:
»Eilend fuhr das Schiff, bis zur Hälfte der Länge des Ganzen, dort an Land, von solcher Ruderer Händen getrieben.
Und die stiegen an Land aus dem wohlgezimmerten Schiffe, hoben zuerst heraus aus dem hohlen Schiff den Odysseus.
Ihn mitsamt dem Linnentuch und der schimmernden Decke, setzten ihn dann im Sande ab, den vom Schlafe Bezwungenen; hoben die Schätze heraus, die ihm die edlen Phäaken schenkten, als heim er ging mit Willen der stolzen Athene.«
Irgendwann kam er zu sich und fragte sich verzweifelt, wo ihn die Arschlöcher hingebracht hatten. Er war immer noch so besoffen, dass er seine Heimatinsel nicht erkannte. Als Erstes brachte er die Sachen in Sicherheit, die sie ihm dagelassen hatten, damit er bloß nicht wiederkam. Und zwar angeblich in der Nymphengrotte, die wir jetzt besichtigen wollten. Obwohl das sicher falsch ist, denn sie liegt recht hoch, hundertachtzig Meter über dem Meer, und wie hätte er das in seinem Zustand schaffen sollen? Immerhin zeigt sie zwei Merkmale, die in der Odyssee beschrieben werden: Sie hat einen engen Eingang für die Menschen und ein Loch an der Decke, das Tor für die Götter. Wir mieteten zwei betagte Autos, und es war Iglo zu verdanken, dass wir sie fast umsonst bekamen, weil er drohte, andernfalls beim Nachbarn eine Anzahl Mopeds auszuleihen, die allerdings so wirkten, als müsste man noch was draufkriegen, wenn man sich verpflichtete, damit zu fahren. Jedenfalls mussten wir nur einen Tag zahlen und beka-

215

men darüber hinaus auch noch die ersten hundert Kilometer gratis. Das Interessanteste an dem ganzen Handel war, dass der Grieche außer seiner eigenen keine Sprache auch nur rudimentär beherrschte. Trotzdem kamen sie zu einem Abschluss, und der Verleiher bedeutete mit Händen und Füßen, wir mögen ihn vom Anblick unseres Skippers befreien, sonst würde er hingehen und sich erschießen.

Die Nymphengrotte war zwar nicht der Höhepunkt des Tages, aber einmalig war sie trotzdem. Sie war voller Dreck, den Besucher hier hinterlassen hatten, nicht besonders groß, aber dafür feucht, und auf beiden Seiten des Weges hatten Souvenirjäger alle Stalaktitenspitzen amputiert. Auch das bunte Licht der wenigen verbliebenen Lampen war meine Sache nicht, aber immerhin war es kühl drinnen, während draußen die Sonne brannte, so heiß wie bei uns nur im Hochsommer. In Serpentinen ging man steil hinunter, dann querte man die schlammige Sohle der Höhle und stieg wieder hinauf zum Eingang. Hier hatten die Najaden ihre Webstühle gehabt und beim Arbeiten garantiert Rheuma bekommen. Die Webstühle waren sicher auch Touristen zum Opfer gefallen, ebenso wie die Tropfsteine, aber das Rheuma drohte noch immer. Man stelle sich vor, rheumatische Nymphen!

Auf dem Weg zum Hafen erspähte Minni eine weitere Nymphenhöhle. In einer Kurve der Straße war eine handgemalte Tafel, die darauf hinwies. Wir blieben stehen und folgten neugierig dem Pfad, der uns zu dem Geheimnis führen sollte. Nach ein paar Metern erreichten wir ein verfallenes Haus. Hier war es, musste es sein, denn jemand hatte mit schwarzer Farbe ein paar Verse der Odyssee auf einen Stein gepinselt. Aus dem Haus trat eine Frau, vielleicht die Letzte aus dem Geschlecht der Nymphen. Setzt man den Zeitpunkt der Entstehung der Ilias und der Odyssee in der Bronzezeit an, dann war sie ein paar tausend Jahre alt. Das konnte hinkommen. Sie bedeutete uns mit einer arthritisch sparsamen Geste, ihr zu folgen und humpelte hinter das Haus. Wir folgten ihr und fanden sie neben einem Zeugnis der jüngeren griechischen Geschichte. Sie stand nämlich bei einem alten Wehrmachtsgenerator und bedeutete mir, ihn anzuwerfen. Ich musterte das Relikt misstrauisch und beugte mich dann zum

Starterseil. Drückte ein paar Mal auf das Treibstoffpümpchen am Vergaser und riss entschlossen an der betagten Leine. Und im Gegensatz zum durchschnittlichen japanischen Außenborder sprang das Ding beim ersten Mal an. Damit stand unserer Expedition in den Schoß der Erde nichts mehr im Weg. Im Hang hinter dem Haus klaffte ein Spalt, dort schoben wir uns entschlossen hinein. Dahinter war eine Plattform mit einem rostigen Eisengeländer, das an einer Stelle offen war und eine verrottete Leiter freigab, die zur drei Meter tieferen Sohle der Höhle führte. Unten stand eine Holztruhe, die wohl ebenfalls ursprünglich deutscher Besitz gewesen war: die Schatztruhe des Odysseus. Illuminiert wurde das Ganze durch drei oder vier schwache Glühbirnen, die mit buntem Lack angestrichen waren und gerade so viel Licht spendeten, dass wir sehen konnten, in welchem Zustand die Leiter war. Das bewog uns, die Expedition abzubrechen. Aus diesem Grunde kann ich Ihnen auch nicht berichten, woraus die Schätze des Odysseus bestanden. Aber bedenkt man die Lebensweise des Helden, waren es wahrscheinlich sowieso nur leere Weinkrüge. Oder, zieht man die liebevolle Ausstattung der Sehenswürdigkeit insgesamt in Betracht, vielleicht auch nur ein Plastikentchen.

Wir schloffen wieder ins Freie, dort stand die betrügerische Alte, und in ihrem welken Greisinnengesicht klaffte der zahnlose Spalt eines erschreckend geldgierigen Grinsens. Schweigend stellte ich den Generator ab und gab ihr ein paar Münzen. Sie war's zufrieden und ließ uns ziehen.

»Für die Maschine kriegst du daheim eine ganze Menge Geld!« Iglo saugte nachdenklich an seinen Lippen.

»Ja, und in den Flieger nimmst du sie als Handgepäck. Dem Zoll kannst du dann erzählen, du hast sie immer mit, wenn du verreist, für dein elektrisches Zahnbürstel!«

Aber man konnte ihm ansehen, dass der Verzicht auf das Souvenir schmerzte. Wir stellten die Autos an der Hafenstraße ab und begaben uns zum Dinner auf die EOS. Es gab gestrecktes Hendlgulasch, davon hatten wir noch jede Menge. Aber wir spülten es mit dem Mavrodavne hinunter, den wir auf Levkas besorgt hatten, und so wurde es doch noch ein ganz lustiger Abend.

»Reise, reise, nach alter Seemannsweise!«
Wer war gestern bloß auf die saublöde Idee gekommen, den
Berg Aetos zu besteigen? Irgendwer hatte damit angefangen, und
plötzlich war es eine fixe Idee. Alle hatten begeistert zugestimmt,
zeitig aufzustehen und die Wanderung zu beginnen, bevor noch
die Sonne aufging, damit wir nicht in die größte Hitze kämen.
Außerdem sei es notwendig, sich die spärliche Zeit genau einzu-
teilen, denn wir wollten schließlich weiter. Bei solchen Törns
käme die Kultur sowieso immer zu kurz, man könne unmöglich
alles besichtigen, und selbst bei sorgfältigster Auslese der Sehenswürdigkeiten käme man dann zu Hause erst drauf, was man an
Wichtigem versäumt hätte. Ich hatte mich an der Diskussion nicht
beteiligt, ich war in trübe Erinnerungen versunken. Auf den
Kanarischen Inseln hatte ich das alles schon gehört. Das Ergebnis
war gewesen, dass wir wie die Wilden über die vorwiegend lausi-
gen Straßen im Inneren der Inseln gebrettert waren und auf dem
Meer hauptsächlich Nachtfahrten machten, um nur ja keine
Stunde Licht zu versäumen. Im Endergebnis waren wir kaum
gesegelt und hatten auch kaum was gesehen. Das teure Boot war
zur Inselfähre verkommen, ging es einmal zu langsam, wurde gna-
denlos motort, dann – zack – in irgendwelche Mietwagen und auf
Teufel-komm-raus besichtigt, was das Zeug hielt. Wenn irgendwelche Japaner oder Amerikaner versuchen, Wien in einem Tag
zu »machen«, dann lachen wir uns krumm und dämlich, aber
selbst sind wir noch ärger, denn wir versuchen, zwei so grundver-
schiedene Dinge wie Segeln und Kultur unter einen Hut zu bringen. Als Endergebnis besteht dann so eine Insel in einem Segler-
hirn aus einem Hafen, einer Kathedrale (oder was immer) und
einem Wirtshaus. Am Boot sieht kaum einer auf die Schönheiten
des Meeres und der Landschaften, da werden Reiseführer gewälzt,
und kaum ist man im Hafen, geht die Hetzerei wieder los. Da werden so viele Sehenswürdigkeiten wie eben möglich mit Agfa oder
Fujii abgeschossen, denn wenn einer eine Reise tut, dann will er
nachher mit den Bildern angeben. Jedes Mal gibt es dann zu Hause
einen Haufen Fotos, von denen keiner weiß, wo sie überhaupt ent-
standen sind und was der pittoreske Steinhaufen darauf darstellt.
Dann geht die Rätselei los:

»Das kann nicht Rovinj (Pompei, Kalkutta, Gramatneusiedl) sein, das war am siebenten Film, der ist von Italien« (Spanien, Hawaii, Innerer Mongolei). Aber man tröstet sich: Wer immer die Bildeln anschaut, weiß wenigstens, dass wir dort waren. Und das ist schließlich die Hauptsache.

»Reise, reise, nach alter Seemannsweise!« Ernstl stupste mich an. Weiß Gott, wo er die blöden Sprüche immer her hat. Ich wollte jedenfalls nirgends hinreisen, außer vielleicht aufs Klo. Erst bis drei in der Früh herumsitzen, Glut in den Augen und Mavrodavne in den Adern, und dann um fünf wieder aufstehen, das verträgt sich schlecht. Da hat man Blei im Hintern und Brei im Hirn. Das Einzige, was mich tröstete, war, dass Iglo auch hoch musste. Das konnte sogar lustig werden, denn er ist ein ausgesprochen widerwilliger Aufsteher, wenn es die Nacht zuvor spät wurde. Er jammert und klagt, fährt sich mit der Zahnbürste ins Auge und tut Marmelade in seinen Kaffee. Ist doch schön, wenn es jemand anderen noch schlechter geht als einem selbst! Ich kroch ächzend aus meinen Federn und tappte zum Bad. Zehn Minuten später saß ich am Tisch und schnitt Zwiebel. Das Brot war kaum ohne Substanzverlust zu zerteilen, es bröselte und brach. Um die Zeit hatte noch kein Bäcker offen. Wieso war Ernstl so munter? Und wo verdammt blieb Iglo? Aber da hörte ich schon dumpfe Laute der Verzweiflung und des Verzichts aus seiner Kabine. Minni, die schon geduscht hatte, zog sich an und versuchte, ihren Göttergatten ins Leben zurückzuholen. Das Ergebnis war hörbar entmutigend. Schließlich torkelte etwas ziemlich Unappetitliches aus der Türe der Skipperkabine, Quetschfalten zwischen Tränensäcken und zerstrubbeltem Bart, die Pyjamajacke falsch zugeknöpft und mit offenem Hosentürl. Rote Augen stierten bösartig und kurzsichtig aus einem sonst aschfahlen Gesicht.

»Na, geh schön Pippi machen!«

Oha, die Hofrätin! Iglo kratzte sich ausgiebig am Bauch, bemerkte seinen Toilettenfehler und sprang wie ein Hirsch. In die Nasszelle. Hinein zum Hofrat, der dort am Topf saß, die Hosen an den Knöcheln, und sich gleichzeitig die Zähne putzte. Ach, es ist doch immer wieder ein Erlebnis, früh aufzustehen! Nach dem Frühstück krochen wir über das nasse Deck an Land und wankten stöhnend zu den Mietwagen. Iglos Ächzen hatte eine erbitterte Note, denn Minni hatte es vorgezogen, am Boot zu bleiben und die Expedition auszulassen. Die Sonne kam gerade über den Rand der östlichen Hügel, als wir wieder ausstiegen und voller Zweifel auf den Pfad starrten, der sich durch die Macchia bergwärts wand. Plötzlich war die ganze Gegend in grelles Licht gebadet, und es wurde schlagartig warm. Zuerst war das angenehm, aber schon nach ein paar Minuten zogen wir hastig alles aus, was man unter Wahrung eines Restes von Anstand ablegen konnte. Iglo und die Hofrats stopften ihre Sachen in ein Gebüsch am Wegesrand, weil sie sie keineswegs tragen wollten. Wir anderen banden uns unter hämischen Bemerkungen die Pullover um den Bauch.

»Das Glumpert wird euch schon keiner stehlen!«

Da schau her, Martina war eine Wanderin! Sie nahm ihr Zeug ebenfalls mit. Die Frau imponierte mir immer mehr. Nach einer guten Stunde schweißtreibenden Marsches erreichten wir die Hochfläche des Gipfels, und jetzt waren wir es, die lachten. Nach der Bewältigung einer Unzahl von Serpentinen in einem Hang, der in der Morgenhitze dampfte, unter einer Sonne, die uns das Fleisch von den Knochen dünsten wollte, war der Wind hier heroben nur kurz erfrischend, dann wurde uns kalt. Wir entledigten uns der waschelnassen Leibchen und zogen die Pullover wieder an. Auch Martina wechselte verschämt hinter einem Busch ihr »Lacoste« gegen den »Benetton«. So indiskret, wie die Gebüsche hier heroben waren, konnte aber niemandem entgehen, dass sie keinen »Wonderbra« brauchte. Leider blieb das die einzige Sehenswürdigkeit des Gipfels. Ratlos standen wir um einen einbetonierten Säulenstumpf herum, doch trotz mehrfachen Zwinkerns konnten wir nicht an der Erkenntnis vorbei, dass nicht nur das Fundament, sondern auch die Säule selbst aus Beton war, und wir hätten uns ziemlich verulkt gefühlt, wäre nicht das Panorama gewesen.

Der Anblick der Bucht und des nördlichen Inselteils entschädigte uns reichlich für die Strapazen des Aufstiegs. Außerdem bekamen wir einen ersten Eindruck unseres nächsten Reiseziels, der Insel Kephallonia, die verheißungsvoll durch den leichten Dunst im Westen schimmerte. Am Rückweg mussten wir dauernd auf Iglo warten, weil sich der nicht vom Bergsalbei losreißen konnte, der hier oben faktisch als Monokultur wuchs. Für den Rest der Fahrt desodorierten riesige Büschel davon den hinteren Locus. Der strenge, saubere Geruch war entschieden ein Fortschritt. Allerdings weigerten wir uns in den nächsten Tagen ebenso beharrlich wie erfolgreich, uns demonstrieren zu lassen, wie sich das Toilettendeodorant als Gewürz bewährte, und er nahm die gerebelten Blätter schließlich nach Wien mit, wo die überraschend eigentümliche Note im Bukett griechischen Bergsalbeis auf seine Gäste großen Eindruck gemacht haben soll. Was Wunder, der war fermentiert.

Nach einer kurzen Rast am Boot nahmen wir uns den nächsten Programmpunkt vor, die Arethusaquelle. Dort soll der heimkehrende Odysseus angeblich seinen Schweinehirten getroffen haben, der gerade die Herde tränkte, und seinen Sohn Telemach. Die erkannten ihn nicht, kein Wunder nach der langen Zeit und gezeichnet von den Ausschweifungen. Nach zwanzig exzessiv gelebten Jahren schaut keiner mehr aus wie bei der Abreise. Dass ihn niemand erkannte, war keinesfalls unerklärlich. Das Wunder war vielmehr, dass es zwei Wesen gab, die doch sofort wussten, wer er war. Da war einmal sein Hund. Erstens muss der Köter mindestens einundzwanzig Jahre gewesen sein, als er wieder auftauchte, und damit steinalt, blind und stocktaub. Aber vielleicht trug der Listenreiche ja noch die selben Socken wie bei der Abreise. Das wäre eine Möglichkeit. Und dann erkannte ihn auch noch seine alte Amme. Vielleicht an einer Gewohnheit? Vielleicht hatte er eine bestimmte Art, in der Öffentlichkeit in der Nase zu bohren und das Ergebnis nach ausführlicher Betrachtung von allen Seiten dann zu fressen? Ich meine, das wäre doch denkbar. Diese Gewohnheit ist auch heute noch weit verbreitet: Schauen Sie sich einmal um, wenn Sie mit dem Auto vor einer roten Ampel stehen.

Diesmal ging Minni mit, erstens, weil sie sowieso schon einen Sonnenbrand hatte, und zweitens, weil sie meinte, es könne ihr nicht schaden, sich ein wenig die Beine zu vertreten. Oh, Minni! Heute ist Wandertag! Beine vertreten! Der Hatscher zu der sagenhaften Quelle unter der gnadenlosen Sonne Ithakas erwies sich als noch schlechtere Idee, als ich befürchtet hatte. Das hätten wir in der Früh machen sollen! Erstens war es gut doppelt so weit zu gehen, zweitens war der Weg unter jeder Kritik und drittens kann mir keiner erzählen, dass dort irgendwann eine Schweinetränke war. Jede einigermaßen wohlgenährte Sau wäre am Weg dorthin an Herzinfarkt krepiert, und ich beobachtete besorgt Iglo, der schon keuchte wie eine alte Dampflok. Die stromlinienförmigen Rennschweine, die die hinterfotzige Quelle möglicherweise lebend erreicht hätten, wären immer noch hilflos vor einem Loch im Berg gestanden, wo man das Wasser zwar riechen kann, aber nicht trinken. Das ist nur mit einem Becher an einer Schnur möglich, und der war in einem Zustand, der jeden Durst auch ohne das Wasser darin sofort vertrieb. Wir jedenfalls zogen den Tee aus unseren Feldflaschen vor. Iglo wollte den weiten Weg nicht umsonst gemacht haben, er war der Einzige, der das Wasser probieren musste, und er war daher auch der Einzige, der davon Durchfall bekam. Dadurch gestaltete sich diesmal auch der Rückweg mühsamer, als wir geglaubt hätten. Wieder in Vathi, beschlossen wir einstimmig, es sei genug der Besichtigungen. Immerhin waren wir alle, bis auf Minni, an diesem Tag schon über sechs Stunden marschiert. Wir gaben die Autos zurück. Gefahren waren wir sechzehn Kilometer, was Iglo außerordentlich aufregte. Er beruhigte sich aber, als ich ihm vorschlug, den Rest der Gratiskilometer halt selber zu fahren, wenn er sich beeilte, wäre das in drei Stunden ohne Weiteres zu schaffen. Da keuchte er und rannte aufs Klo. Wenigstens saß er bereits im Salbeiduft, das war wichtig, denn er brachte fast den ganzen Abend mit kurzen Pausen dort zu. Dadurch sahen wir uns gezwungen, alleine essen zu gehen. Aber wir ließen ihn nicht unversorgt zurück, es war noch ein Restl Hendlgulasch da, verhungern würde er nicht. Wenn ihm der Geschmack nicht zusagte, konnte er jetzt unser ganzes Salz hineinschütten, oder den Abortsalbei zur Verfeinerung heranziehen, auch wenn man im Nachhinein einschränkend sagen muss, dass der sein volles Aroma erst nach ein paar Tagen entfaltete.

Ein Abend ohne Iglo. Was soll man dazu sagen? Niemand korrigierte den Unsinn, den wir redeten, niemand hielt uns Vorträge über Gott und die Welt, wir durften essen, was wir wollten, sogar Doppelbestellungen blieben ungeahndet, obwohl diese Unsitte die

Möglichkeit, viele Speisen zu kosten, doch erheblich einschränkt. Es war die Hofrätin, der das auffiel, während wir gerade den letzten Bissen machten, ohne dass eine fremde Gabel in unserem Essen herumgestochert hatte, und ich muss sagen, unser Verlustgefühl hielt sich in Grenzen. Dabei war es durchaus nicht so, dass nur Iglo allein zum Wildern in fremden Schüsseln neigte, aber in seiner Abwesenheit kam niemand auf die Idee, es zu tun. Dieser Mensch war so eine Art Katalysator, in seiner Gegenwart kam es zu Reaktionen, die sonst einfach nicht stattfanden. Er verlagerte das Gleichgewicht der Möglichkeiten und brachte Dinge ins Rollen, die ohne sein Zutun unterblieben. Interessanter Aspekt. Ohne ihn ging alles seine geregelte Bahn, es kam zu keinen Überraschungen. Ohne ihn war es direkt fad. Er war es, der Bewegung in den trägen Ablauf des Alltags an Bord brachte, manchmal unmäßig, aber man konnte sich darauf verlassen: Wo er war, gab es keinen Leerlauf. Er war das Salz im Parikahendl, pardon, in der Suppe. Der Tag war ziemlich anstrengend gewesen, und ohne den Igloeffekt stellten wir bald fest, dass wir schon im Sitzen fast einschliefen. Die einzige Möglichkeit, das zu verhindern, war, schleunigst zu zahlen und abzuhauen, bevor man uns hinauswarf, wie das in Gaststätten mit Schlafenden so üblich ist.

Auf dem Schiff konnten wir unseren Skipper nicht finden. Weder war die Salbeilaube besetzt, noch lag er im Bett, auch am Pier keine Spur von ihm. Da hörten wir es: Vom Bug her kamen unheimliche Geräusche. Es säuselte wie das Klagen von Wind in kahlen, gefrorenen Zweigen, ein geisterhaftes Raunen wie von den Seelen ruheloser Verdammter in den grausamen Märchen aus den Weiten der asiatischen Steppe. Und im bleichen Licht des abnehmenden Mondes lag dort hingestreckt der unförmige Schatten eines Wesens aus der Morgendämmerung des Planeten, ein Klumpen pulsierenden Protoplasmas: Wir hatten ihn gefunden. Aber was war los mit ihm? Um Himmels Willen! Ein Herzinfarkt? Gehirnschlag? War die Anstrengung des heutigen Tages zu viel gewesen für ihn? Ich stürzte nach vorne und beugte mich über das Häufchen Elend, zuckte aber augenblicklich nach Luft ringend wieder zurück.

»Was ist geschehen? Ist er krank?«

»Nein, nein, er hat nur den Abendschwan nach Entenhausen genommen.«

»??«

»Na, er hat seinen Rum ausgesoffen. Ich wäre fast über die Flasche gefallen und um ein Haar hätte mich der Gestank umgebracht.«

Wir schleppten die selig schnarchende Schnapsdrossel unter Aufbietung aller Kräfte in die Koje, wo ihm ein unvorsichtiger Samariter die billigen Laufschuhe auszog, worauf wir vor dem durchdringenden Geruch fliehen mussten, der jetzt aus zwei schwer verträglichen Komponenten bestand: fauler Käse und fader Rumdunst. Mir fielen meine Überlegungen aus dem Restaurant wieder ein. Katalysator! Der war kein Katalysator, der war eine Katastrophe! Wo er auftauchte, ging alles schief! Gott sei Dank konnte er unmöglich überall sein, also setzte ich mich ins Cockpit. Da würde er heute sicher nicht mehr aufkreuzen. Auch die anderen waren wieder putzmunter, aber bedrückt, und so erzählte ich ihnen meine Version der Odyssee. Dazu brauchten wir natürlich noch ein Fläschchen Mavrodavne, und ich war froh, dass wir außerhalb der Mole lagen, denn so störte das Gelächter wenigstens niemanden.

»Naja, wenn man es aus der Perspektive sieht, hm, hat schon was für sich...«

Der Hofrat wollte sich nicht so einfach von seinen humanistischen Idealen trennen.

»Da sind ein paar Dinge, die sich nicht so einfach erklären lassen, nimm nur einmal die Geschichte mit dem einäugigen Riesen Polyphem her, oder die Sache mit Skylla und Charybdis...«

»Ach, lass dir nicht die gleichen Bären aufbinden wie Homer! Wenn du einmal einen begründeten Verdacht hast, musst du die ganze Geschichte konsequent durchgehen! Eine Rasse einäugiger Menschenfresser! Denk doch einmal nach! Augen sind im ganzen Tierreich paarig angelegt, mit Ausnahme des Mittelauges, das im Laufe der Evolution zu einer Gehirndrüse wurde und niemals das einzige Auge war. Einäugigkeit gibt es ausnahmsweise als fetale Missbildung, aber hier geht es um eine ganze Rasse! Schön, es gibt eine ganze Menge Viecher mit unwahrscheinlich vielen Augen, denk nur einmal an die Insekten, oder meinetwegen an die Spinnen. Aber auf der ganzen Welt gibt es nur eine Spezies, die regelmäßig Geschöpfe mit nur einem Auge hervorbringt, und das sind keineswegs Zyklopen. Das heißt übrigens ›Rundauge‹ und nicht ›Einauge‹. Weiß der Teufel, wieso.«

»Und was sollte das für eine Art sein?«

»Na, die Raufer und Krakeeler! Es ist völlig wurscht, ob sich die als Söldner verdingen oder als Piraten. Ruhiger werden die erst, wenn ihnen ein paar wesentliche Teile abhanden gekommen sind, also beispielsweise ein Auge. Dann werden sie fast automatisch Kneipenwirte. Das macht sie nicht menschenfreundlicher, bei günstigen Bedingungen drehen sie sofort wieder durch. Da hast du deine Menschenfresser, deine einäugigen!«

»Na, das ist etwas weit hergeholt, findest du nicht?«

»Nicht so weit wie eine ganze Rasse einäugiger Riesen! Dazu kommt noch, dass die notorischen Raufbolde heutzutage oft nicht die Schlauesten sind. Es ist nicht auszuschließen, dass sich so einer einreden lässt, dass du ›Niemand‹ heißt. Warum sollte das zu Odysseus' Zeiten anders gewesen sein? Schließlich ändern sich zwar die Lebensumstände und die Möglichkeiten, aber nicht die Menschen. Die lassen sich heute genauso Märchen erzählen wie in der Bronzezeit! Denk doch einmal nach! Jeder von uns weiß, dass der Staat pleite ist und immer mehr Steuern erheben muss, um auch nur die Zinsen für seine Schulden zahlen zu können! Aber dann kommt wieder einmal der Wahltag, und die Politiker aller Farben versprechen uns das Blaue vom Himmel. Und wir gehen wieder brav hin und wählen. Danach geht alles wieder weiter wie es immer war, nur dass vielleicht eine andere Fraktion das Maul aufreißt. Das heißt doch nichts anderes, als dass wir noch genauso leichtgläubig sind wie die Leute damals!«

»Gut, meinetwegen. Aber jetzt zu Skylla und Charybdis!«

»Hofrat, du lernst es nicht! Dunkle, enge Gasse mit zwei üblen Spelunken, die genau vis à vis liegen. Egal, wo du hineingehst, sie zocken dich ab und schmeißen dich dann hinaus. Deine einzige Chance ist, genau in der Mitte zwischen den Portieren durchzurennen, dort ist Niemandsland. Komm aber einem davon zu nahe!

Der Admiral beim Eingang von Skylla ist so gut, dass es ausschaut, als hätte er so viel Arme wie ein Krake, wenn er dich in das Lokal komplimentiert. Der von Charybdis ist wild und überwältigend wie ein Strudel! Und genau dort wackeln unsere Helden hin. Die Hälfte der Mannschaft geht in die ›Skylla‹, die anderen in die ›Charybdis‹. Mordsstimmung, Ströme von Alkohol, lockere Weiber, dann können sie wieder einmal nicht zahlen, und es kommt, wie es kommen muss. Die Polizei nimmt alle hops und sie werden zu erheblichen Freiheitsstrafen verknackt. Nur Ody ist durch puren Zufall wieder einmal entkommen. In seinem Rausch kann er das Klo nicht finden, und als die Bullen kommen, torkelt er gerade durch die Hintertür hinaus. Besoffen, wie er ist, wankt er weiter durch die Nacht und findet bei einer gewissen Kalypso Unterschlupf, die ihn ausnüchtert und wieder hochpäppelt. Nach einer Weile paßt ihm sein Gewand nicht mehr, so ausgefressen, wie er ist, und er hat überhaupt genug von der ganzen Affäre. Da begegnet ihm ein Bekannter, der ihm erzählt, dass seine Kumpels wieder auf freiem Fuß sind. Flugs schleppt er ihn zu Kalypso, stellt ihn als Hermes, den Götterboten vor und haut wieder einmal ab. Weil er sein Lotterleben wieder aufnimmt, kommt er aber nicht weit, und eines Tages findet ihn dann Nausikaa am Strand von Korfu, beduselt wie eh und je, voller Wein und unwahrscheinlicher Geschichterln...«

»Das heißt, Circe hat seine Männer gar nicht in Schweine verwandelt?«

»Aber ja, sie brauchte ihnen doch nur was zu trinken anbieten!«

»Und die Sirenen?«

»Eine bronzezeitliche Girlieband, die mit ihrem Gekreisch alle in den Wahnsinn treiben konnte.«

»Demnach wären die Bewohner der Straußeninsel irgendwelche Freaks gewesen, die seine Leute vergifteten?«

»Genau! Eine frühe Hippiekolonie, lauter resche Aussteiger, die sich den Schädel mit Hasch zudröhnten. Natürlich hieß das noch nicht so, sie wurden ›Lotosfresser‹ genannt. Gibt es heute auch noch, genau wie damals. Schau dich einmal auf La Gomera um, oder auf Mallorca, Lesbos und so fort...«

Es wurde wieder ziemlich spät, bevor wir endlich schlafen gin-

gen. Diese Nacht waren wir zu dritt im Salon, denn Minni schlief auf der Querbank, sie sagte, sie könne den Geruch in der Kabine nicht aushalten. Ich konnte ihr das nachfühlen, fragte mich aber, was passieren würde, wenn der Hofrat auch noch zu saufen begann. Viel versprechende Ansätze dazu zeigte er ja. Dann würde es hier ziemlich eng werden. Wegen der Durchlüftung ließen wir die Tür zum Salbei offen und ich muss sagen, der kräftige Geruch der trocknenden Blätter war eine ausgesprochene Bereicherung in der dumpfen Atmosphäre des überfüllten Bootes.

Über Kephallonia und Levkas wieder nach Korfu

*Odyssee, letzter Teil – Die Metamorphose des
Skippers – Die Wandlung des Wassers oder der
betrogene Betrüger – Alle Mann auf Station – Wodka,
die Zweite – Iglos Bad – Buchten und Tanker –
Angekommen – Wiener Nachlese*

»Wie spät ist es eigentlich?«
Iglo rieb sich die wieder einmal ziemlich roten Augen.
»Donnerstag.«
»Sehr witzig. Wenn du meinen Durchfall gehabt hättest, hät-
test du auch länger geschlafen.«
»Ja, vor allem, wenn ich ihn mit Rum bekämpft hätte. Dann
wäre ich wahrscheinlich immer noch bewusstlos«, spottete ich.
»Psst! Nicht so laut. Minni muss ja nicht alles wissen!«, wisperte
unser Kapitän empört.
»Ja, glaubst du denn, die ist blöd? Immerhin war sie ja dabei,
wie wir dich ins Bett getragen haben!«
»Was, ich bin nicht allein in die Koje gekommen? Das ist doch
Unsinn! Ich weiß noch ganz genau, wie schwer es war, den Nieder-
gang hinunterzukommen!« Entrüstet, aber dennoch erstaunlich
vorsichtig schüttelte er seinen Kopf.
»Das musst du geträumt haben. Aber irgendwie hast du Recht,
es war nicht leicht. Ernstl und ich hätten uns fast einen Bruch
gehoben dabei.«
Er schaute misstrauisch zum Hofrat, aber der nickte bestätigend.
»Du meine Güte, die wird sauer sein. Wo ist sie eigentlich?«
Offenbar sprach er von seiner Frau.
»Vorne, am Bug. Ernstl und Irma sind schon seit längerer Zeit
bei ihr und versuchen ihr auszureden, mit der Fähre nach Korfu
zu fahren und gleich heimzufliegen. Immerhin ist es ihnen gelungen, sie davon abzuhalten, schon in Vathi auszusteigen.«

»Das glaub ich nicht. Das ist doch lächerlich. Jeder hat einmal einen schlechten Tag. Du übertreibst schon wieder schändlich!« Diesmal schüttelten die Hofrätlichen synchron die Köpfe. Iglo stöhnte.

»Wo sind wir überhaupt?«

»Das da querab ist der Ormos Hagiou Andreou.«

»Gib mir keine Rätsel auf. Mir platzt der Schädel, und du redest Griechisch!«

»Weißt du noch, wie ich Ithaka mit zwei Ungeheuern verglichen habe, deren eines einen Körper hat wie eine Ente?«

Er nickte, aber viel zu schnell. Als er wieder aufhörte, seinen Kopf zu halten und zu wimmern, sagte ich:

»Schön. Wenn der Unterteil der Insel eine Ente mit Hundekopf ist, dann ist das da drüben das Arschloch. Comprende, amigo?«

Diesmal fiel sein Nicken ganz vorsichtig aus. Dann übermannte ihn sein Unglück:

»Um Gottes Willen, was soll ich denn bloß machen? Jetzt bin ich endgültig unten durch bei ihr!«

»Na, versuch zur Abwechslung einmal, dich zu benehmen wie ein Mensch! Du sollst der Skipper sein und willst ihr imponieren, aber in Wirklichkeit kugelst du ständig in den verschiedensten Stadien der selbstverschuldeten Berauschung herum. Würde jedenfalls Bull sagen.«

Bull, das ist unser Bordpolizist, leider war er diesmal nicht mit. Aber vielleicht war das gar nicht so schade, denn er hat fürchterliche Schweißfüße, und es ist genauso schwer, ihn dazu zu bringen, die Socken zu wechseln, wie Iglo von der Rumflasche fern zu halten. Dabei verstehe ich das Ganze nicht. Iglo trinkt nur, wenn er auf einem Segelboot ist, sonst ist er ziemlich abstinent. Aber kaum ist er am Meer, hängt er an der Flasche. Nicht aus Gewohnheit und bestimmt auch nicht zum Vergnügen. Er behauptet, er braucht das gegen die Seekrankheit, Ernstl meint, eher gegen die Angst. Jedenfalls ist sein Verhalten völlig irrational. Dafür sind die Folgen durchaus real. Mir ging er damit vom ersten Augenblick an auf die Nerven, so sehr ich ihn sonst schätze. Zu Hause ist er völlig normal, aber auf einem Schiff wird er störrisch wie ein Muli, rechthaberisch und gänzlich unberechenbar. Alles

230

Anzeichen für Unsicherheit. Aber was konnte man dagegen tun? Dass schnellstens etwas geschehen musste, stand außer Frage. Nur was? Ich konnte ihn ja nirgends einsperren! Aber, halt, eines konnte ich durchaus machen: ihn vom Nachschub abschneiden. Ich ließ die Hofrätin ans Steuer und als ich mit dem, was ich mir vorgenommen hatte, fertig war, gab es Schnaps nur noch in meinem Seesack. Und der war mit dem Vorhängschloss versperrt. Jetzt musste ich nur aufpassen, dass Minni nicht draufkam. Den anderen brauchte ich auch nichts zu sagen, ich musste nur darauf achten, bei Bedarf die richtige Flasche zur Hand zu haben. Bei Manövern war das leicht, würde ich halt ab jetzt den Mundschenk spielen. Und im Hafen würde mir schon was einfallen. Ganz unerfahren war ich ja nicht, ich hatte mir mit der Zeit schon einige Übung zugelegt, Schnaps vor irgendwelchen Saufbrüdern zu verstecken. Ertappt zuckte ich zusammen, als jemand den Niedergang herunter polterte. Ernstl.

»Puh, das war nicht leicht! Minni war ganz schön sauer.«

»Was hast du ihr denn erzählt? Dass irgendwelche Fischer ihn mit Waffengewalt gezwungen haben, sich anzusaufen? Oder dass er die Insel Lazaretto in Vathi selbst ausprobieren wollte? Das Spital dort gibt es doch schon lang nicht mehr!«

»Nein, ich hab ihr einfach die Wahrheit gesagt.«

»Und was ist die Wahrheit? Dass er sich aufführt wie ein kleines Kind, weil er will, dass sie wieder seine liebe Mutti spielt?«

»Weißt du, das könnte der Wahrheit ziemlich nahe kommen. Ich weiß zwar nicht, was er für eine Jugend gehabt hat, aber leicht gehabt hat er es bestimmt nicht! Dieses ganze Imponiergehabe, und dann der Trotz, wenn man ihn bei einem Blödsinn erwischt! Diese infantilen Reaktionen deuten auf ein tiefes Trauma aus den ersten Jahren hin!«

»Tja, Doktor Freud, es war bestimmt eine Überraschung für sie, das zu hören! Und ich bin ganz sicher, für den Rest ihres Lebens wird sie jetzt akzeptieren, dass sie Verständnis haben muss für die Fehler seiner Mutter. Wo zum Teufel ist sie überhaupt? Sie müsste doch längst sein Lätzchen geholt haben, damit er sich nicht ansabbert?«

»Jetzt hör schon auf, so blöd daherzureden! Natürlich hab ich ihr das nicht gesagt! Ich hab ihr lediglich klargemacht, dass er sie über alles liebt und ganz verzweifelt ist vor Angst, sie zu verlieren! Dass er ganz verrückt ist in seiner Gier, ihr zu gefallen, und dass er ausrastet, wenn etwas schief geht. Dass es ihn tief getroffen hat, mit ansehen zu müssen, wie sie dir schöne Augen gemacht hat, um ihn eifersüchtig zu machen. Und dass es daher letztlich ihre Schuld ist, wenn er in seiner Verzweiflung zur Flasche gegriffen hat!«

»Und den Schwachsinn hat sie dir abgenommen? Ich meine, ich bin es ja schon gewohnt, dass ich an allem Schuld habe. Und es wundert mich auch nicht, dass ein Mensch, der so verunsichert ist wie Iglo, annimmt, ich könnte an seiner Frau Interesse haben oder sie an mir. Aber dass das ins Reich der Fantasie gehört, muss jedem anderen, der auch nur den kleinsten Funken von Verstand hat, klar sein!«

»Ach, ja? Erstens: Zeig mir eine Frau, nur eine, die es nicht gern hat, wenn irgendwer ihretwegen ausflippt! Da macht Minni keine Ausnahme. Und zweitens, was den Funken Verstand anlangt, schau dir einmal Martina an! Die glaubt auch, dass es zwischen Minni und dir knistert! Und behaupte nicht, dass die auch blöd ist!«

»Ja, schön, das war es ja schließlich, was Minni bezweckte. Was mir dabei auffällt, ist, dass der Schwanz dem Hund nachrennt. Wenn beide sowieso das Gleiche wollen, wo ist dann eigentlich das Problem? Wieso tun sie dann nicht einfach, was sie möchten? Und was hat das Ganze mit Martina zu tun? Die ist doch nur Zuschauer in der ersten Reihe!«

»Mein Gott, du bist ja noch dümmer, als ich gedacht hätte! Aber ich werde dir was sagen! Wenn du Martina magst, dann sind deine Probleme Geschichte! Und, wenn dem nicht so ist, dann hast du schon wieder eines! Wieso haben immer die Blöden das Glück?«

Ja, wahrscheinlich deswegen, weil sie eben blöd sind! Jedenfalls hatte ich jede Menge gute Gründe, ernstlich nachzudenken, als ich wieder hinaufkam. Martina. Die gefiel mir schon, aber irgendwie hing ich noch an Birgit, so verbohrt wie ich nun einmal bin. Ich war noch nicht frei genug, um irgendwelche anderen Avancen überhaupt zu bemerken. Irgendwie waren sich die beiden sogar ähnlich. Die gleiche Effizienz bei jeder Handlung, die gleiche nach außen gezeigte Selbstsicherheit, aber was für ein Unterschied! Bei Birgit war es die pure Egomanie, nichts und niemand konnte an sie näher heran, als sie das zuließ. Sie nützte alles und jeden aus, wie es ihr paßte, und war es vorbei, dann wurde der Betreffende verabschiedet. Begriff er es nicht gleich, bekam er eben noch einen Tritt. Wenn sie etwas wollte, bekam sie es auch, wenn nicht, ging sie skrupellos über Leichen. Ganz anders unser Edelchen: Die wusste auch sehr gut, was sie wollte, aber sie wartete darauf, wie das ankam, bevor sie begann, ihre Wünsche in die Tat umzusetzen. Eher wäre sie gestorben, als sich aufzuspielen. Hartnäckig war sie schon, wenn sie etwas für richtig hielt, aber niemals aufdringlich. Und schon gar nicht heimtückisch. Irgendwo war da halt doch ein mächtiger Unterschied zwischen einer profilierungssüchtigen Landpomeranze und einer Dame aus altem Geschlecht, auch, wenn man ihn nicht gleich und offensichtlich bemerkte. Was die eine tat, hatte Wucht und Schwung, die andere zeigte in jeder Lebenslage Stil, aber irgendwie erreichte sie so ebenfalls ihr Ziel. Mochte auch das Ergebnis das Gleiche sein, einmal wurde man überfahren, das andere Mal überzeugt. Das imponierte mir zwar, aber vorderhand war die Erkenntnis nutzlos. Mochte Ernstl noch so Recht haben, und mochte es noch so klar sein, wo meine Rosen blühten, ich musste mich erst einmal freistrampeln, um überhaupt wieder eine Beziehung zu wollen. Stimmt schon, ich war nie ein Heiliger, aber wenn ich einmal mein Herz verliere, dann für lange Zeit. Und was nützen die schönsten Aussichten, wenn man nicht mag? Ich hatte mit dem Kapitel Birgit abgeschlossen, aus freien Stücken und endgültig, aber was sollte ich machen, es tat noch weh. Manche Wunden heilen schwer. – Es war ein ziemlich stiller Tierarzt, der sich zu den anderen setzte. Aber ich war wild entschlossen, wenigstens Iglo mein Kopfweh zu ersparen, auch wenn ich nicht die leiseste Idee hatte, wie ich das anstellen sollte.

»Was war eigentlich mit den Winden des Aiolos?«

Der Hofrat konnte sehr hartnäckig sein. Wenn ihn ein Thema beschäftigte, dann ritt er solange darauf herum, bis jede Kleinigkeit geklärt war. Das machte ihn sicher zu einem verdienstvollen

Mitglied seiner Behörde, aber ich hatte jetzt keine Lust mehr, mich weiter mit den Untaten des Odysseus zu beschäftigen. Andererseits konnte ich ihn nicht einfach mit einer groben Bemerkung abspeisen, schließlich hatte ja ich mit dem ganzen Blödsinn angefangen.

»Das war ganz einfach. Irgendwie musste Ody doch erklären, wieso er sich im ganzen Mittelmeer herumtrieb, anstatt heimzufahren, wie es einem Inselkönig zugestanden wäre. Was lag näher, als wieder einmal Poseidon die Schuld zuzuschieben? Der hatte ihm eben einen Sturm geschickt, der ihn blöderweise zum nächsten Ballermann trieb anstatt nach Hause. Weil das aber ein bisschen billig klang, wollte er die Geschichte ein wenig ausschmücken, und als er so in seiner Erinnerung kramte, fiel ihm eine Geschichte ein. Sie waren wieder einmal irgendwo hinausgeschmissen worden, und dann waren sie ziemlich sauer gewesen, weil sie das Gefühl hatten, unbedingt noch ein Fluchtachterl trinken zu müssen, bevor sie aufs Schiff gingen. Nachdem sie in ihrem Zustand aber kein Wirt mehr reinließ, bestand nach einer Weile die akute Gefahr, ihr Rausch könnte nachlassen, und mit so einer ernsten Sache spaßt man nicht. Sie brachen also in gerechtfertigter Notwehr zur Abwendung einer unmittelbar drohenden Gefahr in einen Keller ein und stahlen dort außer den gesamten Weinvorräten auch noch einen Sack mit Bohnen. Kaum waren sie wieder am Strand, kriegten sie einen Mordshunger, wie das bei Betrunkenen halt vorkommt, und sie kochten die Bohnen, ohne sie vorher einzuweichen und ohne das Kochwasser wegzuschütten, denn irgendein Schlaumeier hatte einen Krug Wein hineingeleert, und die Suppe dadurch enorm aufgewertet. Möglicherweise ist in dieser Rauschidee der Ursprung der französischen Küche zu suchen. Die kochen ja heute noch alles Mögliche in Wein. Jedenfalls fraßen sie alles zusammen und nachher kriegten sie die Blähungen ihres Lebens. Irgendwer bezeichnete den unschuldigen Bohnenbeutel dann als ›Sack der Winde‹, und das fiel ihm beim Verhör wieder ein. Flugs musste der arme Aiolos, der nicht wusste, wie ihm da geschah, als Sündenbock herhalten, er hätte ihm den Sack geschenkt, und seine Mannschaft hätte ihn dann heimlich aufgemacht, als er gerade schlief.

Hofrat, du musst zugeben, er schläft ein bisserl viel in der ganzen Geschichte, und wenn man einmal das ganze Brimborium weglässt, dann bleibt die Überlegung, warum tut er das denn ständig? Krank im Sinne des Wortes ist er nicht, er ist tatendurstig und stürzt sich, ohne viel zu überlegen, in die irrsten Situationen. Das tut nur ein Betrunkener. Und der schläft dann auch zu den unpassendsten Gelegenheiten ein. Nein, du kannst sagen, was du willst, die ganze Geschichte stinkt. Im klassischen Griechenland war es üblich, den Wein zu wässern, tat das einer nicht, gab es ein Getuschel, das so laut war, dass es durch die Jahrtausende heraufhallt bis zu uns. Jeder Altphilologe kann dir heute sagen, welcher griechische Politiker oder Dichter soff, ist alles haargenau überliefert. Nur bei Homer, da ist's finster. Die beiden Epen stammen nämlich aus einer Zeit, die so weit zurückliegt, dass nur Abschriften der Abschriften existieren. Man darf nicht vergessen, dass sie durch lange Zeiträume, die nach Jahrhunderten zählen, von hauptberuflichen Geschichtenerzählern und ausschließlich mündlich überliefert wurden. Dass es dabei zu Wandlungen kam, war unvermeidlich, auch dann, wenn jeder seinen ganzen Ehrgeiz dareinsetzte, derartige Entstellungen zu vermeiden.

Natürlich meine ich meine Geschichterln dazu nicht bitter ernst, aber wenn ich diesen Odysseus durch die Brille seiner eigenen Erzählung betrachte, dann habe ich den Eindruck, dass mir da ein arger Schelm zuzwinkert über den Graben von Zeit und Raum, der uns trennt, und das ist wirklich meine Überzeugung, auch wenn sie mich in den Augen mancher wahrscheinlich in ungemütliche Nähe der Blasphemie bringt. Schließlich ist das eine böswillige Demontage eines der größten Werke der Weltliteratur. Aber wozu ist Literatur schließlich da, wenn nicht dazu, die Leser zum Denken zu animieren? Das ehrfürchtige, aber stumpfsinnige Nachbeten, wie es in unseren Mittelschulen stattfindet, entlarvt sich sofort als sinnentleerter Selbstzweck, wenn jeder Gedanke, der die eingefahrenen Karrenspuren des Humanismus verlässt, sofort als Verbrechen gegen den Geist der Geschichte verdammt wird. Da kannst du mir tausendmal sagen, dass Schliemann Troja nach den Erzählungen der Ilias gefunden und ausgegraben hat, dann ist es halt tausendmal falsch. Denn was er da entdeckt hat, ist gar nicht

Troja, das weiß man inzwischen zweifelsfrei. Andererseits: Ein Irrtum, gewiss, aber ein faszinierender! Dass er der Archäologie des neunzehnten Jahrhunderts entscheidende Impulse gegeben hat, ist unbestritten, aber man sollte auch die Stimmen nicht ignorieren, die leise Zweifel an der Behauptung anmelden, dass das Wirken dieses großartigen Autodidakten gar so eine Bereicherung war für die Wissenschaft selbst. Auf keinen Fall sollte man seinen Namen im gleichen Atemzug mit dem Carters nennen, der das Grab des Tutanchamun entdeckte. Denn der eine war ein ambitionierter Schatzräuber, der andere ein sorgfältiger Archäologe.

Aber ich schweife ab. Was ich sagen will, ist, dass man Geschichten nicht mit Geschichte verwechseln sollte. Dieser Irrtum hat eine lange Tradition, und er hat so schillernde Gestalten hervorgebracht wie Thor Heyerdahl, der zwar unter Einsatz seines Lebens bisher undenkbare Möglichkeiten nachgewiesen hat, aber den Tatsachenbeweis schließlich trotz eindrucksvoller und sonst unerklärlicher Hinweise schuldig bleiben musste. Immerhin hat er ein Leben geführt, um das ich ihn glühend beneide, und nicht nur im Widerstand gegen die deutschen Besatzer in seiner Heimat überdurchschnittlichen Mut bewiesen, sondern für seine Ideen und Überzeugungen auch später immer wieder sein Leben riskiert. Ein großer Abenteurer, gewiss, aber ein großer Historiker? Neuere Forschungen scheinen es zu widerlegen. Bloß können ihm auch die bösesten Kollegenstimmen eines nicht nehmen: ein pralles, intensiv gelebtes Forscherdasein. Mein Gott, was hat dieser Mann nicht alles in Bewegung gesetzt! Mögen die Sesselfurzer von Schreibtischgelehrten noch so Recht haben mit ihrer Kritik an seinen Ergebnissen, ich würde tausendmal lieber sein Leben führen als das ihre!

Aber machen wir jetzt endlich Schluss mit diesen Spekulationen und Witzchen zu Homer! Ich glaube, wir haben ein viel näher liegendes Problem, und das ist unser aller Freund Iglo, der sich in seiner unnachahmlichen Art wieder einmal in eine ziemlich kritische Situation gebracht hat. Ich meine nicht seinen gestrigen Umfaller, der ist sowieso nicht typisch für ihn, ich meine seine Sturheit und Besserwisserei, mit dem Verhalten geht er nicht nur mir auf den Wecker, sondern leider auch seiner Minni. Und die ist mittlerweile so sauer, dass sie sich scheiden lassen will. Hat sie zumindest dem Ernstl erzählt.«

»Ach weißt du, ich habe die beiden seit dem Prüfungstörn recht gut kennen gelernt. Die lassen sich andauernd scheiden, einmal er, einmal sie. Ich glaube, das sollte man nicht überbewerten. Ich war anfangs auch recht erschrocken über diese Redereien, aber inzwischen bin ich dagegen etwas abgestumpft. Ich glaube nicht, dass diese Ehe wirklich in Gefahr ist, Totgesagte leben bekanntlich oft recht lang. Nein, ich würde dem keine übertriebene Beachtung schenken.«

»Aber es wäre doch recht nett, ohne diese Spannungen zu leben und die überhitzte Stimmung abzukühlen.«

»Ja, da gebe ich dir recht. Aber ich glaube, du hast dir ein bisserl viel vorgenommen. An so einem großen Brocken kann man sich leicht verschlucken. Trotzdem werden wir, meine Frau und ich, unser Schärflein dazu gern beisteuern, wenn es notwendig ist. Ich bin nur neugierig, wie du das anfangen willst!«

»Ach, kommt Zeit, kommt Rat. Ich weiß selber noch nicht, wie das gehen wird. Andererseits, wenn ihr alle mitmacht, was soll dann schief gehen?«

»Na, dann toi, toi, toi!«

Es war heute nicht der Tag zum Segeln. Das Boot quälte sich mit müden dreieinhalb bis vier Knoten dahin, und das Meer lag da wie ein Spiegel. Der Himmel war blau, nur über den Inseln lagen die obligaten Schönwetterwolken. Alle waren schon schön braun, nur die Nase des Hofrates schälte sich und leuchtete in zartem Rosarot. Man sah das aber immer nur am Abend, untertags lief er herum wie ein Clown, mit dem weißen Sonnenblocker darauf. Hatte er den lächerlichen Anstrich endlich weggerieben und -geschneuzt, trug Mutti unverzüglich eine neue Schicht auf. Müßig saßen wir, nur mit Badehosen und -anzügen bekleidet im Cockpit, Minni und Martina lagen am Bug in der prallen Sonne, ich lungerte auf der Bank im Heck herum und hatte den rechten Fuß zwischen den Speichen des Steuerrades. Es war reines Iglowetter. Das brachte mich auf eine Idee. Träge winkte ich ihm zu und bedeutete ihm, etwas näherzurücken. Dann wisperte ich eine

Weile eifrig in seinen hektisch geröteten Hörer, und als ich fertig war, schaute er mich zweifelnd an.

»Und du glaubst, das hat einen Sinn?«

»Weiß ich nicht. Aber es ist sicher besser, als gar nichts zu tun.«

In der Folge tagte unsere Grundschule für interessierte Mitsegler unter seiner Leitung zum Thema: »Landfall in einem unbekannten Hafen«. Minni war von Martina einfach mitgeschleppt worden und Iglo in seinem Element. Heute konnte er den Küken unten zeigen, wie man mit Karte und Hafenhandbuch umgeht, ohne dass ihm schlecht wurde, und dann konnte er ihnen heroben demonstrieren, wie man das erworbene Wissen in die Praxis umsetzt, indem man die Landmarken, die man der Karte und dem Buch entnommen hat, in der Natur aufsucht und zur Ansteuerung heranzieht. Er machte das ganz gut und auch interessant, was Wunder, Lehren ist schließlich sein Beruf. Seinen Widerstand gegen den »unnötigen Blödsinn« hatte er aufgegeben, und er brachte ihnen eine Menge bei über Strom und Tide, Sachen, die ganz wesentlich sind für die Navigation im Mittelmeer, wie wir alle wissen. Aber die Zeit verging, und selbst Minni bekundete Interesse. Schließlich legte er mit ihnen in Sami an, ohne dass Ernstl und ich auch nur einen Finger rührten, und als wir dann brav mit dem Heck zum Kai lagen, da klatschten sie begeistert wie die Passagiere in einem Charterflieger. Er glühte vor Stolz und Minni schaute ihn ganz eigenartig an. Na, wenn das kein Erfolg war für den ersten Versuch!

»Was sagst du? Ich habe das Gefühl, ich hab gerade ein paar Punkte gemacht!«

»Na, du warst auch ziemlich gut. Da siehst du, wie bescheiden sie eigentlich ist. Auf Dauer genügt es ihr wahrscheinlich schon, wenn du nicht ununterbrochen Schwachsinn produzierst.«

»Und was soll ich jetzt machen, o großer Zampano?«

»Schnapp dir den Reiseführer und bereite die Inseltour vor. Mach einfach weiter.«

»Das ist eine Idee! Das Eisen schmieden, solange es noch warm ist! Das Einzige, was ich dabei nicht begreife, ist, ich mache hier genau das Gleiche wie zu Haus, und plötzlich zeigt es Wirkung. Das ist doch mein täglich Brot!«

»Skipper, sei mir nicht bös, aber du bist ein Idiot. Natürlich machst du das jeden Tag, nur ist sie nie dabei! Sie erlebt deinen Unterricht nicht mit, auch wenn du davon erzählst. Ich hab auch zum ersten Mal den lehrenden Iglo kennen gelernt, und ich muss sagen, sogar ich war beeindruckt. Du bist ganz anders als beim Erzählen deiner Geschichterln, irgendwie wirkst du größer. Und du bist unheimlich geduldig, wenn wer blöde Fragen stellt. Jetzt brauchst du dich nur an das zu halten, was du da im Unterricht verzapft hast, so wie heute beim Einlaufen, das war astrein. Vielleicht wird ja doch noch ein Skipper aus dir. Wenn du deinen Widerstand gegen die allgemein anerkannten ›Kindereien‹ aufgibst, dann kannst du es ja ganz ordentlich. Mach' einfach das, was wir anderen auch machen, und wenn du das einmal beherrscht und dann immer noch glaubst, daß es verzopft ist, reformier's meinetwegen. Aber sperr dich nicht gegen Sachen, die Jahrhunderte Tradition haben, bevor du sie wirklich begriffen hast.«

»Tradition ist zwar fast immer was Gutes, aber es gibt auch eine Menge unnötigen Ballast. Denk bloß an den Aderlass in der Medizin. Der hat auch Tradition und wahrscheinlich mehr Menschenleben gekostet, als alle Kriege miteinander!«

»Niemand verlangt von dir, dass du eine Jungfrau einmauerst, wenn du ein Gartenhäusl baust, und keiner wird was sagen, wenn du ›Pause‹ schreist, statt ›Besanschot an‹. Aber das Gartenhaus braucht immer noch ein Fundament, und die Schnürln hier haben immer noch Namen und Funktionen, ohne deren Kenntnis eine Verständigung untereinander oder eine sinnvolle Aktion unmöglich ist. Ich weiß auch nicht, warum das ›Saling‹, ›Plicht‹, ›Dirk‹, ›Kielschwein‹ oder ›Pütting‹ heißt, sind wahrscheinlich Worte aus dem Repertoire der Küstenbewohner, aber ich weiß, was gemeint ist, und niemand braucht es mir erst umständlich zu erklären. Ich hab überhaupt nichts über für Sprachmanierismen, und ich fahre aus der Haut, wenn wer ›Einparkieren‹ oder ›Grillieren‹ sagt, aber ich akzeptiere Fachchinesisch, auch dann, wenn es anfangs meine Ohren beleidigt und irgendwie lächerlich klingt. Ich pass mich halt an, wo das notwendig ist, und das solltest du auch tun.«

»Halt mir nicht schon wieder Vorträge, ich muss den Landgang vorbereiten.« Und er sauste eifrig davon. Seinen Kater hatte er vollkommen vergessen.

Was er uns dann zwei Stunden später zeigte, war zur Abwechslung einmal wirklich beeindruckend. Wir besichtigten die Melissani-Höhle. Und die war gewiss nicht mit dem zu vergleichen, was man uns gestern geboten hatte. Dabei hatte es bei unserer Ankunft gar nicht danach ausgesehen. Betonierter Platz, Loch im Boden, Geländer drum, daneben ein Treppenabgang. Ich wartete nur darauf, dass mir wieder einmal wer von den Webstühlen der Najaden erzählte. Weit gefehlt. Durch das Loch in der Decke sah man auf einen unterirdischen See mit unheimlich klarem Wasser, in dem sich das Sonnenlicht tausendfach brach und spiegelte. An den Rändern klammerten sich Büsche und kleine Bäumchen fest, darunter schimmerten die buckeligen Sinterformen von Stalaktiten. Das Wasser des Sees spiegelte alle Farben des Regenbogens, und begierig stürzten wir die Treppe hinunter. Da gab es nach der obligaten Kasse Boote, mit denen man auf dem See herumgerudert wurde. See. Das ist vielleicht übertrieben. Wir haben bei Wien ein abgesoffenes Gipsbergwerk, da haben die Deutschen im Krieg die Me 262 gebaut. Das ist ein See. Dagegen war das hier eine Art Teich. Aber ein wunderschöner. Aus dem Licht des Deckeneinbruches gelangten wir in das geheimnisvolle Halbdunkel der Tropfsteinhöhle, wo uns der Führer auf irgendwelche Formen hinwies, die aussahen wie Viecher, ein Krokodil, eine Ente und so fort. Gut, das konnte man durchaus sehen, wenn man sich anstrengte, aber dadurch ging der Gesamteindruck verloren, und ich beschloss, nicht mit den anderen Bambi zu suchen oder was immer da sein sollte, sondern ich ließ das Ganze auf mich wirken. Die Spiegelbilder der Kalkzapfen leuchteten gespenstisch aus dem dunklen Wasser, und wenn der Bootssteuerer einen vorsichtigen Schlag mit seinem langen Riemen tat, wirbelten und quollen die Bilder durcheinander, und ein Schauer silberner Tropfen ergoss sich vom Blatt. Hinten in der Höhle war es fast finster, dort sollte es ganz eigenartige akustische Phänomene geben. Das Einzige, was ich hörte, war Iglo, der dumpf »Hallo« machte, und es kam noch dumpfer zurück. Als wir die Treppen wieder hochstiegen, war der Hofrat völlig außer sich:

»Diese großartigen Stalagmiten!«

»Das sind Stalaktiten, Vati!«

»Ach, das kann ich nie auseinander halten. Das lern ich nimmer!«

Das glaubte ich nicht, und ich schob mich am Parkplatz zu ihm, als er immer noch fasziniert und versonnen in den Schacht mit den Tropfsteinen starrte.

»Du weißt schon, was Titten sind?«

»Also, so ein Wort nehme ich nicht in den Mund! Was soll das überhaupt?«

»Naja, Titten machen eine Entwicklung durch. Und mit der Zeit, nach ein paar Kindern oder so, da hängen sie halt ein bisserl von oben herunter.«

Ich sah, wie sein verwirrter Gesichtsausdruck von einem breiten Grinsen abgelöst wurde, und ich bin sicher, er hat nie wieder Schwierigkeiten gehabt mit den komischen Namen der Kalkgebilde.

Wir fuhren noch viel herum an diesem Tag, aber man kann sich eine Insel nicht in ein paar Stunden anschauen, und Iglo hatte sich weise beschränkt, sodass wir zwar müde waren danach, aber nicht konfus von einer Flut von Bildern, die ineinander liefen wie die Schminke einer Fünfzehnjährigen mit Liebeskummer. In der Hauptsache hatten wir Höhlen gesehen, und das war gut so, denn es war ein ziemlich heißer Tag.

»Da gibt es noch einen See, der angeblich keinen Grund hat, jedenfalls hat man ihn auch mit modernsten Methoden nicht loten können, aber den hab ich ausgelassen, weil das kenn' ich schon. Da stehst du vor einem völlig nichts sagenden Gewässer, und irgendein gelangweilter Grieche radebrecht dir vor, dass es keinen Boden hat. Und du stehst weiter herum, und alles, was du siehst, ist die verdammte Wasseroberfläche. Natürlich haben wir auch auf viele Sachen verzichten müssen, die es wert gewesen wären, hinzufahren. Wer das möchte, kann ja einmal auf zwei Wochen hier vorbeischauen, aber es ist halt das Los der Matrosen, immer nur die Umgebung der Häfen zu sehen.«

Damit schloss unser Obermatrose seinen Vortrag.

Am späten Abend saßen wir bei einem letzten Glas Wein im Cockpit und starrten sinnend in den dunklen Hafen. Sinnend!

Überfressen waren wir, wie immer, und so kam kaum eine Unterhaltung zustande, weil jeder voll damit beschäftigt war, genug Blut im Hirn zu behalten, um nicht einfach einzuschlafen.

»Also, ich brauch jetzt einen Schluck zur Verdauung!«

Iglo stöhnte. Er hatte den ganzen Abend keinen Alkohol getrunken, wohl weil er sich nur zu gut an den Letzten erinnerte.

»Ich hol·mir einen Schluck Wodka!«

»Geht das Theater wieder los!« Minni schnaubte verächtlich, aber ich beruhigte sie:

»Ich bin sicher, er hat seine Lektion gelernt. Du wirst sehen, alles halb so schlimm.«

Er kam mit einem vollen Wasserglas wieder herauf.

»Seine Lektion gelernt, ja? Schau dir das an! Damit kann man einen Kameradschaftsabend bei der Polizei machen!«

Niemand wusste besser als ich, dass in dem Wasserglas auch Wasser war. Schließlich hatte ich den ganzen Schnaps eingezogen. Daher bat ich ihn freundlich, mir sein Glas zu überlassen, ich fühlte mich nach der Fresserei auch nicht so gut...

»Das hätte dir auch früher einfallen können, wo ich doch schon unten war!«

Trotzdem reichte er mir den Becher, und ich zwinkerte Minni zu, indem ich ihn erhob.

»Na, dann Prost!«

Ich trank das Zeug auf einen Zug aus und keuchte. Das war Wodka! Ich hatte die Flasche im Tiefkühlschrank übersehen! Und kalt war der Schnaps! Meine ganze Speiseröhre war gefühllos.

»Männer! Ihr seid doch alle gleich!«

Minni rutschte ein Stück weg von mir, so weit das bei der Enge überhaupt möglich war. Ich sprang auf und rannte hinunter.

»Bist du verrückt? Kaum ist sie nicht mehr so zornig, fängst du wieder mit dem Blödsinn an?«

»Wer anderen eine Grube gräbt, fällt selbst hinein! Ich werde selbstverständlich keinen Schluck trinken. Das wird sie auch bemerken, denn sie kann ja nicht ständig heraußen schlafen. Denn ich werde nicht nach Alkohol stinken in der Nacht. Ich nicht! Und du gewöhn dir die Bevormunderei ab, ich bin ja schließlich kein Kind. Mir war ganz klar, dass du unbedingt wissen wolltest, was

242

ich mir da eingeschenkt habe. Und genauso war es! Herrlich! Ist dir jetzt leichter?«

Ganz so war es ja nicht gewesen, aber ich weiß, wann ich verloren habe, daher nickte ich nur schwach. Jedenfalls habe ich in dieser Nacht bombenfest geschlafen, und am Morgen hatte ich nur mehr Durst als sonst, aber kein Kopfweh. Nichts, was vier Tassen Kaffee nicht wieder ausbügeln konnten. Nur tief drinnen wurmte es mich, dass ich ihm so hereingefallen war. Obwohl er ja auch irgendwo Recht hatte. Doch noch war nicht aller Tage Abend. Iglo hatte wieder einmal was gut bei mir.

Wir hatten an dem Tag vor, wieder nach Levkas zurückzusegeln, außen herum, an der Westseite, mit einer Zwischenstation in der Bucht von Vasiliki, um den lefkadischen Felsen wenigstens im Vorbeifahren zu sehen. Dort soll sich der Überlieferung nach die Dichterin Sappho aus Liebeskummer ins Meer gestürzt haben. Sicher ist, dass es eine Richtstätte war, wo man die Delinquenten dem Gottesurteil des Katapontismus aussetzte, das heißt, man schmiss sie dort an die siebzig Meter tief hinunter, wer überlebte, galt als unschuldig. Viele können das nicht gewesen sein.

Schon recht früh am Morgen ließen wir die herrliche Bucht von Sami hinter uns und segelten bei passablem Wind aus Südosten der Küste von Kephallonia entlang nach Norden. Dreieinhalb Stunden später hatte er etwas gedreht und wir die Seite gewechselt, wir segelten jetzt an der Flanke von Ithaka entlang und hatten die Nordspitze von Kephallonia querab. Ich ging hinunter, um die Position einzutragen, schaute auf das Barometer, um das Logbuch zu komplettieren und hatte meinen Schreck weg. Der Luftdruck war seit dem Morgen um fünfzehn Hektopascal gesunken. Irrtumsmöglichkeit gab es keine, ich hatte den Druck in der Früh selbst eingetragen. Ich holte Ernstl herunter, und natürlich kam auch Iglo sofort angekrochen.

»Ich weiß nicht, das Wetter schaut ganz gut aus, keine Anzeichen für irgendwelche Änderungen, keine Zirren, nichts. Der Wind ist konstant, die kleinen Richtungsschwankungen völlig normal in der Düse zwischen den Inseln.«

Iglo nickte beifällig, als Ernstl fortfuhr.

»Ich würde mir keine großen Kopfschmerzen machen, schließlich bedeutet nicht jede Luftdruckschwankung gleich, dass es Probleme gibt.«

»Na, aber fünfzehn Hektopascal, das ist eine ganze Menge!«

Jetzt schüttelte unser Skipper den Kopf: »Ganz normale Schwankungen im Bereich der Tagestide, du weißt schon, diese komische Wellenform der Druckkurve.«

»Iglo, fang nicht wieder an mit den Blödheiten! Eine Tagestide gibt es tatsächlich, aber die Amplituden halten sich im Bereich von einem halben Hektopascal oder so!«

»Wirklich?«

»Wirklich.«

»Was machen wir?«

Ernstl sah uns an. »Also, ignorieren würde ich die Sache nicht. Auf jeden Fall empfehle ich, die Fahrt entlang der Westküste entfallen zu lassen. Dort gibt es kaum Ankerplätze, wenn ich mir die Karte so anschaue, eigentlich gar keine.«

»Richtig. Außerdem ist die Fahrt zwischen den Inseln vor der Ostküste sowieso lustiger. Den depperten Kanal müssen wir halt in Kauf nehmen.«

»Eigentlich können wir dann auch den Felsen auslassen, weil der uns mindestens zwei Stunden kostet. Ich glaub sowieso nicht, dass heute wer springt.«

»Viechbader, wo du Recht hast, hast du Recht. Ich geh jetzt hinauf und sag's den anderen.«

»Dann kannst du auch gleich sagen, dass das deine Idee war, weil du als Einziger auf das Barometer geschaut hast.«

»Noch besser, wenn es dir nichts ausmacht!«

»Schon gut, geh rauf und lass den Text ab. Ich schau in der Zwischenzeit, dass ich einen anderen Kurs finde als am Herweg! Ein bisserl Abwechslung schadet nicht und macht die Sache interessanter.«

»Okay, ich geh jetzt rauf.«

Ich beschloss, zuerst direkt nach Norden zu fahren, und dann parallel zur Südküste Levkas. Da war die Strecke über das offene Wasser am kürzesten, und wir hatten eine Menge Buchten, in denen wir uns verkriechen konnten, wenn uns das Wetter wirklich einen Streich spielen sollte. Und so hat's unser Kapitän dann auch gemacht. Er lernte dazu.

Der Nachmittag war traumhaft. Das Segeln in der vielfachen Landabdeckung der Inseln neben Levkas ließ keine Langweile aufkommen, war aber keineswegs anstrengend. Iglo war mit dem Steuerrad geradezu verwachsen, und man konnte bemerken, dass dieser neue Iglo allgemein, besonders aber bei Minni, gut ankam. Das Wetter machte keinerlei Anstalten, dem bösen Omen des Barometerstandes zu folgen. Trotzdem waren wir jetzt froh, »innen« gefahren zu sein, denn das Revier war garantiert schöner als die relativ unstrukturierte Westküste. Dann waren wir wieder am ausgebaggerten Kanal mit seinem starken Verkehrsaufkommen und den zahlreichen Entgegenkommenden und Iglo bewies jetzt endgültig, dass er sich zum Besseren geändert hatte. Statt sich den Stress anzutun, in dieser Situation, die ihn, unerfahren, wie er war, überfordert hätte, weiter den Steuermann zu spielen, ließ er die Segel bergen, und als uns die ersten Boote ungemütlich an den Rand des Fahrwassers drängten, meinte er bloß:

»Hannes, du hast das schon hinter dir! Ich bitte dich, übernimm jetzt, nur die Ansteuerung im Hafen, die werde ich selber machen. Ich habe nämlich keine Lust, auf der ominösen Sandbank zu kampieren.«

Zähneknirschend übernahm ich das Ruder und teilte der Crew die »Gefechtsstationen« zu.

»Hofrat, zum Großbaum! Und fest hutschen, Vati, wenn es so weit ist. Mutti, möglichst weit weg vom Fahrthebel, du hilfst Vati. Irma geht duschen, Ernstl sitzt auf seiner Koje und grinst! Ausbruch des Ruhebedürfnisses auf Pfiff! Iglo, du solltest vielleicht wieder schlafen gehen, wegen des Gewichttrimms. Ich möchte alles so haben wie am Herweg.«

Was soll ich Ihnen sagen, sie blieben alle sitzen und starrten mich grimmig an. Trotzdem hatten wir nur zweimal ganz sachte Grundberührung, das Boot zögerte jeweils kurz, als der Schlamm mit gierigen Glibberfingern nach dem Kiel grabschte. Dafür durfte ich auch anlegen, und zwar ohne weitere Bemerkungen Iglos.

Am Abend lagen wir wieder an unserem alten Platz und schauten einem Buben zu, der versuchte, an der Mole Kalamari zu speeren. Weil er aber keine erwischte, müssen es andere gewesen sein, die wir dann in unserer Schnellausspeisung bekamen. Ich freute mich schon aufs Heimkommen, denn in der Wodkaflasche war jetzt konzentrierte Salzlösung, nicht wegen des Geschmacks, sondern wegen der Gefahr, dass wir zu lange wegblieben. Normales Wasser wäre in der Tiefkühltruhe gefroren und hätte die Flasche zerrissen. Dafür war der Wodka jetzt in einer Sodaflasche. Das führte im Endergebnis zu einer interessanten Doppelreaktion. Iglo und Minni spuckten nämlich gleichzeitig, und nachher waren alle auf mich böse. Minni, die sowieso schon eine recht tiefe Stimme hat, hätte nach ihrem Gurgeln mit dem Schnaps ohne Weiteres den Sarasthro in der Zauberflöte geben können und teilte mir in dunkelstem Bass mit, was sie mit mir anstellen würde, wenn ich ihr noch einmal einen derartig dummen Streich spielen sollte. Lauter äußerst schmerzhafte und intime Sachen. Lachen musste ich trotzdem. Was konnte schließlich ich dafür, dass sie ausgerechnet an diesem Abend ein warmes Mineralwasser wollte? Hätte ich die Wasserflasche mit dem Wodka in den Kühlschrank gestellt, hätte ich zumindest versucht, so etwas wie ein schlechtes Gewissen zu produzieren, aber bisher waren alle Getränke trotz der Kühlung immer zu warm gewesen und kein Mensch war auf die Idee gekommen, das wischerlwarme Zeug von draußen zu trinken. Pfeif drauf! Alles in allem war es kein schlechter Tag gewesen. Der Himmel war sternklar, das Wetter hatte gehalten. Was, zum Kuckuck, war bloß mit dem Barometer los?

Auch am nächsten Morgen gab es keine bösen Überraschungen. Das war angenehm, weil wir schließlich zurück nach Korfu mussten. Der Barometerstand war wieder etwas höher, aber zu dem des Vortages zur gleichen Zeit fehlten uns zehn Hektopascal. Irgendwas war im Gange, und ich verstand nicht, dass man noch nichts sehen konnte. Aber einem geschenkten Gaul schaut man bekanntlich nicht ins Maul. Solange das Wetter hielt, würden wir segeln und uns den Teufel um das widerspenstige Druckgefäß kümmern. Die Strecke war sowieso fast die gleiche, ob wir Paxos und Antipaxi im Westen nahmen oder nicht. Das wollten wir nämlich schon noch machen. Wenn es schlimm kam, konnten wir immer noch motoren und zu unserem Flieger würden wir auf jeden Fall rechtzeitig kommen, denn der ging erst um Mitternacht. Trotz allem war die Stimmung etwas gedämpft. Ich kannte das Phänomen mittlerweile zu gut, um mir darüber noch Gedanken zu machen: es war der letzte Törntag, und langsam schlich sich die Heimat wieder in das Bewusstsein ein. Der Alltag, der so unendlich fern gewesen war, griff wieder nach den Seelen. Er war noch nicht da, aber schon sein Schatten am Horizont wirkte dämpfend. Sie begannen wieder, mit den Ketten ihrer Pflichten zu rasseln. Dazu kam noch, dass wir ein ganzes Stück von unserem Ziel entfernt waren, fast siebzig Meilen, wenn wir die Westroute nahmen. Immerhin vierzehn Stunden reine Fahrzeit bei einem Schnitt von fünf Knoten. Aber erstens würden wir schneller sein, wenn das Wetter hielt, und zweitens hatten wir immer noch die Maschine. Was immer da kam, würde uns nicht aufhalten, denn der Wind kam auch jetzt noch aus Süden. Mochte er drehen, wir würden immer noch im richtigen Quadranten sein, wenn wir ankamen. Auf keinen Fall konnten wir ihn auf die Schnauze kriegen. Und das wäre das Einzige gewesen, was wirklich unangenehm hätte werden können. Aber trotzdem, so klein konnte dieser Tiefdruckwirbel nicht sein, sonst hätte es raschere Änderungen der Windrichtung gegeben. Wahrscheinlich würde der Wind lediglich auffrischen, wenn der Kern links von uns lag, ziemlich genau im Westen, wie ich annahm. Zumindest kam der Mist sicher aus Westen, vielleicht auch aus Nordwesten, so wie sich Wind und Druck entwickelten. Wir lagen im Moment noch am Rand des Wirbels. Natürlich kriegten wir wieder einmal keinen Wetterbericht, ich starrte grimmig in die Tabelle mit den Frequenzen und Zeiten, und die grinste höhnisch zurück. Iglo enthob mich dieser Aufgabe und er fand ganz gute Sirtakimusik. Okay, was soll's, die Brücke ging um sechs das erste Mal auf, wir mussten ablegen. Kam's ganz schlimm, waren da immer noch Ernstl, auf den man sich zu hundert Prozent verlassen konnte, und Martina, die ein Herz hatte wie eine Löwin und in den letzten Wochen viel gelernt hatte. Auch Irma und die Hofrätin würden brauchbare Schwerwettersegler abgeben, allzu viel Ahnung hatten sie freilich nicht. Den Rest der Mannschaft würden wir als lebenden Ballast stauen müssen, samt dem Skipper. Der war dann nur mehr für einen Lacher gut.

Kurz nach sechs erreichten wir das offene Wasser und gingen auf dreihundertfünfzehn Grad, das würde für die nächsten Stunden unser Kurs sein und uns in die Gegend der Südspitze von Antipaxi bringen. Bei dem raumen Wind machten wir annähernd acht Knoten, ganz gut für den Anfang. Nach drei Stunden stand unser Boot pflichtbewusst im Süden der Insel, alles, was wir bisher gesehen hatten, waren zwei riesige Autofähren, die stur in die Gegenrichtung liefen, scheinbar leblose schwarze Quader, vier Stock hoch und doch schnell wie galoppierende Pferde. Der Kontrast zwischen der optischen Reglosigkeit dieser maritimen Großgaragen und dem Tempo, das sie draufhatten, war erschreckend. Die Bug- und Heckseen beutelten uns ordentlich, obwohl wir natürlich einen gehörigen Respektsabstand einhielten. Jetzt lagen genau vor uns die Untiefen und Inselchen Daskalia, die wir an Steuerbord liegen ließen. Bald sahen wir rechts von uns Antipaxi, das sich zu einer zauberhaften Bucht öffnete. Allenthalben erhob sich bewunderndes Raunen. Das mussten wir uns näher anschauen! Der Himmel war nach wie vor blau, der Wind hatte etwas zugelegt, fiel auch ein wenig westlicher als Süd ein, das Tief kam also aus Südwesten, nichts Ungewöhnliches um diese Jahreszeit. Der Dunst an der Kimm schien ein bisschen dichter als sonst, und ganz unauffällig krochen ein paar Zirren über den westlichen Himmel. Das Barometer war wieder gefallen. Schön, da tat sich was, aber wir hatten sicher noch ein paar Stunden, bevor es uns erreichte.

Oben waren sie am Diskutieren. Ernstl biss sich auf die Lippen: »Doch, ich möchte mir das sogar sehr gern anschauen, aber ihr sollt wissen, dass jede Minute, die wir hier sind, eine Minute mehr Fahrzeit bedeutet, und es ist ziemlich wahrscheinlich, dass das Wetter im Laufe des heutigen Tages umschlägt. Wahrscheinlich bekommen wir Regen und ziemlich sicher auch ungemütlichen Wind. Nichts Gefährliches, aber halt auch nicht unbedingt angenehm.«

»Jetzt hör schon auf, du bist überstimmt. Mit dem Wetter ist gar nichts, du redest schon daher wie der Hannes. Der steckt mit seiner Miesmacherei alle an! So weit kommt es noch, dass ich mir von euch den letzten Tag verderben lasse! Los, blasen wir endlich das Schlauchboot auf! Ich kann es kaum erwarten!«

Ernstl zuckte die Schultern und Iglo fuhr fort, den Landgang vorzubereiten.

»Was kann er nicht erwarten?« Ich sah Minni an. »Will er womöglich schwimmen gehen? Oder am Strand liegen?«

Sie kicherte: »Ach, weißt du, er liegt nicht gar so gerne am Strand. Jedes Mal, wenn er das probiert, kommen irgendwelche Typen von ›Greenpeace‹ und versuchen, ihn wieder ins tiefe Wasser zu schleppen. ›Rettet die Wale‹ und so. Nein, da geht er eher schwimmen. Das kann er sehr gut, und er gibt auch gern damit an, weil ihm das keiner zutraut!« *So, so, er schwimmt also gern! Mal sehen, das Wasser ist sicher noch etwas frisch...*

Iglo war inzwischen zu Höchstform aufgelaufen:

»Martina, du machst uns den Ausguck! Ich fahre ganz langsam in die Bucht, direkt hinter das Inserl dort vorne, da liegen wir windgeschützt! Wenn ich es dir sage, dann lässt du den Anker fallen. Hannes und Ernstl, ihr macht das mit dem Schlauchboot! Die anderen gehen jetzt einmal nach unten, sich umziehen! Ich kann das Gewurle im Cockpit nicht brauchen!«

Natürlich, wir hatten wieder einmal die angenehmste Arbeit! Es erwies sich als völlig unmöglich, das sperrige Ding im Cockpit aufzupumpen, und so verlegten wir die Arbeit an den Bug, wo es daher ziemlich voll war. Langsam zog der Grund unter uns vorbei, abwechselnd Seegras und Sand, Schwärme winziger, silbriger Fischchen exerzierten in Reih und Glied, schwammen hierhin und dorthin, jeder Richtungswechsel erfolgte genau synchron, die Einzelorganismen einer solchen Proteinkugel drehten alle in der selben Zehntelsekunde. Als der Anker fiel, zerplatzte der Schwarm wie eine Feuerwerkskaskade, nur um sich sofort wieder zur vorigen Ordnung zu sammeln. Rasselnd verschwand Meter um Meter der Kette, während Iglo das Boot über den Achtersteven Fahrt aufnehmen ließ. Dann ein sachter Ruck, und wir lagen bombensicher im Windschatten der kleinen Insel mitten in der Bucht.

»Seid ihr immer noch nicht fertig? Los, wir haben nicht den ganzen Tag Zeit!«

Der Diesel verblubberte.

»Ah, diese Ruhe!« *Ja, Skipper, die Ruhe vor dem Sturm! Heute kannst du noch zeigen, was wirklich in dir steckt. Sehr wahrschein-*

lich bloß Halbverdautes! Da wird dein großes Maul wieder einmal zu tun kriegen, obwohl zur Abwechslung was anderes herauskommen wird als die üblichen Sprechblasen! Herrgott, muss dieser Mensch dauernd stänkern? Soll er sich sein verdammtes Schlauchboot doch selber aufblasen, wenn er glaubt, er kann das besser!

Endlich waren wir fertig, aber auch total verschwitzt. Nachdem ich sowieso nur die Badehose anhatte, stürzte ich mich kopfüber in das klare Nass. Ich hätte mir das vorher besser überlegen sollen. Schließlich hatten wir erst Ostern, und das Wasser war so eisig, dass es mir die Luft aus den Lungen presste. Ich hatte das Gefühl, schockgefroren zu werden. Kälte kann auf der Haut brennen. Ich hatte immer geglaubt, das ist nur eine dumme Redensart. Jetzt wurde ich eines Besseren belehrt. Als ich endlich wieder bei der Badeleiter war, ging es schon so halbwegs, und obwohl ich mich keineswegs behaglich fühlte, plantschte ich prustend und spuckend hinter dem Boot herum, ohne irgendwelche Anstalten zu treffen, wieder einzusteigen. Ich konnte mich zwar nicht überwinden, noch einmal vom Schiff wegzuschwimmen, aber Wassertreten und dazu auch noch selig grinsen, das ging. Inzwischen waren auch die anderen wieder heroben, und man konnte sehen, wie heiß ihnen war.

»Herrlich, das Wasser! Genau das, was mir gefehlt hat nach der Schwitzerei mit dem Radierer!«

Mir starben mittlerweile die Hände ab und auch die Beine wurden langsam gefühllos.

»Nein, Minni, geh nicht rein, das ist nichts für zarte Frauen, das Wasser ist noch etwas frisch, aber genau richtig für abgehärtete Burschen wie Ernstl und mich!«

Minni hatte nicht im Traum daran gedacht, hineinzuspringen. Verwundert riss sie die Augen auf, und Ernstl musterte mich gedankenvoll. Vielleicht bedauerte er, dass ich jetzt endgültig übergeschnappt war. In meiner Badehose gab es inzwischen reichlich Platz, obwohl sie sonst recht eng saß. Wahrscheinlich würde ich die nächsten Tage im Sitzen pinkeln müssen. Als ich es wirklich nicht mehr aushielt und gerade aufgeben wollte, detonierte neben der Bordwand eine Bombe. Na also! Machomann hatte angebissen. Erleichtert hievte ich mich auf die Badeplattform und

kam gerade zurecht, um mit anzusehen, wie Iglo einen durchaus ernst gemeinten Versuch unternahm, auf dem Wasser zu rennen. Er leistete Beachtliches. In seiner Not hätte er es fast geschafft, aber dann besann sich die Schwerkraft doch noch ihrer Pflichten, und er ging kreischend wieder unter. Als ich schon glaubte, es diesmal zu weit getrieben zu haben, tauchte er wieder auf. Die erstickten Quieker, die er dabei von sich gab, waren Musik in meinen Ohren, und der Anblick unseres Skippers, der seinen angeblich so eleganten Schwimmstil als eine Art Hündchenplantschen demonstrierte, entschädigte mich reichlich für die pulloverdicke Gänsehaut, die meine tiefe Bräune in die Farbe kalter Asche verwandelte. Alle bogen sich vor Lachen, auch noch, als er längst wieder im Cockpit saß, mit den Zähnen klapperte und versuchte, mich mit Blicken aufzuspießen. Ich verhinderte das mühelos, indem ich heiß duschen ging. Duschen nach einem Bad im Meer ist wichtig, hat mir meine Mutter immer eingeschärft. In diesem einen Fall hatte sie hundert Prozent recht. Und Iglo wusste jetzt aus eigener Anschauung, was Ernstl beim Prüfungstörn mitgemacht hatte, als er unser Boot von der Muringleine losgeschnitten hatte, die unser Besserwisser um den Schraubenschaft gewickelt hatte.

Ein paar Minuten später war das Landungsunternehmen in vollem Gange. Die erste Bootsladung der EOS-Fahrer kletterte schon zwischen den Ginsterstauden an Land herum, während der Hofrat eben zurück paddelte, um uns, die wir schon ungeduldig warteten, auch noch abzuholen. Er wollte als Wache am Boot bleiben, denn er konnte der Kraxlerei zwischen den Steinen nichts abgewinnen. Das war optimal, denn einer musste sowieso Ankerwache gehen. Und dazu reichte es beim Hofrat allemal. Kurze Zeit später saß ich an einem höhergelegenen Punkt zwischen blühenden Büschen und bewunderte das Panorama. Rechts von mir die Hänge der Bucht, die aussahen wie eine Miniatur des Kreidefelsens von Dover, unterspült von der Brandung, davor trotzige Steinsäulen mit einem grünen Schopf, die sich den Gewalten des Meeres noch nicht ergeben hatten, unter mir der Kiesstrand, auf dem unser Schlauchboot lag, in der Bucht die EOS, die von hier aus so winzig aussah, im Schutz der kleinen Insel über ihrem Schatten schwojend. Links von mir krauchte das Expeditionscorps durch die Macchia, bunte Punkte, die an der Inselflanke, die sich dort sanft dem Meer zuneigte, klebten wie Ameisen. Außer dem Säuseln des Windes und dem fernen Grollen der Brandung gab es kein Geräusch, und ich ließ mich nach hinten umfallen und tauchte in die betäubenden Düfte des niedrigen Bewuchses ein. Eben wollte ich mich davontragen lassen von den dicken, heißen Schwaden und vom Summen der Insekten, da sah ich es: Die Zirren bedeckten jetzt den ganzen Himmel. Das ging mir zu rasch. Seufzend stand ich auf, dann pfiff ich zweimal gellend auf den Fingern, dass es in der ganzen Bucht widerhallte.

Ein paar Minuten später trieben Ernstl und ich die ersten murrenden Strandläufer in das Gummiboot. Iglo hatte sich zum Sprecher der Unzufriedenen gemacht:

»Was habt ihr eigentlich? Es ist doch wurscht, ob wir um Sieben dort sind oder um Neun! Unser Flugzeug geht doch erst nach Mitternacht und wir müssen diesmal auch kein Boot übergeben!«

»Ja, aber es ist nicht egal, wenn wir den Flieger vom Meer aus starten sehen! Ich weiß auch nicht, was da kommt, aber es kommt mir viel zu schnell!«

Ernstls Stimme ließ jede Verbindlichkeit missen, und Iglo kuschte. Als wir alle an Bord hatten, versorgten wir erst einmal den Radierer, was zu weiterem Gemecker führte.

»Da hätten wir ja gleich länger an Land bleiben können! Das kann man auch während der Fahrt machen!«

»Ja, unter Maschine schon. Das da ist aber ein Segelboot. Schon vergessen?«

Endlich war das Ding so klein zusammengefaltet, dass wir es verstauen konnten, da bemerkten wir, dass das ganze Cockpit schwarz verschmiert war. Großartig! Der ganze Strand war voller Ölkügelchen gewesen! Und wir hatten sie zwischen den Kieseln nicht bemerkt. Die Pest der Adria hatte also auch hier schon zugeschlagen! Jetzt mussten wir den Schlaucher und auch das Cockpit waschen und dann noch mit Butter abreiben, damit bekam man das widerwärtige Zeug noch am ehesten ab. Gott sei Dank war bisher noch niemand unten gewesen, denn natürlich klebte die Schweinerei auch an unseren Sohlen. Jeder wünscht den Tankerkapitänen, die für diese Umweltverwüstung verantwortlich sind, die Pest an den Hals, aber das nützt nichts, die kann man nur strafen, wenn man sie dabei erwischt, wie sie ihre Öltanks mitten am offenen Meer reinigen. Und das ist fast unmöglich. Solange man sie nicht dazu zwingt, diese Reinigung nachweislich in den dafür vorgesehenen Anlagen durchzuführen, werden sie damit nicht aufhören. Weil denen alle anderen Menschen egal sind, solange sie nur ihre Prämien für raschen Transport einstreifen können und bei ihren Gesellschaften gut dastehen. Ein paar Staaten kontrollieren das ja schon, aber hier und im Roten Meer machen sie nach wie vor, was sie wollen. Klar, die stehen auch unter Druck, aber was dabei draufgeht, sind ein paar der schönsten Gebiete dieser Welt. Wurscht, Hauptsache der Rubel (Dollar, Rial) rollt.

Jedenfalls hatten wir jetzt reichlich Arbeit. Und während wir rieben und fluchten, legte der Wind ein paar Püsterchen zu und drehte ziemlich rasch auf West. Als wir endlich fertig waren und den Radierer versorgt hatten, standen wir schon querab Paxos. Jetzt blies es schon ganz ordentlich, und die Hofrätlichen wie auch

Minni hatten sich schon in ihre Kabinen zurückgezogen, um sich niederzulegen. So lassen sich die Schiffsbewegungen für Anfänger am leichtesten aushalten. Man wird zwar auch nicht so leicht seekrank, wenn man im Cockpit sitzen bleibt, aber da brauchten wir mittlerweile den Platz, um die notwendigen Manöver unbehindert durchführen zu können. Wir hatten schon ein Reff im Groß und auch die Genua ein Stück weg gerollt, aber es war nur eine Frage der Zeit, bis wieder ein Manöver fällig wurde. Mit Iglo war zwar nichts mehr anzufangen, aber er weigerte sich beharrlich, ebenfalls schlafen zu gehen. Und wir konnten unseren »Skipper« ja nicht gut hinuntertragen. Der würde schon von allein verschwinden, das war meine letzte Sorge. Es würde gar nicht mehr lange dauern, ein bisschen grün war er sowieso schon.

Es war wirklich nicht sonderlich angenehm, was Wind und Dünung mit uns anstellten. Dünung im Mittelmeer? Aber ja. Natürlich nicht in der Adria, da beschränkt sich das auf die hohen Wellen, die der Jugo manchmal aufwirft, und so was geht rasch vorbei. Wir hatten es ja genossen. Auch bei Bora gibt es höhere See, aber kürzer, ruppiger. Insgesamt nicht so schlimm, da sind sich alle einig, die es überlebt haben. Die anderen kann man ja nicht mehr fragen. Aber hier, außerhalb des Schutzes durch den italienischen Stiefel, baut sich aus Südwesten eine erhebliche Dünung auf, nicht ganz so imposant wie die langen Roller des Atlantiks, aber auch nicht viel niedriger. Ich habe beides genossen und weiß, wovon ich rede. Eigentlich ist dieses langsame Auf und Ab ja ganz angenehm, und mir macht dieser unentwegte Aufzug eigentlich unheimlich Spaß. Erster Stock: Landsicht, Aussichtsplattform. Erdgeschoss: Schaumfetzen, grüne (braune, graue) Aquarienscheiben. Ich warte immer noch darauf, dort endlich einmal wirklich einen Fisch zu sehen, aber bisher waren es ausschließlich Delfine, die sich vergnügt und in rasender Schrägfahrt den Hang hinunterließen wie Surfer, nur von der unteren Seite her eben.

Über die Dünung baute sich nun zudem noch eine Windsee auf. Dass sie fast aus derselben Richtung kam, machte sie nicht angenehmer, denn sie bescherte uns so eine Art Korkenzieherdrall, der nicht jedermanns Sache war. Außerdem drängte sich selbst Iglo immer mehr der Verdacht auf, dass die Gegend bei Westwind nicht übermäßig gesund sein könnte. Den hatten wir mittlerweile, und es wurde auch immer dunkler. Um zu erkennen, dass die Insel schon oft zum Legerwall geworden war, musste man nicht übermäßig schlau sein, da genügte ein Blick zur Steilküste, wo sich mächtige Höhlen auftaten, die sich ständig an der hohen Brandung verschluckten und dann das Wasser rülpsend im Schwall wieder auskotzten. Zu allem Überfluss waren die Riffe in unregelmäßigen Abständen mit rostigen Frachterwracks gesprenkelt, deren geborstene Büge oder Hecks leergewaschen waren von der gnadenlosen Macht des unentwegten Meeres. Manche lagen viel zu hoch am Riff, um bei so einem Wetter aufgelaufen sein zu können, wie wir es gerade hatten. Man konnte sich aber gut vorstellen, wie es in der Gegend ausgesehen haben mochte, als das passierte. Da mussten die Wellen zwei-, dreimal so hoch gewesen sein wie jetzt. So tief, wie es hier war, war auch nichts mit Ankern. Gnade Gott dem Schiff, das hier bei rauem Wetter Maschinenschaden hatte. Es war richtig beruhigend, dass wir ein Segelboot waren. Da fällt der Motor nicht so leicht aus. Inzwischen hatten wir auch Irma hinuntergeschickt, denn sie hielt sich zwar lange Zeit recht wacker, aber als ihre Blässe bedenklich wurde, sprach Ernstl ein Machtwort. Und endlich sagte auch Iglo etwas, was sich anhörte wie »Hurumpfgogol« und im Cockpit Spuren hinterließ, dann stürzte er den Niedergang hinunter. Jetzt waren wir wieder zu dritt, wie auf der Herfahrt, ordentlich angezogen und gesichert. Die nächste Welle wusch die Schweinerei in die Lenzrohre, und es wurde wieder richtig gemütlich. Wir grinsten uns an, und Ernstl schrie in das Winseln des Windes in den Wanten:

»Es hätte schlimmer kommen können! Stellt euch bloß vor, es fängt auch noch zu regnen an.«

Oh, Ernstl, du lernst es auch nicht mehr: In diesem Moment öffnete der Himmel seine Schleusen und es begann zu schütten. Trotzdem hatten wir das Ärgste bald hinter uns, denn mittlerweile waren wir an Paxos vorbei und strebten unverdrossen dem relativ geschützten Meeresteil zwischen Korfu und dem Festland entgegen. Vorderhand war zwar noch keine Rede von Landabdeckung oder sonstigen Annehmlichkeiten, und wir fuhren auch schon das zweite Reff, aber es gab immerhin keinen Legerwall mehr und es war nur mehr eine Sache der Geduld, abzuwarten, dass es etwas ruhiger wurde. Irgendeine Gefahr bestand nicht mehr. Mein Gott, der Mensch freut sich halt. Immerhin war es heroben gemütlicher als unten. Das hatte ich festgestellt, als ich hinunter musste zur Karte. Iglo lag heute zur Abwechslung einmal unter dem Tisch, offenbar hatte ihn ein plötzlicher Ruck von meiner Koje gebeutelt. Wahrscheinlich gerade noch rechtzeitig: der ganze Boden war voll gekotzt und unser Skipper rollte in seinem Erbrochenen herum. Was für ein Glück, dass meine Sachen schon gepackt bei Ernstl im Vorschiff standen und ich in diesem Salon nicht mehr schlafen musste. Jedenfalls war ich heilfroh, als ich wieder oben war.

Endlich erreichten wir das Seegebiet hinter Korfu, wo die lange Dünung nicht hinkonnte. Schlagartig beruhigten sich die Bewegungen des Bootes, und obwohl durch die Landabdeckung jetzt der Wind ruppiger wurde und dauernd ein bisserl drehte, war es eigentlich ein ganz angenehmes Segeln. Unten erwachten die Hofrätlichen und Irma wieder zum Leben, sie legten den Skipper trocken und verstauten ihn in seiner Koje. Dann reinigten sie auch noch den Salon, eine Titanenarbeit, weil sie schließlich jeden vollen Kübel herauftragen und über Bord leeren mussten, wenn sie nicht jedes Mal die Seeventile des Klosetts auf- und zudrehen wollten. Aber irgendwie schafften sie es, auch wenn sie nachher wieder ein wenig blass waren. Sie saßen bei uns im Cockpit und genossen die frische Luft und den Regen auf ihren Gesichtern, das war ihnen alles lieber, als wieder nach unten zu gehen. Ich machte unten das Skylight ein bisserl auf, gegen den Wind, sollte es ruhig ein paar Tropfen hineinregnen, Hauptsache, der Gestank verschwand. Schließlich musste ich mir die Ansteuerung von Gouvia anschauen, gar so leicht war sie nicht mit den vorgelagerten Inseln, zwischen denen es auch Untiefen gab, ich wollte mich da keinesfalls auf meine Erinnerung verlassen.

Es wurde einundzwanzig Uhr Ortszeit, als ich das Logbuch zuklappte. Dann schob ich es über den Tisch Iglo zu, schließlich war er der Skipper. Er betrachtete seufzend die letzten Eintragungen und die Seefahrtsbücher, die vor ihm lagen. Erst kratzte er sich ausgiebig an der Nase, dann unterschrieb er zögernd die Törnbestätigungen.

»Ihr wisst ja gar nicht, wie blöd ich mir dabei vorkomme. Wenn ich da bei Martina und Hannes die Unterschrift Ernstls sehe, für die Fahrt bis Korfu, und mir vorstelle, wie das gewesen wäre, wenn ich versucht hätte, das Boot zu überstellen, dann macht es mich ganz krank, wenn jetzt ich als Skipper dem Ernstl diese Fahrt bestätige. Der schnappt sich im nördlichsten Zipfel der Adria ein Boot und bringt es mir nichts, dir nichts nach Griechenland. Unter normalen Verhältnissen hätte ich mich bestenfalls irgendwie an der Küste entlang bis nach Split gemogelt, dann wäre ich mit Glück auch noch bis zur Insel Vis gekommen, aber die Überfahrt nach Vieste hätte ich wohl nicht geschafft. Der italienischen Küste entlang bis Otranto, das hätte ich mir wieder zugetraut, aber dann über das offene Meer nach Korfu, da wäre ich gestorben vor Angst. Und dieser Mensch geht her und fährt von Hvar weg in der Mitte der Adria bis in diesen Hafen. Das ist ein Skipper. Und deswegen geniere ich mich, hinter ihm auch als Skipper zu stehen. Das ist einfach lächerlich!«

Ernstl war schon die ganze Zeit nervös auf seinem Sitz herumgerutscht, er mag es nicht, wenn man ihn irgendwie hervorhebt, aber jetzt konnte er nicht mehr zuhören:

»Jetzt übertreib nicht so fürchterlich. Schließlich war ich nicht allein. Ohne Martina und Hannes hätte ich das nie im Leben zusammengebracht, und wer weiß, wie weit wir gekommen wären, wenn uns nicht Bill und John über den Weg gelaufen wären! Zu dritt hätten wir ganz schön alt ausgesehen! Denn irgendwann muss der Mensch ja schlafen. Aber schau dir einmal die Einhandsegler an, angefangen bei diesem Slocum, der mit einem alten Küchenwecker, noch dazu mit nur mehr einem Zeiger, als einziger Uhr an Bord die Welt umsegelte. Ich weiß zwar nicht, wo der blöde Ausdruck ›Einhandsegler‹ herkommt, weil schließlich hatten und haben sie allesamt zwei Hände, aber das sind Segler. Oder Sir Francis Chichester. Der war schon ein recht alter Knacker, als er beschloss, ›einhand‹ um die Welt zu segeln. Wenn du sein Buch liest, wirst du feststellen, dass seine größte Sorge war, was mit seinem Bier los war, und sein größter Ärger, dass ihn irgendwer bei den Kartoffelvorräten übers Ohr gehauen hatte. Bobby Schenk! Der segelt kreuz und quer durch die Weltgeschichte, nur mit seiner Frau. Und du glaubst, dass wir quasi ein Wunder vollbracht haben, nur weil wir zu dritt, dann sogar zu fünft durch die Adria gefahren sind und Korfu gefunden haben. Das ist lächerlich!«

»Ja, aber nicht jetzt, wo Jugoslawien unaufhaltsam in einen Krieg hineinschlittert!«

»Ja gut, das hat uns auch Sorgen gemacht! Aber nicht einmal unbedingt, weil wir uns gefürchtet haben, wir haben schließlich nicht ahnen können, dass uns jemand auszurauben versucht, sonst wären wir sicher nicht gefahren! Unser Problem war vielmehr, ob wir überhaupt die ethische Berechtigung haben, eine lustige Schifferlpartie durch die Adria zu machen, während Millionen Menschen vom Tod bedroht sind. Aber dann hat der Hannes gesagt, dass er gleich in ein Kloster gehen kann, wenn er mit dem Segeln wartet, bis es allen Menschen gut geht, dass er nur ein Leben hat und folglich auch die Berechtigung, das so zu führen, wie er will, solange er damit niemandem weh tut. Dass er damit nur sich selber schadet, weil seine Zeit bemessen ist und vergeht, egal, ob er Spaß hat oder nicht. Und zuletzt noch, dass er sich kein schlechtes Gewissen machen lässt, nur weil irgendwelche politischen Führer beschließen, aus fadenscheinig hergeleiteten historischen Gründen wieder einmal auf anders denkende Menschen loszugehen. Aber dass er die Adria vergessen muss, nur weil dort irgendwelche Südslawen beschlossen haben, anderen Südslawen weh zu tun, das lässt er sich nicht einreden. Weil schließlich gehört denen das Meer ja nicht. Und sie kommen auch nicht besser miteinander aus, wenn er daheim bleibt und Trübsal bläst. Und so sind wir halt gefahren. Nur wohl gefühlt haben wir uns dabei nicht, weil es ist furchtbar ungut, zuschauen zu müssen, wie sich der Hass aufstaut, bevor er sich entlädt. Aber mit Segeln hat es nichts zu tun. Gar nichts.«

Ich mischte mich jetzt ein, weil die Diskussion uferlos zu werden drohte.

»Ich glaube, dein wirkliches Problem hast du in den letzten Tagen erkannt. Früher hättest du dir die Zunge abgebissen, bevor du zugegeben hättest, dass du irgendetwas, was wir können, nicht zusammenbringst. Und warst ziemlich unerträglich, wenn du deine Hilflosigkeit nicht verbergen konntest. Nachdem du nicht blöd bist, hast du das aber abgestellt, kurz bevor es böse Folgen hatte, und zwar aus eigenem Entschluss. War eine schwere Geburt, ist aber gut gegangen. Danach hast du eigentlich nur noch prima Sachen gemacht. Dein Unterricht war Spitze, und deine Führung gut durchdacht. Du hast dich auf das beschränkt, was du kannst, und wir haben einen ganz neuen Iglo kennen gelernt, mit dem man auch auf See gut auskommen kann.«

»Ja, aber unsere dauernden Streitereien...«

»Also, ohne unsere kleinen Hahnenkämpfe wär's doch ziemlich langweilig gewesen. Das war das Salz in der Suppe! Von Ernstl kam das Fleisch, von uns anderen das Gemüse, aber was ist eine Suppe ohne Salz? Nein, nein, ohne dich wär's nicht so lustig gewesen!«

»Wenn ich daran denke, wie du dagesessen bist, den Mund voller Wodka, und dabei immer mehr lila angelaufen bist...«

»Na, deine Solovorstellung heute in der Bucht war auch nicht ohne!«

»Ja, und dann bin ich wieder ausgefallen...«

»Niemand braucht sich zu schämen, wenn ihm schlecht wird! Das Einzige, was du noch lernen musst, ist, rechtzeitig darauf zu reagieren. Bevor alles zu spät ist. Und ich bin sicher, das schaffst du auch noch. Mir macht es nichts aus, von dir eine Unterschrift als Skipper im Bücherl zu haben. Ich werde mich an diesen Törn immer gern erinnern, und ich wette, die anderen auch. Schließlich kommt es nicht alle Tage vor, dass man zuschauen kann, wie aus einer Raupe ein Schmetterling wird!«

»Ja, ein Kohlweißling...«

»Nein, das kann niemand behaupten! Ganz im Gegenteil, ich würde sagen, gerade du bist ein besonders bunter Schmetterling! Was sagst du dazu, Minni?«

»Na ja, man muss ihn einfach gernhaben! Anders hält man ihn überhaupt nicht aus!«

Ihre Stimme wurde noch samtiger: »Aber da ist er nicht der Einzige. Du hast einen besseren Magen und mehr Ahnung von einem Boot, aber sonst seid ihr euch mehr als nur ein bisschen ähnlich.«

Alle lachten, nur Martina übertrieb es. Sie lachte, dass ihr die Tränen herunterliefen. Ich meine, gar so lustig war die Bemerkung ja auch wieder nicht, oder?

Wir ließen unser Zeug noch an Bord und gingen zu »unserem« Lokal, um zu essen und die Taxis zum Flughafen zu bestellen. Drei Stunden später erlebten wir das Wunder eines pünktlichen Charterstarts und eines Fluges ohne alle Störungen. Das ist bemerkenswert, weil selten. Von Kreta nach Wien habe ich einmal achtzehn Stunden gebraucht, inklusive Wartezeit in Heraklion und fünfstündiger Besichtigung einer öden Transithalle in München. Gut, das war einmalig, aber unter drei Stunden Delay war es praktisch nie abgegangen bei Charterflügen. Vielleicht flog ja das Parmalatkapperl selber. Der ist ja bekannt für seine einmalige Effizienz. In Wien bekamen wir die Stunde, die wir auf der Hinfahrt hergeborgt hatten, wieder zurück, ohne Zinsen zwar, aber sonst unversehrt. Man glaubt gar nicht, wie angenehm es ist, so eine Extrastunde außerhalb der Reihe, wenn man in der Früh feststellt, dass man noch schlafen kann. Ein herrliches Geschenk. Und billig obendrein.

Zur Nachlese bei Irma und Ernstl kam ich wieder einmal zu spät. Das ist das Schicksal von Tierärzten. Fünf Minuten vor Ende der Ordinationszeiten hocken plötzlich zehn Leute mit ihren Lieblingen im Wartezimmer und schauen betont harmlos überall hin, nur nicht auf die Uhr. Alle anderen Törnteilnehmer waren schon da, bewaffnet mit dicken Fotosackerln, und warteten auf etwas Essbares. Der Magen knurrte ihnen hörbar, aber im Großen und Ganzen harrten sie tapfer der Dinge, die da kommen sollten, im Moment war das scheinbar ich. Bloß Iglo mußte wieder einmal seinen Senf zu meinem hastigen Auftreten, immer noch ganz in Weiß, geben.

»Wieder einmal nicht Schluß machen können mit der pseudowissenschaftlichen Laberei, was? Wir verhungern, und er macht auf Sauerbruch!«

»Ich bitt dich, verschon mich mit deiner ewigen Stänkerei. Es war sowieso nicht mein Tag!«

Ernstl musterte mich scharf.»Mir kam's gleich so vor, als nagte
etwas an deiner Seele. Na, sag schon, was war los?«
»Heute Mittag gehe ich mit einem Kollegen in das Beisl an der
Industriestraße, du weißt schon, das mit dem schönen Kastanien-
garten. Und wer hockt am Nebentisch? Könnt ihr euch noch an den
unsympathischen Typen vom Prüfungstörn erinnern? Genau der.
Der Zwinkerer mit neuen Jüngern. Zwei Crews für die B-Schein-
prüfung. Mit dabei natürlich Conan, und sie erzählen den vor Ehr-
furcht Erstarrten, daß sie gerade von einem Istrientörn zurück sind,
den sie nur deshalb unternommen hätten, um zu klären, ob die
Gegend für eine Prüfung sicher ist. Wie sie unter Einsatz des eigenen Lebens todesmutig in Häfen eingelaufen sind, von denen man
das Schlimmste hört und wie sie nur durch Kaltblütigkeit und
enorme Erfahrung sich und das Boot wieder nach Italien und in
Sicherheit bringen konnten. Und dass sie die Prüfung deshalb auf
der italienischen Seite machen werden. Ich sitze daneben und darf
nicht einmal lachen, weil Conan immer noch glaubt, dass ich auf
Kur war. Und wenn der draufkommt, dass wir auch unterwegs
waren, weiß es der ganze Bezirk und ich kann die Ordination
zusperren. Und während ich an dem Schwachsinn, den die beiden
verzapfen, noch fast ersticke, deutet der Zwinkerer auch schon auf
mich.
›Der Herr Doktor da drüben, der war einmal ein Schüler von
mir. Eigentlich wollte er zu Ostern auch in die Gegend, aber er hat
es schlauerweise vorgezogen, rechtzeitig ein Aua im Brüstlein zu
bekommen und ging stattdessen auf Kur. Lachen Sie nicht, meine
Damen und Herren, auch das ist ein Zeichen für Verantwortungs-
bewusstsein, wenn jemand die Finger von Sachen läßt, die zu groß
für ihn sind.‹
Der Kollege, der mit mir dort war, bekam einen verständniss-
voll-mitleidigen Augenausdruck. Bei nächster Gelegenheit beugte er sich zu mir und wisperte:
›Ich hab gleich gewusst, dass es keine Bronchitis war. Ich meine,
du bist doch gesund wie ein Bär! Aber ich verstehe durchaus, dass
man manchmal eine Ausrede braucht. Jeder von uns fürchtet sich
ab und zu. Keine Angst, von mir erfährt es keiner!‹
Ganz klar, morgen weiß es jeder Tierarzt in Wien. Damit war

der Tag für mich gelaufen. Lebensgefahr in Istrien! Und dann noch das herablassende Getue! Und ab morgen das blödsinnige Getuschel bei den Kollegen.«

»Na und, was regt dich auf?«, meinte Iglo, »Der Zwinkerer hatte doch einmal in seinem Leben Recht! Ihr habt euch doch wirklich nicht nach Istrien getraut. Sonst hättet ihr ja nicht bei Split aufgeben wollen.«

Das einsetzende Gelächter war Balsam für meine wunde Seele.

Jedes Buch ein Abenteuer

Nur wenige Menschen können sich Monate oder gar Jahre vom Alltag lösen. Und dann das erleben, wovon jeder insgeheim träumt. Was Segler auf langen Törns gewagt und gewonnen haben, erzählen sie in diesen Büchern. Jeder auf seine Art: spannend, nachdenklich, humorvoll: eben keine Logbücher, sondern packende Erlebnisse für alle, die das Abenteuer lockt.

ISBN 3-7688-1072-0

ISBN 3-7688-1020-8

ISBN 3-7688-1021-6

ISBN 3-7688-1141-7

ISBN 3-7688-1034-8

ISBN 3-7688-1022-4

ISBN 3-7688-1145-x

ISBN 3-7688-1146-8

ISBN 3-7688-0956-0

ISBN 3-7688-1106-9

ISBN 3-7688-1093-3

ISBN 3-7688-1074-7

ISBN 3-7688-0927-7

Diese und noch viele andere Bücher der Reihe »Erlebnisberichte« sind im Buch- und Fachhandel erhältlich oder direkt beim Delius Klasing Verlag, Postfach 10 16 71, 33516 Bielefeld.

DELIUS KLASING